Shirin Neshat

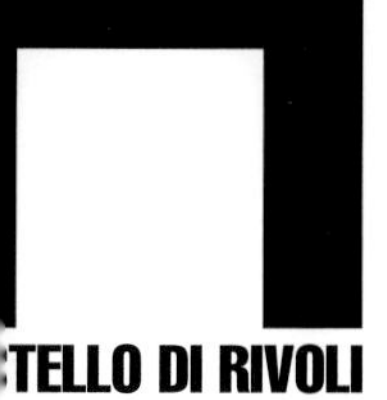

Museo d'Arte Contemporanea

Shirin Neshat

CHARTA

Coordinamento grafico
Design Coordination
Gabriele Nason

Coordinamento redazionale
Editorial Coordination
Emanuela Belloni

Redazione / Editing
Elena Carotti
Harlow Tighe

Impaginazione / Layout
Daniela Meda

Traduzioni / Translations
Massimiliano Gioni
(testo di / text by R.L. Goldberg)
Silvia Maglioni & Graeme Thomson
(testi di / texts by H. Dabashi, S. Neshat)
Marguerite Shore
(testo di / text by G. Verzotti)

Ufficio stampa / Press Office
Silvia Palombi Arte & Mostre, Milano

Copertina / Cover
Soliloquy Series (*Ciclo Soliloquio*), 2000
fotografia a colori / color photograph
152,5 x 115 cm / 60 x 40 in.
Courtesy Barbara Gladstone Gallery, New York

ISBN 88-8158-360-7

Edizioni Charta
via della Moscova, 27
20121 Milano
Tel. +39-026598098/026598200
Fax +39-026598577
e-mail: edcharta@tin.it
www.chartaartbooks.it

Printed in Italy

Shirin Neshat

Castello di Rivoli Museo d'Arte
Contemporanea, Rivoli-Torino
30 gennaio - 5 maggio 2002
January 30 - May 5, 2002

Mostra e catalogo a cura di
Exhibition curator and catalogue editor
Giorgio Verzotti

Coordinamento redazionale
Editorial Coordination
Andrea Viliani

Grafica / Graphic Design
Giulio Palmieri
(Segno & Progetto s.r.l., Torino)
Pietro Palladino
(Studio Badriotto & Palladino, Torino)

REGIONE PIEMONTE
FONDAZIONE CRT CASSA DI RISPARMIO DI TORINO
FIAT
CAMERA DI COMMERCIO, INDUSTRIA,
ARTIGIANATO E AGRICOLTURA DI TORINO
CITTA' DI TORINO

Castello di Rivoli
Museo d'Arte Contemporanea

Consiglio di amministrazione
Board of Directors

Presidente / Chairman
Cesare Annibaldi

Vice presidente / Deputy Chairperson
Alessandro Dorna Metzger

Consiglieri / Board Members
Giovanni Ayassot
Fabrizio Benintendi
Antonino Boeti
Bruno Bottai
Mercedes Bresso
Elena Bucarelli
Roberto Cena
Giovanni Ferrero
Antonio Maria Marocco
Clara Palmas
Luigi Quaranta

Segretario del consiglio / Board Secretary
Alberto Vanelli

Collegio dei revisori / Board of Auditors

Presidente / Chairman
Francesco Fino

Sindaci / Auditors
Guido Canale, Alfredo Robella

Comitato per le attività del Museo
Museum Activities Committee

Presidente / Chairman
Cesare Annibaldi

Membri / Members
Fabrizio Benintendi
Bruno Bottai
Andrea Comba
Alessandro Dorna Metzger
Giovanni Ferrero
Andrea Ruben Levi
Giuseppe Pichetto

Direttore / Director
Ida Gianelli

Dipartimento curatoriale / Curatorial Department
Carolyn Christov-Bakargiev, *Curatore capo*
Chief Curator
Marcella Beccaria, *Curatore / Curator*
Franca Terlevic, *Trasporti e assicurazioni / Registrar*
Chiara Bertola, *Assistente Curatoriale*
Curatorial Assistant
Andrea Viliani, *Assistente Curatoriale*
Curatorial Assistant

Relazioni esterne / Public Relations
Massimo Melotti

Ufficio Stampa / Press Office
Massimo Melotti
Alessandra Santerini, *Consulente per la stampa estera / Consultant for International Press*
Manuela Vasco, *Segreteria / Secretary*
Silvano Bertalot, *Segreteria / Secretary*

Dipartimento educazione / Education Department
Anna Pironti, *Responsabile / Head*
Paola Zanini, *Referente attività laboratori / Workshop Activities*
Barbara Rocci, *Segreteria / Secretary*

Amministrazione / Administration
Gabriella Traschetti

Direzione tutela architettonica
Architectural Conservation Manager
Andrea Bruno

Conservazione e restauro / Conservation and Restoration
Luisa Mensi

Segreteria di Direzione / Director's Office
Daniela Sabatini

Biblioteca e servizi multimediali
Library and Multimedial Facilities
Maria Messina

Promozione / Promotion
Giuliana Gardini, *Responsabile / Head*
Roberta Aghemo, *Assistente / Assistant*

Ufficio tecnico / Technical Department
Giorgio Carli, Fulvio Castelli, Francesco Ciliberto, Attitudine Forma P.S.C. a R.L.

Consulenza assicurativa / Insurance Consultancy
Augusta Assicurazione, Agenzia 12, Torino

Trasporti / Shipping Company
Gondrand S.p.A. (Fine Arts dept.), Torino

Amici sostenitori del Castello di Rivoli
Friends of the Museum

Anna Rosa Cotroneo Bidolli
Gemma De Angelis Testa
Enrica Dorna Metzger
Alessandro Dorna Metzger
Carla Ferraris
Marina Ferrero Ventimiglia
Marino Golinelli
Eliana Guglielmi
Marinella Guglielmi
Andrea Ruben Levi
Renata Novarese
Alessandro Perrone di San Martino
Giovanna Recchi
Alessandro Riscossa
Patrizia Sandretto Re Rebaudengo
Tommaso Setari
Carlo Traglio
Laura Antonietta Trinchero
Andrea Zegna

Ringraziamenti
Acknowledgements

Per la realizzazione della mostra il Castello di Rivoli si è avvalso della collaborazione di molti, persone e istituzioni, che qui vogliamo ringraziare. Vogliamo esprimere la nostra riconoscenza per i loro generosi prestiti a
In organizing this exhibition Castello di Rivoli is indebted to many people and institutions whom we would like to acknowledge here.
For their generous loans we would like to express our gratitude to

Douglas B. Andrews, Italia
The Broad Art Foundation, Santa Monica
Barbara Gladstone Gallery, New York
Howard and Donna Stone, Chicago

unitamente a tutti coloro i quali desiderano mantenere l'anonimato.
together with all those who would like to remain anonymous.

Per le ricerche, le indicazioni e i consigli e per i materiali forniti in vista della pubblicazione del catalogo ringraziamo
For research, information, advice and materials provided for the publication of the catalogue we would like to thank

Zdenka Badovinac, Ljubljana
Marcel Brisebois, Montréal
Paolo Curti, Milano
Sarah Glennie, London
Cheryl Haines, Gregory Pothier, San Francisco
Christoph Heinrich, Hamburg
Sean Kissane, Dublin
John R. Lane, Diane Flowers, Katie Berlin, Dallas
Jean-Luc Monterosso, Paris
Marco e Silvia Noire, San Sebastiano Po-Torino
Bera Nordal, Angela Cesarec, Malmö
Elian Pilvin, Le Havre
Thomas Rehbein, Köln
Michel Ritter, Fribourg
Lia Rumma, Napoli
Selene Wendt, Høvikodden
Christina Yang, New York

Un ringraziamento particolare a Barbara Gladstone, Mark Hughes, Carter Mull e Emily Wei della Barbara Gladstone Gallery, New York
Special thanks to Barbara Gladstone, Mark Hughes, Carter Mull and Emily Wei at the Barbara Gladstone Gallery, New York

Sommario / Contents

Ida Gianelli

Premessa

Shirin Neshat è un'artista che ci consente di interpretare il mondo. Iraniana da tempo residente a New York, ha saputo fondere nel suo lavoro i migliori stimoli culturali provenienti dai due universi ai quali appartiene.

Nel 1999 feci parte della giuria internazionale della XLVIII Biennale di Venezia che decise di premiare l'opera di Shirin Neshat presente in mostra, *Turbulent*.

I motivi che spinsero gli altri giurati e me a conferire all'artista quel riconoscimento erano, e sono, la constatazione di quanto la sua opera riesca, con spirito disincantato ma non privo di speranza, a rivolgere uno sguardo alla realtà in cui viviamo, anche quella più drammatica, capace non solo di analizzare ma anche di progettare, di prefigurare un assetto diverso, e migliore, nei rapporti fra gli esseri umani e le comunità.

È questo un tratto caratteristico della più interessante arte di oggi. Con i suoi sorprendenti lavori in video e nelle grandi fotografie che trae dagli stessi, Neshat riesce a fondere insieme, in opere di grande intensità emotiva, diverse tradizioni e molteplici linguaggi. La poesia, la musica e il canto della sua terra d'origine convivono con le sonorità di Philip Glass, con il ricordo del cinema europeo e americano, senza dimenticare i grandi registi iraniani di cui Neshat è ammiratrice, con i mezzi espressivi ad alta tecnologia più tipici del nostro sistema artistico.

Il lavoro che consegue a questo sforzo di confrontare e armonizzare non è mai un ibrido ma una sintesi affatto nuova, dove ogni contributo viene colto nella sua autonomia e rispettato in quanto proveniente da un preciso contesto culturale e storico. Piuttosto, l'opera sottolinea un'urgenza che ci riguarda direttamente. L'epoca della globalizzazione pone molte domande, tutte tese alla necessaria armonica convivenza fra culture diverse e a volte conflittuali, domande alle quali la cultura, prima ancora che l'economia o la politica, deve offrire risposte convincenti. Le riflessioni di Shirin Neshat su questi nodi problematici sono tra le prime e più valide proposte.

Ida Gianelli

Foreword

Artists such as Shirin Neshat allow us to interpret the world. Iranian born, she has lived in New York for some time, and has brought together in her art the most significant cultural impulses from the two universes to which she belongs.
In 1999, I was a member of the international jury for the XLVIII Venice Biennale. That year, we awarded a prize to Neshat's installation *Turbulent*. What led me and my fellow jurors to grant the artist this recognition was, and still is, the acknowledgement of her success in addressing the reality in which we live, including the most dramatic aspects of that reality, in a spirit that has no illusions and yet still has hope. She has shown that she is able not only of analyzing, but also of imagining and prefiguring a different, indeed better, order in the relationships between human beings and in their communities.
This is a characteristic of the best of today's art. In her surprising video works and in the large-scale photographs she draws from them, Neshat successfully combines different traditions and multiple languages into works of great emotional intensity. Using the advanced technology so typical of current art, the poetry, music and songs of her native land coexist with the sounds of Philip Glass, just as the memory of European and American cinema joins that of the great Iranian film makers that Neshat admires. The artworks that result from this effort to confront and harmonize are never hybrids, but rather truly novel syntheses, where each element remains autonomous and is respected in terms of its specific original cultural and historical context. Indeed, Neshat's art emphasizes an urgency that affects us directly. The era of globalization poses many questions that point to the need for a harmonious coexistence among different and sometimes conflicting cultures. These are questions that cultural practice, even before economy or politics, must address. Shirin Neshat's reflections on these problematic issues are among the first and most valid to be made.

Rapture (*Estasi*), 1999
fotografia di scena / production still
Courtesy Barbara Gladstone Gallery, New York

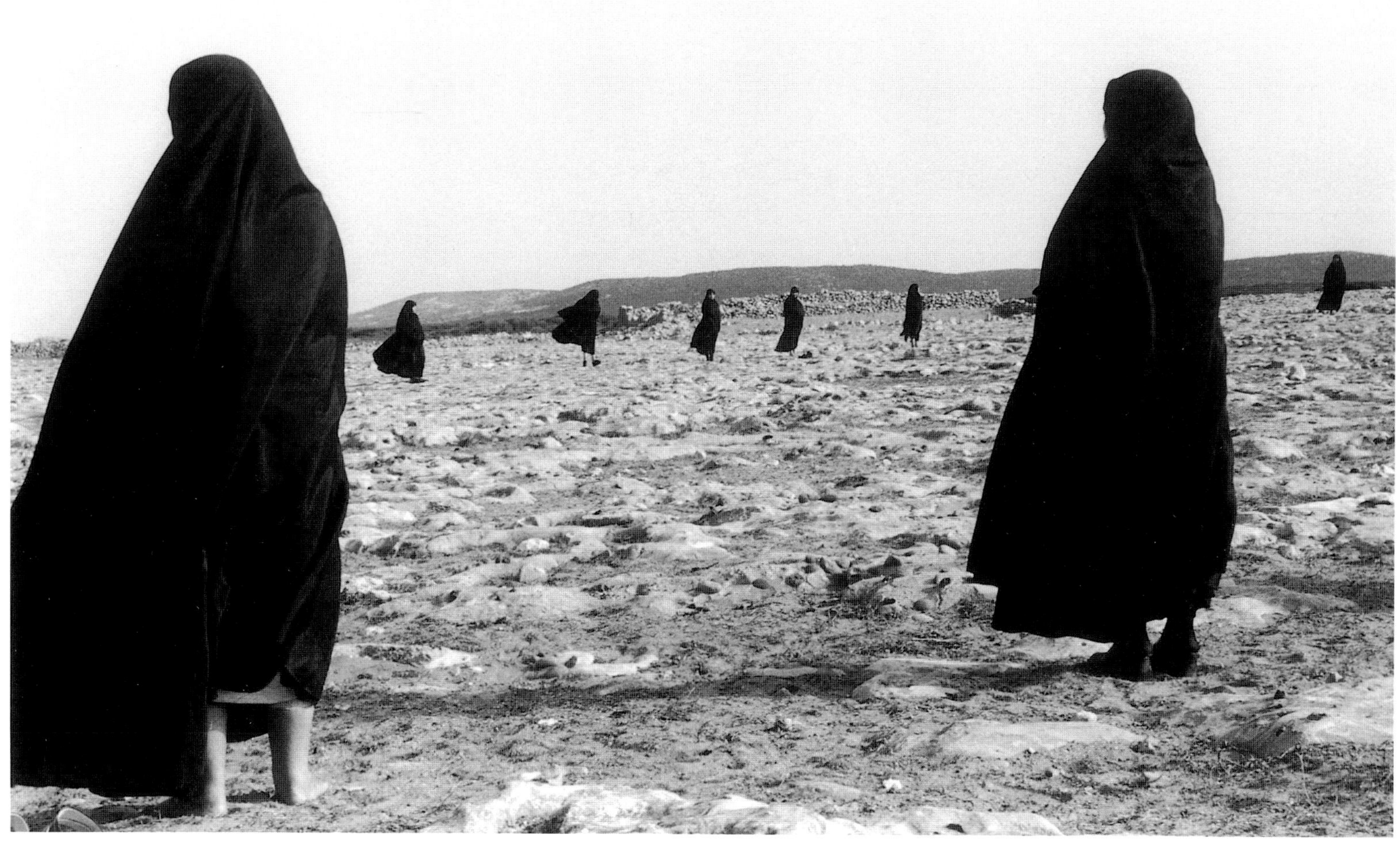

Hamid Dabashi

Attraversamenti di confine: il corpo del reato di Shirin Neshat

Costruirò una barca
E la spingerò in mare.
Mi allontanerò
Da questo strano suolo
Ove neanche un'anima
Risveglia gli eroi
Nel bosco dell'amore.

Sohrab Sepehri

Attraversamenti di confine

Il tipo di arte visiva che Shirin Neshat ha perfezionato negli anni attinge gran parte della sua linfa vitale da quel confine ambiguo in cui il velare e lo svelare dialogano tra loro. L'ambiguità di suddetto confine si colloca là dove il corpo si strofina sensualmente contro i comandamenti della sua cultura. Esaminando il modo in cui Shirin Neshat raffigura questo confine, si noterà che è sempre attraverso il violento e terribile atto di dare un nome che le culture mettono a punto il proprio mandato. L'atto di dare un nome (agli organi del corpo, ai certificati di nascita e a tutto ciò che si colloca nel mezzo) è il modo più immediato di velare in quanto implica che una cultura controlla le vivaci ribellioni del corpo. Shirin Neshat è riuscita a utilizzare la macchina fotografica o la videocamera con una tale precisione e perspicacia da far sì che le differenze prestabilite e codificate tra la cultura dominante e il corpo sottomesso potessero tornare sul tavolo delle trattative turbandone gli equilibri. Per ottenere questo risultato, l'artista deve diventare una presenza accorta all'interno di uno spazio trasgressivo. Riuscire ad abitare questo spazio creativamente e al contempo utilizzarlo con un impeccabile rigore è ciò che distingue un grande artista da un semplice dilettante in giro per il mondo. È quasi impossibile descrivere a parole il modo di operare di Shirin Neshat, il controllo spettacolare che ha sulla visione. Tuttavia non si possono ignorare le prove visive di come riesca a insinuarsi nelle giunture vulcaniche delle proprie culture frammentate, negli attraversamenti normativi di bene e male, bello e repellente, femminile e maschile, controllo e liberazione, seduzione e solennità. In questo modo ci riporta tutti all'occasione festosa di una presenza in/articolata nel pre-momento della nostra storicità.

Shirin Neshat abita da sempre questa zona di confine infiltrandosi nei nuovi spazi museali di uno sconcerto globale al fine di de-museificare la cultura che ha ereditato e di cui si è impossessata: ne risulta che un dato momento culturale critico si risolve nelle prossimità di un'estetica globale. Shirin Neshat è una stratega dell'estetica dotata di una precisione straordinaria. La concisione è l'anima della sua arguzia visiva e gli attraversamenti di confine la sua firma tenue, attenuata.

Le opposizioni binarie più forti che vengono smantellate dall'opera di Shirin Neshat sono senza dubbio *santità* e *sensualità*. La mano alzata appoggiata alle labbra fa sì che le dita impediscano alla bocca di parlare ma al tempo stesso che le labbra bacino le dita. L'ascetica del silenzio e l'erotismo del bacio sono il sottinteso preludio ad una mano che rappresenta due iconografie antitetiche: la *santità* – l'invocazione suprema sciita "Ya Qamar-e Bani Hashem" – e la *sensualità* – una delle poesie più celebri di Forough Farrokhzad. Lo Sciismo maschile come inibizione ascetica e la poetica femminile come emancipazione dei sensi si abbracciano sul dorso di una mano. In questo movimento, Shirin Neshat abbraccia le im/possibilità di due inibizioni iconografiche.

Attraverso la loro matrice di inibizioni, le culture impediscono che gli atti di devozione riconosciuti giuridicamente possano confinare con la sensualità repressa e negata. C'è un'ascetica della negazione alla base della giurisprudenza della devozione insita nella cultura paterna di Shirin Neshat. Tuttavia in questa stessa cultura convive il teo-erotismo del Sufismo persiano che da sempre mette in discussione l'im/possibilità di suddetto confine. Mentre nel regno della letteratura – a partire dalla *poetica mistica* di Mawlana Jalal al-Din Rumi (XIII secolo) sino al *realismo ascetico* di Sohrab Sepehri (XX secolo) – si possono trovare incontri destabilizzanti del *sensuale* con il *sacro*, nel regno delle immagini i due universi non si sono mai visti venire a contatto. È attraverso una percezione incredibilmente perspicace della natura della devozione femminile nell'universo iraniano/islamico che Shirin Neshat riesce a cogliere e trasmettere l'energia seducente dello stringere. L'amore e l'affetto palpabile con cui Shirin Neshat abbraccia questi due opposti sono la fonte principale della precisione dei suoi attraversamenti di ambiti visivi. Il *profetico* e il *poetico*, il *sacro* e il *sensuale* e i concetti di *patria* ed *esilio* si fondono in un abbraccio travolgente che Shirin Neshat evoca attraverso queste mani amorose viste e fotografate dal suo sguardo sensuale.

Un altro aspetto culturale di questa consapevolezza misurata delle energie in collisione è l'oscillazione formale tra l'atto del *controllare* l'elemento visivo e del *liberare* quello sensuale. Si tratta di un equilibrio preciso che trasforma a livello visivo la stretta di due mani materne in un abbraccio vaginale di mani infantili che simulano una formazione fetale. È in questa azione che si produce la diade madre-figlio. In un altro gesto simile a questo, l'artista riesce a trasformare esteticamente lo stringersi della formazione vaginale propria del momento della gravidanza nell'apertura invitante di un ventre. Qui il controllo estetico delle immagini libera un'energia di una forza incredibile che va al di là di qualsiasi controllo culturale. Attraverso la macchina fotografica di Shirin Neshat, il corpo e gli organi imparano a prendersi gioco delle inibizioni, a deridere il proibito, a simulare la verità. Attraverso questo insegnamento, l'artista investe il corpo di un potere sovversivo estremamente astuto. Prendendosi gioco delle inibizioni, gli organi fanno sì che il corpo racchiuda dentro di sé ricordi ironici, che si riappropri delle sue caratteristiche provocatorie, che impari a ricordare cose proibite, a giocare con il fuoco, a sfidare i propri elementi assopiti. Shirin Neshat ripercorre i ricordi dimenticati del corpo, salvandoli dall'apparato repressivo della sua cultura, opponendoli alle loro definizioni divine così da liberare il corpo dalla prigione di quella rettitudine fossilizzata accumulata nel tempo.

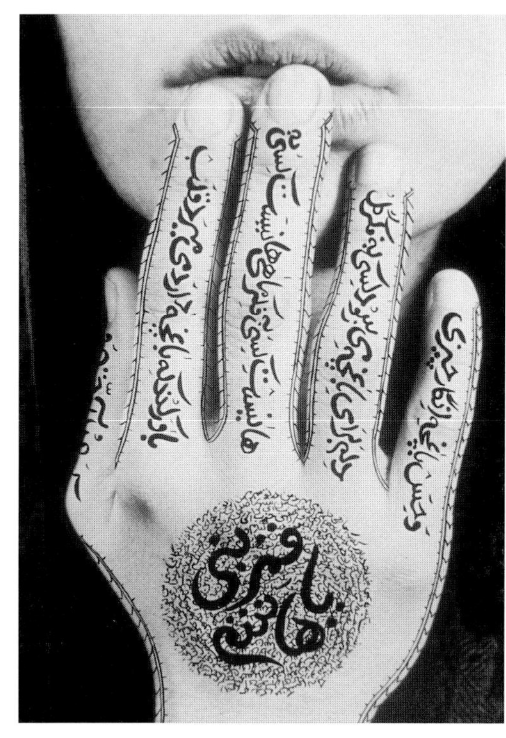

Untitled (*Senza titolo*), 1996
stampa alla gelatina d'argento, inchiostro / gelatin silver print, ink
121,5x 86 cm / 47 7/8 x 33 3/4 in.
Courtesy Barbara Gladstone Gallery, New York
Fotografia di / Photo by Larry Barns

È in particolare nel corpo femminile che Shirin Neshat ritrova i ricordi più duraturi. L'attraversamento di confine che trapela dai volti fotografati introduce una componente di *seduzione* nella *tristezza*, una componente di *violenza* nella *serenità*. Come può un volto triste essere anche sensuale, come può la serenità contenere in sé la violenza? I due ricordi più violenti che animano la fotografia di Shirin Neshat sono la feroce rivoluzione del 1979 e la catastrofica guerra del 1980-1988. Spingendosi al di là di questi ricordi, l'artista va a scandagliare gli assunti più intimi che dividono e conquistano le angosce della rivolta e i sogni dell'emancipazione. Nell'istante in cui la sua macchina fotografica smette di ricercare l'erotismo dell'ironia in un volto, questa possibilità emancipatoria rischia di perdersi. Ciò che è straordinario nella fotografia di Shirin Neshat è l'abilità di trasformare la violenza in una serenità ricolma di energie, la tristezza in sensualità. Il risultato di tutto ciò è un'inquietante rivelazione delle forze seducenti della violenza. In questo senso si può dire che Shirin Neshat rappresenti la coscienza visiva e la memoria fotografica di un'intera generazione per cui le speranze si sono trasformate in terrore, le risate in lacrime, la gioiosa qualità effimera del corpo in incrollabili certezze culturali. Rappresentando la situazione attuale attraverso uno sguardo affettuoso, Shirin Neshat può essere considerata la fotografa delle indiscrezioni del nostro passato e dell'emancipazione futura. Raffigura cose che sono già accadute ma che non sono mai state registrate e cose che devono ancora accadere ma che non sono state previste. In altre parole è una visionaria dell'im/possibile.

La scelta di Shirin Neshat di rappresentare il corpo maschile va letta in relazione alla ricerca di questa emancipazione futura. Questi corpi maschili, infatti, sono proiezioni di uno sguardo decisamente femminile. Che sia nel rassicurante abbraccio vaginale di un bambino o nella figura distante di un uomo robusto, la virilità del corpo è sempre resa contingente dalla femminilità dello sguardo che lo osserva. Senza questo sguardo femminile, senza la macchina fotografica seducente di Shirin Neshat, l'*uomo* non è che un termine astratto assolutamente privo di corpo. Dunque si può dire che tutto il lavoro fotografico di Shirin Neshat sia la lente correttiva di una cultura della virilità che ha creato il corpo maschile nell'assenza di uno sguardo femminile pubblico. La macchina fotografica dell'artista rende pubblico lo sguardo privato della negazione femminile e fa sì che diventi affermazione positiva. Shirin Neshat guarda il corpo maschile con l'intensità di tutti gli sguardi femminili che la sua cultura ha represso. Ne consegue non soltanto un divenire pubblico dello sguardo femminile ma una destabilizzazione della falsa sicurezza del corpo maschile, formatasi nell'assenza di uno sguardo femminile forte.

Il corpo del reato fotografico di Shirin Neshat registra dunque le tracce indelebili di diversi attraversamenti di confine. Sfidando le repressioni di ogni nostra negazione metafisica, ci investe di tutti i ricordi emancipatori di una resurrezione del corpo. Le modulazioni strategiche degli attraversamenti di confine, elemento essenziale di tutta la sua opera, fanno da stratagemma per suggerire in vari modi che una resurrezione del corpo è possibile. La resurrezione del corpo, in quanto im/possibilità metafisica, vanta una lunga e riverita storia all'interno della cultura (islamica) che Shirin Neshat ha ereditato. Ma per capire come l'artista utilizzi questa im/possibilità, bisogna guardare al luogo fatidico in cui l'arte incontra le implicazioni globali della cultura metafisica.

Lo sguardo globale

Attualmente le possibilità di una resurrezione del corpo si manifestano attraverso due strade che si intersecano tra loro: da un lato i corpi sfidano la cultura a cui appartengono, dall'altro le culture conducono i paesi di appartenenza verso una sfera globale. Tuttavia bisogna ricordare che la prospettiva globale confonde le due strade, scambiando l'una per l'altra, e ignorando il fatto che sono radicate l'una dentro l'altra. Nella sua recensione della Biennale di Santa Fe, Ralph Rugoff parla della video installazione di Shirin

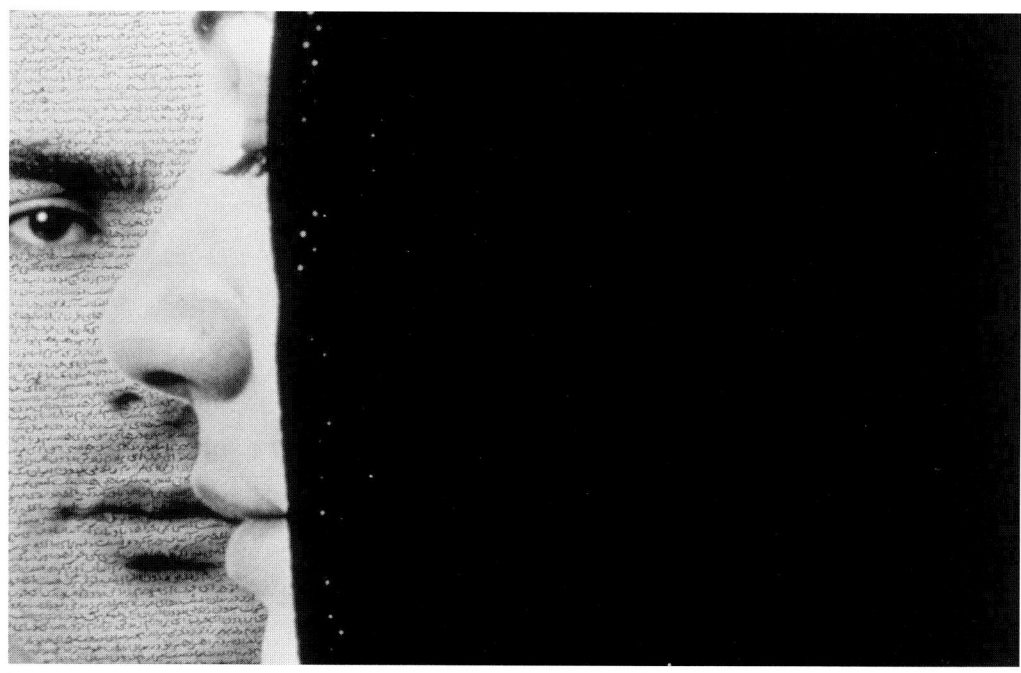

Whispers (Sussurri), 1997
stampa alla gelatina d'argento, inchiostro / gelatin silver print, ink
27,9 x 35,6 cm / 11 x 14 in.
Courtesy Barbara Gladstone Gallery, New York
Fotografia di / Photo by Larry Barns

Neshat *Rapture* considerandola un classico esempio di quelli che lui chiama "artisti migratori" che gremiscono "retrospettive simili a circhi [...] caratterizzate da un'etica internazionalista."[1] Inoltre Rugoff afferma che "le biennali internazionali sono ormai diventate la vetrina principale per presentare opere nuove" e, punto ancora più importante, che il fatto di seguire "un'etica internazionalista" è diventato un "prerequisito per creare una mostra d'arte veramente contemporanea." Forse tutto questo è vero, ma a che scopo? Rosa Martinez ha chiamato la mostra *Looking for a Place* (*In cerca di un luogo*), convinta che "l'arte più innovativa cerca sempre di uscire dagli spazi istituzionalizzati." Se alla fine del XIX secolo i musei europei erano veri e propri pantheon dell'alta borghesia, con la funzione di sostituire i palazzi e le chiese ormai privi di prestigio e potere, le biennali internazionali di questo *fin de siècle* sono diventate lo spazio deputato di quegli artisti immigrati che non vivono più nella loro patria e che cercano di trasformare i frutti amari del lavoro di migranti nella dolce bevanda dell'arte creativa.

Rugoff afferma che Shirin Neshat è riuscita a "sviluppare un vernacolo ibrido in grado di rivolgersi simultaneamente a diverse tipologie di pubblico" e sottolinea come molti altri artisti che hanno partecipato alla biennale di Santa Fe non siano invece stati capaci di farlo. Tuttavia è doveroso interrogarsi su cosa sia esattamente questo "vernacolo ibrido" in grado di rivolgersi a diverse tipologie di pubblico. Shirin Neshat riesce davvero a parlare a un pubblico così plurale? E da chi sarebbe composto questo pubblico? Iraniani? Comunità di immigrati? Capitale e forza lavoro globalizzati, come quelli che popolano le pagine del "Financial Times"? Il pubblico (o i diversi tipi di pubblico) sicuramente non è formato dai suoi compatrioti che vivono ancora in Iran, come afferma giustamente Rugoff, in quanto "le sue opere non possono essere esposte nel paese." Per quanto riguarda l'etichetta di "globale" per descrivere l'arte di Shirin Neshat, si tratta di un termine che offusca più che rivelare. Tuttavia una cosa sicuramente la rivela, e si tratta di un aspetto estremamente cruciale. La globalità delle problematiche che permeano l'arte di Shirin Neshat supera opposizioni binarie come Oriente-Occidente (o Islam e Occidente) – termini che per molto tempo hanno distorto la circolarità del capitale e della sua cultura. La globalità della nostra situazione, che non rappresenta nulla di nuovo anche se recentemente si è aggravata, non può più essere ridotta e ingabbiata in categorie che, per quanto facciano comodo, si rivelano fuorvianti. Essere contemporanei significa essere globali, ma globali in rapporto alla circolarità della migrazione del capitale (e della forza lavoro) e alla cultura che impone questa migrazione. Globale comporta anche una sospensione immediata di tutte quelle categorie aggressive che fino ad ora hanno imposto una divisione del mondo in accampamenti artificiali indipendenti dalla logica circolare del capitale e dalla sua cultura di dominio.

Come afferma Rugoff, l'installazione dell'artista cinese Cai Guo-Qiang, che consiste in un faro di legno e detriti alto circa sei metri collocato in cima all'edificio di Site Sante Fe, non fa altro che "ripresentare un'opera piuttosto modesta dal punto di vista estetico innalzandola al ruolo di metafora grandiosa" e dunque non rappresenta altro che una "futile pretesa". Questo è un esempio di un'opera che rimane confinata all'interno di una domesticità che non riesce ad andare oltre e a creare un "vernacolo ibrido" che collochi i cinesi nella globalità delle problematiche che possiamo definire post-Tienanmen. Ma tutto questo è anche sintomatico per capire il senso di intrappolamento che caratterizza gli attuali paradigmi dell'etica e delle politiche identitarie, di cui si può accusare non solo Cai Guo-Qiang ma anche lo stesso Rugoff. L'accoglienza *inter-nazionale* di un tipo di arte generato all'interno della circolarità *globale* del capitale e della cultura è destinata a riproporre le vecchie e sorpassate opposizioni binarie che dialogano o si scontrano tra loro quali Oriente-Occidente, nazioni e culture nazionali. Se un "vernacolo ibrido" può esistere, non deve né essere "ibrido" né "vernacolare". Il concetto di ""ibridismo" presuppone una autenticità originaria che non esiste più, e l'idea di "vernacolo" presume l'esistenza di una lingua Latina sacramentale che non possiamo più riverire.

Pare che Rosa Martinez, abbia recentemente annunciato che "le culture devono reinventare una nuova etica dell'esistenza." Lasciamo perdere la questione se queste affermazioni altisonanti che ci arrivano dai curatori siano fuori luogo o no. Sicuramente Martinez intende dire che l'arte deve inseguire e raggiungere la forza migratoria del capitale e del lavoro. Tuttavia né Martinez né gli artisti che ha presentato alla biennale possono "inventare" niente di nuovo a meno che non riescano a creare una realtà che non ha ancora un nome, che non è ancora stata rappresentata o narrata. Ciò che Shirin Neshat presenta, e di cui il suo pubblico deve ancora essere informato, consiste in realtà che presuppongono continui attraversamenti di confine. Questi attraversamenti sono sovversivi a livello locale nelle loro politiche proprio perché sono trasgressivi a livello globale. Permettono una liberazione di tipo domestico proprio perché producono una sovversione globale nelle loro estetiche, e non perché guardano dall'alto del loro Olimpo estetico ma perché costituiscono una risposta seria a una globalità culturale che riesce a stare dietro a mala pena al capitale che l'ha generata.

L'obiezione principale di Ralph Rugoff al discorso di Rosa Martinez è che la maggior parte degli artisti che ha selezionato "sembrano essere più interessati a dichiarare i propri intenti che a mostrarceli attraverso le loro opere." Il limite di queste dichiarazioni, afferma Rugoff, consiste nel fatto che "mostre di questo tipo rischiano di limitarsi a celebrare un internazionalismo fine a se stesso – un obiettivo politico degno di rispetto forse, ma assolutamente fallimentare come proposta estetica." Questa accusa mette in luce chiaramente la tensione tra la globalità emergente di un'arte che *giustamente* non ha ancora trovato una definizione e un'aspettativa *internazionalista* di un'estetica ben definita che possa mappare e localizzare tale definizione. Ciò che risulta da questa tensione è esattamente il linguaggio accusatorio del critico d'arte che definisce la mostra di Santa Fe "una Torre di Babele dei giorni nostri in cui la possibilità di dialogo tra le culture è ridotta a un chiasso poliglotta. Se l'arte contemporanea è veramente diventata un linguaggio globale, mostre come questa devono trovare un nuovo formato, e forse anche nuove ambizioni, per poterle rendere giustizia." Questo commento naturalmente è quanto di più benevolo ci si possa aspettare da un critico d'arte del "Financial Times" che si avventura a visitare Torri di Babele del genere. Ma il "Financial Times" è proprio il luogo dove si può leggere la globalizzazione del capitale e la sua cultura, dunque è assai significativo il fatto che si occupi dell'arte che questa globalizzazione produce. È precisamente contro questa lettura dell'"Internazionalismo fine a se stesso" che l'apprezzamento di Ralph Rugoff nei confronti dell'opera di Shirin Neshat rappresenta, suo malgrado, la "nuova etica" che Rosa Martinez prospetta, anche lei suo malgrado. Il problema sta nel fatto che la configurazione della globalità culturale emergente viene letta da una prospettiva completamente aliena alla località estetica che l'ha generata, e questo avviene poco prima che suddetta località venga superata dalla globalità a cui essa contribuisce. La circolarità di questo ragionamento rispecchia la circolarità del capitale e del lavoro che l'ha generata, e fa sì che una prospettiva "internazionale" non sia più possibile in quanto rende la questione del "dialogo tra le culture" estremamente discutibile. Né i modelli di analisi *nazionali* né quelli *culturali* possono più servire ad arginare la diga straripante della globalizzazione postnazionale. Gli attraversamenti di confine categorici che l'arte di Shirin Neshat mette in atto vanno ricondotti a una strategia particolarmente intensa di resurrezione del corpo contro la tirannia delle culture e la prigione delle loro identità nazionali. Si tratta di una rivoluzione estetica contro le culture nazionali che prendono parte attivamente alla globalizzazione territoriale. Postulando un'estetica dell'alterità, contrapponendo i corpi alla loro cultura tirannica e mettendo in scena una loro resurrezione, l'opera di Shirin Neshat fa sì che la cultura locale ricada nei parametri di una globalità che adesso deve rendere conto delle sue logiche di terrore e intimidazione, miseria e povertà, tirannia e ingiustizia. La sua opera, un perfetto esempio di questo attraversamento di confine transitorio tra locale e globale, è una tattica di guerriglia in cui l'elemento locale si rifugia nel globale, il globale nel locale, passando in modo trasgressivo da una trappola all'altra e al tempo stesso preservando nella sua mente fotografica una provocatoria resurrezione del corpo.

Al giorno d'oggi parlare di "estetica internazionale", che sarebbe poi quello a cui Rugoff auspicherebbe, è una contraddizione in termini. Ma il problema non sta tanto nell'erronea assunzione dell'esistenza di un'unica "estetica" che possa essere letta e visualizzata attraverso culture presumibilmente sigillate. Il problema sta piuttosto nella falsità del concetto di *inter*-nazionalismo e di dialogo *tra* le culture. Ciò che Rugoff intuisce giustamente nella sua lettura delle opere di Shirin Neshat ma che non riesce ad articolare a livello teorico quando parla di Santa Fe è che non possiamo più andare a questo tipo di mostre pensando che esistano *nazioni* e *culture* separate categoricamente le une *dalle* altre ma al tempo stesso desiderose di comunicare *tra* loro. La logica a spirale interna al capitale globalizzante e alla sua cultura necessita ormai di una chiave di lettura che non può più fondarsi su assunzioni basate sulla diversità costituzionale tra le culture e sulla stretta sorveglianza dei confini. La "patria nativa" di Shirin Neshat, che adesso vanta di essere una repubblica "islamica", non riesce a celare il fatto che la propria collocazione categorica – a partire dalla formazione ideologica delle origini fino alle istituzioni della sua autorità legittima – giace nel ventre coloniale del progetto della modernità. L'intero artefatto dell'"ideologia islamica" è il frutto di una risposta attiva al progetto della modernità, il quale è stato mitigato dal colonialismo, e dunque non può che esserne il riflesso speculare, sebbene sia costituito dalla lontana memoria di una cultura antica. L'arte generata dal capitale globalizzante e dalla sua cultura sfugge a una classificazione morale, politica, sociale e culturale unica. Al contrario, quest'arte rappresenta la natura trasfigurante delle basi materiali e dei parametri estetici di quel mondo emergente che la logica interna del capitale non riesce a nascondere o a negare legittimamente.

Solo vent'anni fa non era possibile immaginare un'artista come Shirin Neshat. Oggi è impossibile non immaginarla nel repertorio visivo del nostro mondo.

Lo sguardo locale

Non è solo lo sguardo globale a produrre une teorizzazione insufficiente. Lo sguardo locale è altrettanto incerto. Alcuni iraniani e musulmani, e più in generale i sostenitori della causa del "Terzo Mondo", criticano Shirin Neshat in quanto, secondo loro, l'artista sfrutterebbe e rafforzerebbe lo stereotipo delle donne musulmane e così facendo contribuirebbe a perpetuarne l'immagine. Inoltre viene spesso accusata di estetizzare e quindi celebrare una realtà che invece dovrebbe criticare e sovvertire. Inoltre Shirin Neshat soddisferebbe i capricci del "pubblico occidentale" allettandolo e offrendogli una versione iper-orientalizzata di ciò che già popola il loro immaginario. Donne velate: la massima forma di "auto-orientalismo" possibile.

Tutte queste accuse sono infondate e si basano su politiche identitarie ormai sorpassate in quanto ripropongono anche per l'arte di Shirin Neshat un mondo orientale *statico* e un mondo occidentale *creativo*. Questa dicotomia è falsa e il cinema iraniano contemporaneo ne è la prova inconfutabile. L'immaginario fotografico di Shirin Neshat ruota intorno alla disposizione *performativa* del velare. L'artista demistifica l'atto del velare attraverso un'orchestrazione del volto e una coreografia del corpo. L'atto del velare viene messo in scena in modo volutamente eccessivo e viene rappresentato come pratica sociale di una cultura che rivendica il diritto di controllare i corpi in movimento. La presenza performativa dell'opera di Shirin Neshat non può essere categorizzata e poi accusata di "auto-orientalismo". Il fatto di porre ciò che è culturalmente privato in ciò che è pubblico e globale fa parte della pratica che abbiamo definito attraversamento di confine. Dunque c'è bisogno di ridefinire completamente il concetto di mobilitazione culturale. Dal momento che la dicotomia Oriente-Occidente si è ormai sgretolata sotto lo sguardo delle forze globalizzanti del capitale, non esiste più un Oriente che possa essere soggetto ad un processo di orientalismo. Gli attraversamenti di confine di Shirin Neshat costituiscono una dialettica di sfida, una resurrezione del corpo in opposizione alle sovrastrutture culturali e alla prigione delle loro identità nazionali in cui lo stato-nazione fa da custode del potere traendone vantaggio.

La *performatività* del velo messa in atto da Shirin Neshat mette in scena il corpo culturalmente costituito in modo decisamente esagerato, e questo è l'unico modo in cui lo si possa mostrare nella sua contorsione culturale. Le implicazioni di questa messa in scena esagerata e performativa del corpo nascosto sono molteplici e vanno dalla presenza fisica del corpo fino alle implicazioni metafisiche che contribuiscono alla sua costruzione culturale. Prima che venga estetizzato, il velo non può nascondere la sua storia, il fatto che la sua funzione originaria fosse quella di accompagnare il corpo, una sorta di tela della metafisica che vi sta dietro. La tradizione del velo segue una progressione che va dalla politica del potere alla metafisica della significazione. La pratica sociale del velo ha una componente coreografica che abbraccia il corpo nelle politiche del suo controllo e nella metafisica della sua sottomissione. Con il velo le *mani* diventano impacciate, il *discorso* impossibile, il *volto* coperto, il *corpo* negato. Il corpo si muove portando con sé il volto, le mani e la voce, e il velo legifera per conto della cultura metafisica che lo autorizza. Il *volto* che il velo copre non può più rivelarsi come segno che significa e dunque rappresenta una minaccia per tutti i significanti di controllo che implicano *ipso facto* l'esistenza di un Significato Trascendentale. Il *corpo* che il velo nega non può sostituire l'anima che dà vita alla metafisica. Il *discorso* che il velo inibisce è reso muto per autenticare l'essenza maschile della Voce Divina che sta alla base di quella metafisica. Le *mani* che il velo lega non possono essere utilizzate e l'atto della produttività viene bloccato e i suoi frutti negati.

Il corpo velato come lo si può vedere ora grazie alle rivelazioni della macchina fotografica di Shirin Neshat, rappresenta la negazione ambulante della cultura, la somma suprema delle sue negazioni represse, l'estetica negativa delle sue inibizioni, l'ombra della sua luce. Attraverso il corpo velato, la pratica sociale del velo trasforma la politica del potere nella metafisica della sua inevitabilità – immutabile, assolutista, permanente. Questa pratica è un circuito chiuso circolare che si autentica da solo: dalla politica della sua pratica alla metafisica della sua certezza. Shirin Neshat si insinua visualmente in quella pratica sociale, smantella le certezze di quella metafisica e

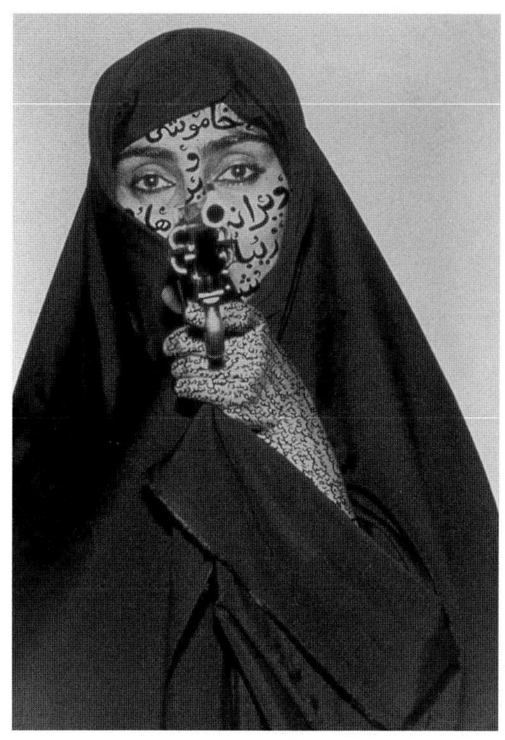

Faceless (*Senza volto*), 1994
stampa alla gelatina d'argento, inchiostro / gelatin silver print, ink
35,6 x 27,9 cm / 14 x 11 in.
Courtesy Barbara Gladstone Gallery, New York
Fotografia di / Photograph by Cynthia Preston

lo fa seguendo contemporaneamente due strategie sovversive e interdipendenti: da un lato agisce nell'ambito *privato* della propria estetica iraniana, dall'altro in quello *pubblico* della propria *audience* globale. Il neologismo *glocale* è il modo migliore per descrivere la sua arte. Mentre il pubblico globale perderà i riferimenti che potremmo definire locali (il rito del velo, la poesia calligrafica, la musica persiana, le citazioni coraniche, i riferimenti folclorici) allo stesso modo il pubblico connazionale non sarà in grado di riconfigurare le opposizioni binarie Islam (o Oriente) e Occidente, Tradizione e Modernità. Ne risulta dunque che il pubblico globale esalta la sua arte per i motivi sbagliati e i critici connazionali la condannano partendo da presupposti politici fallaci. Se si considerano l'estetica locale e il pubblico globale, e si tralasciano i suoi ammiratori internazionali e i critici connazionali, Shirin Neshat può essere collocata all'avanguardia di una immaginazione estetica che sta dietro alla logica globalizzante del capitale ma che è avanti rispetto alla cultura che ne deriva. Attraversando confini a destra e a sinistra, Shirin Neshat mette in scena una resurrezione del corpo in cui il *volto* può finalmente significare aggirando il controllo di qualsiasi Significato Trascendente, il *corpo* può sostituire l'anima, il *discorso* può affrancarsi dal dominio maschile, le *mani* possono divenire produttive nel campo dell'altrimenti.

Resurrezione del corpo

Shirin Neshat è l'artista degli spazi intermedi, delle suggestioni e delle supposizioni, di una nuova cosmogonia di vestigia e ricordi. Conferisce un significato totalmente nuovo all'idea e alla pratica del flirtare. Flirta. Flirta con il pericolo con grande eleganza, ma evitando l'abuso verbale, la reazione istintiva del martellamento visivo. Mira alle immagini con l'istinto per la caccia e la precisione paziente di una leonessa. Aspetta con calma, calcola tutto con la precisione di un orologio svizzero: dove appostarsi, quando muoversi, che cosa mostrare, perché indietreggiare e il momento giusto per attaccare. Shirin Neshat è l'artista del non/detto, del non/mostrato, delle forti allusioni, del "Chi? Io? Non ho mai detto niente di simile!" È l'artista della luce e dell'ombra, la creatrice di una zona di crepuscolo in cui tutti i segni rimangono segni, ma senza mai diventare sufficientemente significanti per poter registrare una frase, suggerire un enunciato, rilasciare una dichiarazione. Non si trovano mai dichiarazioni: sempre e solo allusioni. Quella di Shirin Neshat è un'estetica della non/permanenza, dell'in/articolazione.

Dotata di un arsenale di mobilitazione allusiva, Shirin Neshat ha scelto unicamente il corpo come bersaglio della sua contestazione. Dalle prime opere fotografiche sino alle più recenti videoinstallazioni, Shirin Neshat è sempre stata una teorica visiva del corpo. I suoi corpi sono luoghi di contestazione critica delle culture che li creano, li sigillano, li segnano. I corpi sono le firme sigillate di una cultura. Sono sempre già scritti, costituiti, definiti, velati in modo da non poter essere riconosciuti. Il velo è semplicemente una patina un po' più evidente dei corpi costruiti culturalmente. Il monokini, persino i corpi nudi dei nudisti, contiene i segni della costruzione culturale dei corpi esattamente quanto una figura completamente velata. Qualsiasi capo d'abbigliamento, dal turbante alla cravatta, costituisce la chiusura culturale del corpo, una rivendicazione sul suo posizionamento, un monito a controllarsi, una forma di tassazione sulla sua rettitudine. Tuttavia i vestiti non sono nulla in confronto al modo in cui il corpo viene costruito culturalmente già da nudo. Il corpo è il depositario mobile della cultura che letteralmente incorpora. Dal momento stesso della nascita, o forse persino prima della nascita, fino al momento della morte, e forse anche dopo la morte, il corpo è il luogo della contestazione culturale per eccellenza. Le culture esigono e pretendono obbedienza dai corpi, prima del concepimento, oltre la tomba. Un musulmano è musulmano prima del concepimento, prima che i suoi genitori siano sposati, prima ancora che i nonni siano nati, prima che gli antenati più lontani respirassero per la prima volta. Un musulmano è musulmano anche dopo la morte, nell'aldilà, per un tempo infinito, sino al Giorno della Resurrezione, rimane sempre un musulmano, rimane comunque un fedele.

Shirin Neshat è nata e cresciuta in una cultura islamica, più precisamente nella versione iraniana dell'Islam. La sua arte è profondamente radicata nella cultura ancestrale, nelle modalità e nei contenuti della fede parentale. È pressoché impossibile leggere e scrivere di Shirin Neshat senza notare come l'artista faccia continue citazioni dalla sua cultura. In quanto teorica visiva del corpo, Shirin Neshat opera una resurrezione dei corpi e lo fa contro quella cultura che li ha storicamente rivendicati allo scopo di negarli. Il controllo culturale sui corpi non ha limiti, è anteriore a qualsiasi data, anticipa qualsiasi luogo. Nella cultura islamica, i corpi sono soggetti all'autorità e al controllo anche prima della loro nascita rituale, anche dopo la loro sepoltura rituale. I musulmani credono che dopo la nascita rituale nella fede e dopo la morte fisica, il loro corpo risorgerà nel Giorno del Giudizio e saranno premiati in Paradiso per le loro buone azioni o puniti nell'Inferno per le malvagità commesse. Dio è il "Padrone del dì del Giudizio" (Il Corano, I: 3), "...il Giorno in cui ogni anima troverà tutto quello che ha fatto di bene trattole avanti agli occhi, e tutto quello che ha fatto di male..." (III: 30), "...il Giorno in cui alcuni volti saranno bianchi e alcuni volti saranno neri. E a quelli i cui volti saranno anneriti, sarà detto: 'Non avete rifiutato la Fede, dopo averla accettata? Gustate ora il castigo del vostro rifiuto!'. Quanto poi a quelli i cui volti saranno bianchi essi saranno nella misericordia di Dio, dove resteranno in eterno." (III: 106-107).

Ma nel Giorno del Giudizio non risorgeranno solamente l'anima e il volto delle creature di Dio. È l'intero corpo a risorgere, dalle ossa alla carne alla pelle. "Perché in verità coloro che avranno rifiutato fede ai Nostri segni, li faremo ardere in un Fuoco e non appena la loro pelle sarà cotta dalla fiamma la cambieremo loro in altra pelle, a che meglio gustino il tormento, perché Dio è potente e saggio." (IV: 56). A partire dal Corano, la questione della corporeità del corpo e dell'im/possibilità della sua resurrezione è diventato un argomento di dibattito teologico cruciale per i musulmani. Tuttavia tale dibattito è un pretesto per qualcosa di molto più terreno e tangibile, vale a dire il modo in cui la cultura dominante ha sempre rivendicato la realtà fisica del corpo ribelle. Attraverso il chiaroscuro della riconfigurazione del corpo umano, Shirin Neshat teorizza visualmente il *caro corporalis* che i suoi antenati non sono riusciti a risolvere verbalmente in *caro spiritualis*. Si tratta di un dibattito appassionato che ha caratterizzato la storia iraniana e la cultura islamica dalle origini dell'Islam quattordici secoli fa circa sino ai postumi della Rivoluzione Islamica. Attualmente, nel momento in cui questo saggio viene scritto, l'argomento più dibattuto in Iran è legato alla questione delle punizioni corporali e delle esecuzioni pubbliche. L'apparato giudiziario islamico si ostina perentoriamente a sostenere che tali pratiche continueranno, a prescindere dalle obiezioni sollevate dal governo del presidente Khatami e dall'indignazione internazionale. Il corpo del suddito musulmano di una repubblica islamica è il luogo di controllo culturale più immediato, più visibile, più significativo dal punto di vista politico.

Tra il momento in cui il Corano ha concepito per la prima volta il corpo umano come luogo punitivo della fede e la situazione problematica di una repubblica islamica esiste un intero processo storico. L'ascesa del razionalismo filosofico all'interno della storia intellettuale islamica medievale portò alla negazione delle possibilità della resurrezione del corpo. Al-Ghazali (morto nel 1111) criticò i filosofi perché credevano nell'eternità del mondo e negavano la conoscenza divina dei particolari e la resurrezione del corpo nel Giorno del Giudizio. Nel corso di tutta la storia islamica, i dibattiti teologici e filosofici sulla resurrezione del corpo sono stati in realtà vere e proprie battaglie sulla mutazione metafisica del *caro corporalis* in *caro spiritualis*. La battaglia raggiunse il culmine nel sedicesimo secolo con la figura di Mulla Sadra Shirazi (morto nel 1641) e con la fondazione della Scuola di Isfahan. Mulla Sadra Shirazi aveva l'ambizione di raccogliere insieme le migliori riflessioni filosofiche della storia intellettuale islamica e sposarle con le dottrine metafisiche dell'Islam. I suoi sforzi furono talmente monumentali che ancora oggi la pratica della filosofia islamica risente della sua influenza. Nel corso del XIX secolo, uno dei suoi seguaci più perspicaci, il filosofo Shaykh Ahmad Ahsa'i (morto nel 1826), portò agli estremi le sue riflessioni filosofiche sul corpo e fondò la Scuola filosofica Shaykhi che a sua volta diede origine a quello che è sicuramente l'insurrezione sociale più rivoluzionaria del XIX secolo in Iran, il movimento Babi.

Shaykh Ahmad Ahsa'i affrontò lo stesso problema che generazioni e generazioni di filosofi musulmani avevano affrontato prima di lui. Che cosa si deve fare del corpo fisico? Il corpo presenta tutti i segni della sua creazione e corruzione. Viene creato e poi muore – eppure il Corano afferma che questi corpi risorgeranno, torneranno in vita nel Giorno del Giudizio e poi verranno premiati in Paradiso e puniti all'Inferno per quello che hanno commesso sulla terra. Shaykh Ahmad Ahsa'i ha elaborato una complessa teoria del corpo al fine di risparmiarlo dalla corruzione e salvarlo dal premio del paradiso e dal fuoco dell'inferno, prolungando metafisicamente la sua esistenza in una post-eternità che abbraccia anche la vita terrena. Per fare questo, Ahsa'i ha suddiviso il corpo in quattro categorie che corrispondono alle quattro fasi della sua esistenza corporea. Due di queste sono state denominate con il termine *jasad*, che letteralmente significa *corpus*, mentre le altre due con il termine *jism*, che letteralmente significa *corpo*. Secondo la teoria di Ahsa'i ci sono due fasi del *jasad* e due del *jism*.

Jasad A è il nostro corpo fisico, il corpo che possiamo toccare. Secondo Ahsa'i il corpo è come un indumento che l'uomo indossa e poi si toglierà. Questo tipo di corpo non prova piacere né dolore. Non è soggetto né alla fedeltà né alla ribellione.[2] Questo *Jasad A* fatto di carne può diminuire o aumentare, nel senso che una persona si può ammalare e dimagrire oppure può mangiare troppo e ingrassare, ma Ahsa'i insiste sul fatto che la sua qualità essenziale, servile o ribelle rimarrà sempre la stessa. Questo corpo è "omologo all'opacità del silicio e del potassio."[3] Visibilmente opaco, è il nostro *caro corporalis*.

Jasad B invece è il nostro corpo quintessenziale, il corpo che secondo le teorie di Ahsa'i sopravvive alla decomposizione del *Jasad A* nei suoi elementi costitutivi, quando dopo la morte il fuoco ritorna al Fuoco, l'aria all'Aria, l'acqua all'Acqua e la terra alla Terra. Questo *Jasad B*, afferma Ahsa'i, è "la realtà dell'essere umano" poiché quando il *Jasad A*, vale a dire il nostro *caro corporalis*, si decompone, "di esso non rimane assolutamente nulla, e per questo alcuni affermano che l'essere umano sarebbe annientato. Ma non è per niente vero! Se diciamo che c'è un corpo che sopravvive 'nella tomba', quel corpo è comunque *invisibile* alla gente di questo mondo a causa dell'opacità che offusca i loro occhi mortali e impedisce loro di *vedere* ciò che non appartiene alla loro categoria."[4] Quando l'anima può finalmente ritornare a una dimensione corporea e viene messa davanti alle conseguenze delle proprie azioni, Dio fa sì che l'oceano sotto il Suo trono si trasformi in pioggia, una pioggia "più fredda della neve", che a sua volta provoca "un processo universale di raffinamento". A questo punto "le diverse parti del corpo spirituale (*Jasad B*) di ciascun individuo si uniscono a formare un organismo dalle 'forme' perfette, cioè conforme alla struttura che il corpo aveva in questo mondo; gli elementi del collo sono saldati agli elementi della testa, che a loro volta sono saldati a quelli del busto e così via. Questo corpo spirituale che ritorna in vita è il corpo che appartiene alla terra, Hurqalaya, ed è anche il corpo con cui gli esseri umani risorgono e vanno in paradiso o all'inferno."[5] All'obiezione secondo cui la sua prospettiva sarebbe filosoficamente troppo anti-islamica, Ahsa'i risponde che ciò che risorgerà non è altro che il *caro corporalis* purificato dalla sua opacità e densità, e dunque mantiene la sua identità e la sua essenza. Questo corpo invisibilmente luminoso è il nostro *caro spiritualis*.

Ma cosa succede all'anima quando si separa dal *caro corporalis* e prima di venire incorporata nel *caro spiritualis*? È qui che entra in gioco *Jism A*, il nostro corpo astrale, il corpo in cui l'anima entra dopo essersi separata dal nostro *caro corporalis*. Il corpo astrale accompagna l'anima al Paradiso Terrestre se si tratta di un fedele e all'Inferno Terrestre se si tratta di un infedele. Nell'immaginario geografico di Ahsa'i il Paradiso Terrestre, luogo in cui abitano l'anima del fedele e il suo corpo astrale, è situato a Occidente. Lo spirito dell'infedele invece accompagna la sua anima astrale all'alba, mentre al tramonto si rifugia nel *Barahut* e vaga per tutta la notte nella valle sulfurea in un luogo geografico non specificato.

Lo spirito si trova in questa condizione fino al Primo Squillo della Tromba della Resurrezione. A questo punto, tra il Primo e il Secondo Squillo della Tromba, tutti gli spiriti vengono annientati. Questa pausa cosmica dura 400 anni, dopo di che gli spiriti risorgono nel loro secondo *jism*, il *Jism B*, vale a dire il nostro corpo terreno. Ciò è reso possibile dal fatto che il *Jism B* (o *corpo terreno*) non è altro che il *Jism A* (o *corpo astrale*) purificato dalla sua opacità e densità. Adesso l'anima si trova in questo *corpo terreno* e risiede in purgatorio fino al momento in cui la Seconda Tromba dell'Arcangelo Serafiele chiamerà tutte le anime davanti alla giustizia divina, e in quel momento entreranno ciascuna nel proprio *Jasad B*, o *caro spiritualis*, affronteranno il Giorno del Giudizio, e verranno bruciate in Inferno o premiate in Paradiso.[6]

La teoria del corpo di Ahsa'i dunque, elaborata a favore della resurrezione del corpo, si può riassumere in questi quattro punti:

Veniamo al mondo nel nostro:
Jasad A (Caro Corporalis)

Quando moriamo, la nostra anima si separa dal *Caro Corporalis*
e entra nel:
Jism A (Corpo Astrale)

Dopo la pausa cosmica e alla vigilia del Giorno del Giudizio
la nostra anima abbandona il *Corpo Astrale* e entra nel:
Jism B (Corpo Terreno)

Alla fine, quando giunge il Giorno del Giudizio, risorgiamo
dal *Corpo Terreno* e entriamo nel:
Jasad B (Caro Spiritualis)

L'elaborata teoria di Ahsa'i dunque distingue il corpo in *caro corporalis* e *caro spiritualis*, mentre il *corpo astrale* e il *corpo terreno* agiscono da veicoli intermediari per mantenere l'anima in una condizione di limbo che va dal momento di separazione dal primo *caro* all'ingresso nel secondo. Questo limbo dura finché l'anima non è pronta a incontrare il creatore e godere della ricompensa o patire la punizione per la propria condotta.

L'arte di Shirin Neshat non fa altro che ristabilire visivamente il *caro spiritualis* laddove i suoi antenati teologi non erano riusciti a mutare verbalmente il *caro corporalis*. Partecipando a una lunga tradizione di dibattiti teologici sul problema dell'ascesa del razionalismo filosofico, Ahsa'i ha cercato coraggiosamente di dimostrare che il *caro spiritualis* (il corpo spirituale in cui entra l'anima dopo essersi separata dalla sua dimora primaria, il *caro corporalis*, e nel quale assiste alla giustizia Divina nel Giorno del Giudizio) risulta *invisibile* agli esseri umani a causa dell'opacità che "offusca i loro occhi". Il tipo di memoria fotografica che Shirin Neshat ha perfezionato negli anni fa precisamente questo, fa emergere intuizioni/visioni dall'opacità che offusca i nostri occhi, ci permette di vedere quella configurazione altrimenti invisibile del *caro spiritualis* che questa volta però non è una negazione o una mutazione ma si trova proprio nella materialità del nostro *caro corporalis*. Come Forough Farrokhzad ne era la voce poetica, Shirin Neshat è la visione lirica di un'estetica vivente del corpo che sostituisce la metafisica mortale dell'anima. L'artista rende visibile il corpo invisibile, il corpo che i santi Sciiti e gli studiosi musulmani hanno paragonato alla "polvere d'oro che si trova nel crogiolo dell'orafo. Anche questa non si può vedere. Ma l'orafo lavandola con acqua e purificandola della terra a cui è mescolata riesce a renderla visibile."[7] L'arte di Shirin Neshat è un'alchimia della rivelazione che rende l'invisibile visibile, il nascosto manifesto, il potenziale possibile, estrae il *caro spiritualis* dal *caro corporalis*, l'anima dal corpo, l'anima *del* corpo che non può più rivendicare nessuna autenticità tranne quella nel e del corpo.

Nella cultura ancestrale di Shirin Neshat il corpo fisico, o *caro corporalis*, viene metaforicamente considerato un capo di abbigliamento da indossare. Per dirla con le parole di Shaykh Ahmad Ahsa'i, "per l'essere umano il corpo fisico è come un indumento messogli addosso."[8] Ed è questo "rivestimento carnale" che rende visibile il corpo umano. Ma quando questo rivestimento viene tolto, la quintessenza del corpo umano, il suo *caro spiritualis*, diviene "impercettibile agli occhi degli esseri umani comuni."[9] Shirin Neshat è la teorica visiva di questa impercettibilità, colei che riesce a renderla percettibile, ma non attraverso la mutazione verbale del *caro corporalis* nell'ipotesi impercettibile di un *caro spiritualis*, bensì postulando visivamente il corpo spirituale dentro e fuori dal corpo fisico, liberandolo della sua condizione di opacità, del suo essere fisicamente lì, nel mondo.

In questo modo si può dire che Shirin Neshat riesca a fare visivamente ciò che i teologi musulmani non sono riusciti a fare filosoficamente. Essi infatti si sono visti costretti a teorizzare il corpo in assenza delle prove della sua presenza, rimuovendo il nostro *caro corporalis* ribelle. Shirin Neshat, al contrario, colloca la sua visione in quello che abbiamo definito corpo del reato, le prove fisiche della nostra presenza. Il fallimento teorico dei teologi si è tradotto storicamente in una metafisica trionfale della violenza contro il corpo. Il trionfo visivo dell'artista invece è riuscito a liberare il corpo dalla prigione della sua anima presunta. Inoltre, le teorie filosofiche dei teologi sostengono che l'anima sia incarcerata nel corpo, imprigionando così il corpo in una cultura dell'"Anima." La visione di Shirin Neshat invece recupera dal corpo fisico una sua luminosità trasparente liberandolo dall'assunto secondo cui terrebbe l'anima in ostaggio. Il corpo non tiene in ostaggio nessuna anima. È piuttosto l'assunto dell'anima a tenere in ostaggio il corpo. I teologi musulmani hanno proiettato sul corpo musulmano una vera e propria cultura del terrore soltanto perché non potevano giustificare secondo il Corano la resurrezione del corpo dopo la morte. Le foto e i film di Shirin Neshat rappresentano un manifesto della liberazione del corpo dalla prigione della sua presunta anima. L'artista infatti scorge l'essenza sensuale del corpo. I teologi musulmani hanno imposto una vera e propria cultura del terrore e dell'intimidazione teorizzando la presenza di un *caro spiritualis* al di fuori del nostro *caro corporalis*, presupponendo che la presenza *terrena* del nostro corpo possieda anche un suo lato *astrale*.

Shirin Neshat ci libera dal terrore di quella cultura liberandoci dal terrore della prigione dell'anima, tirando fuori visivamente il *caro spiritualis* che è visibile (e che lei rende visibile) nel nostro *caro corporalis*. I teologi musulmani hanno iniziato con un *caro corporalis* per poi poterlo sopprimere, negare e denunciare nella fase intermedia prima della sua destinazione presunta, il *caro spiritualis*. Shirin Neshat inizia e finisce con il nostro corpo visibile, il nostro *caro corporalis*, lo abita e lo celebra. I teologi musulmani hanno promesso la resurrezione del corpo ma non sono mai stati in grado di fornire delle prove. Shirin Neshat invece ci mostra una resurrezione del corpo che è da sempre già presente.

Due Trilogie e un Soliloquio

Teorica visiva del corpo, nell'ultimo decennio Shirin Neshat ha portato avanti una corrosione silenziosa della teoria patriarcale del *corpus*, liberandolo dalla prigione/supposizione della sua anima, celebrando un *caro spiritualis* visibile nel corpo stesso del nostro *caro corporalis*, smantellando così una volta per tutte l'opposizione binaria: il corpo diviene la prova della sua luminosità radiosa, la prova della sua significanza.

In due trilogie realizzate tra il 1998 e il 2001, Shirin Neshat narra due situazioni complementari che seguono una traiettoria che va dallo spazio privato di una performance sino a una dimensione pubblica comunitaria per poi esplodere nel paesaggio apocalittico di una resurrezione e di un rinnovamento. La prima trilogia include *Bi-Qarar* (*Turbulent*, *Turbolenta*, 1998, 10'), *Owj* (*Rapture*, *Estasi*, 1999, 13'), e *Eltehab* (*Fervor*, *Fervore*, 2000, 10'), mentre la seconda consiste in *Nabz* (*Pulse*, *Pulsazione*, 2001, 8' 30"), *Fetneh* (*Possessed*, *Posseduta*, 2001, 9' 30"), e *Safar* (*Passage*, *Passaggio*, 2001, 11' 30").

Queste due trilogie sono punteggiate da un soliloquio, *Zamzameh* (*Soliloquy, Soliloquio*, 1999, 17' 30").

Nella prima trilogia, Shirin Neshat *inizia* (*Turbulent*) con l'articolazione maschile di una presenza poetica contrapposta all'in/articolazione femminile che seduce liricamente la ragione allontanandola dal *logos*, e sono entrambi messi in scena all'interno dello spazio chiuso e controllato di un palcoscenico. Dopo di che l'artista si *sposta* (*Rapture*) nella cittadella di una *civilitas* e *conclude* (*Fervor*) col terrore apocalittico della resurrezione.

Come succede spesso nei titoli delle sue opere, l'inglese "turbulent" non rende completamente l'espressione persiana "bi-qarar," né il persiano rende l'inglese, sebbene Shirin Neshat insista nell'utilizzarli contemporaneamente, in una sorta di contorto "Dialogo delle Civiltà", un bilinguismo che smentisce entrambe le culture in opposizione. "Restless" (irrequieto) sarebbe una traduzione molto più fedele del termine "bi-qarar", e funziona molto meglio in riferimento al carattere della donna. "Bi-Qarar" esprime un senso di irrequietezza instabile e ansiogena, un'impossibilità di stare fermi dovuta al turbamento provocato da un'emozione o da un avvenimento. "Turbulent" descrive la condizione, mentre "bi-qarar" esprime l'im/possibilità di chiudere il caso. Il termine "turbulent" inoltre sembra aver dimenticato tutti i ricordi della sua condizione pre-turbolenta. "Bi-Qarar" invece contiene le prove della sua stabilità nella parola "qarar", che significa essere in una condizione di pace e tranquillità. Il "bi" nega il "qarar" senza però cancellare la sua memoria inalienabile. Infatti si limita a metterla nella condizione di cancellazione, la scrive e la cancella al tempo stesso. E questa traccia mnemonica è cruciale per la lettura dell'opera. Purtuttavia, la dobbiamo chiamare *Turbulent*.

È un'opera che si basa sul confronto e il contrasto tra luce e ombra, maschile e femminile, bianco e nero, un continuo *tête-à-tête* di opposizioni

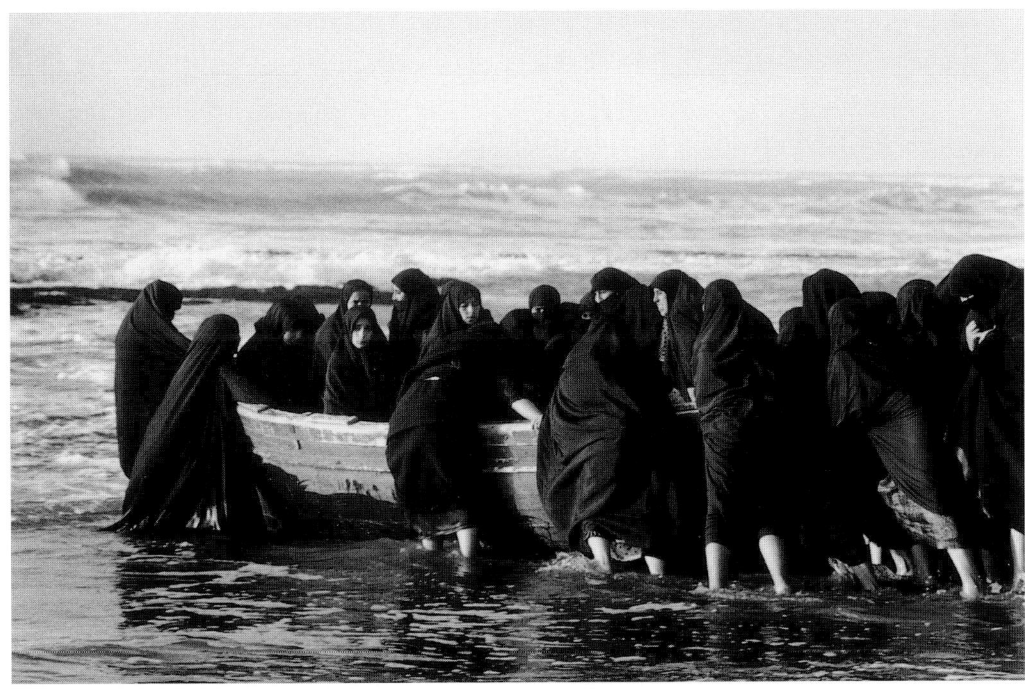

Rapture (*Estasi*), 1999
fotografia di scena / production still
Courtesy Barbara Gladstone Gallery, New York
Fotografia di / Photo by Larry Barns

binarie. La figura maschile canta con eloquenza e convinzione, quella femminile con passione inarticolata. L'uomo veste di bianco e si esibisce davanti a una sala gremita di persone, la donna veste di nero e canta in un teatro completamente vuoto. Lui si trova in una situazione pubblica, lei nella *privacy* più totale della sua solitudine, sebbene finga di avere un pubblico davanti. Lui è rivolto verso l'obiettivo, lei si nasconde e la videocamera le deve girare intorno per poterla riprendere. Lui è manifesto, lei è occultata. La presenza dell'uomo è frontale e verticale, quella della donna cancellata e circolare.

Tuttavia, prima che queste opposizioni binarie possano trasformarsi nella passiva rassegnazione a una cultura caratterizzata dal dominio culturale maschile e dalla marginalità femminile accade qualcosa di segreto. Lo sguardo di sconcerto dell'uomo che canta annuncia un'articolazione appena percettibile che emerge dalla voce femminile. Improvvisamente capiamo che lo spazio maschile è interamente occupato, reale, realizzato, mentre lo spazio femminile è provocatoriamente invitante, potenziale, promettente. La voce e l'immagine maschili sono dotate di un nome, sono identificate, mentre quelle femminili si notano a mala pena, sono palpabilmente sincopate. Lo spazio maschile è invaso dalla luce, quello femminile è tenebrosamente invitante. Se guardiamo più da vicino il volto confuso dell'uomo, la circolazione femminile di uno sguardo vertiginoso inizia improvvisamente a irradiare un senso di in/evitabile in/articolazione. La barra in/mezzo, (/), diventa il simbolo evocativo di questa articolazione visiva della circolarità femminile contrapposta alla prosaicità frontale della verticalità maschile. Non si tratta solo del fatto che il maschile è così assolutamente *nominato* mentre il femminile è così suggestivamente *notato*. No: c'è qualcosa di molto più importante qui. Il maschile è il fallico appiattimento del riflesso di uno specchio, il femminile una profondità speculare di uno spazio vaginale. La veste chiara del fallico maschile è evidente, consumata, mentre la copertura scura della caverna femminile è gravida di significati, promettente.

Per quanto riguarda il titolo inglese *Rapture*, che traduce il persiano *Owj*, incontriamo gli stessi problemi di discrepanza semantica. "Owj" è più "vertiginoso", più in "ascesa" di "rapture," a meno che non lo intendiamo come "esultanza", "esaltazione" o "euforia". Ma rimane il fatto che il termine "owj" è legato all'idea di "andare in alto", come l'innalzamento di un'onda o l'ascesa di un'aquila, e implica esplicitamente un senso di verticalità. Questo è suggerito sia dall'atto maschile del salire le scale all'interno della fortezza che dai lamenti femminili che si levano dal deserto. *Rapture* dunque continua proprio dal punto in cui *Turbulent* si era interrotto, ma lo fa in uno spazio aperto. L'a-posizionamento qui avviene tra la verticalità maschile della *cittadella* e la piattezza femminile del *deserto* – gli uomini occupano una fortezza, le donne emergono da una terra desolata. Gli uomini in *Rapture* sono verticalmente occupati mentre le donne sono orizzontalmente invitanti. La fortezza maschile si erge sulla piattezza femminile del deserto. Gli uomini vestiti di bianco occupano e proclamano/rivendicano la *civilitas* mentre le donne annunciano le im/possibilità *disertate* e *desertificate* della loro origine. Nel castello molte grida, nel deserto molti sussurri. Gli uomini sono ordinati e determinati, le donne caotiche e gravide di cose stra/ordinarie ancora da articolare. Gli uomini sono ripresi nella piena luce del loro riconoscimento, le donne nell'oscuro occultamento delle loro promesse. Gli uomini sono cerimoniosamente litigiosi, le donne caoticamente rispettose. La videocamera è posizionata in modo da guardare dal basso verso l'alto gli uomini e, viceversa, dall'alto verso il basso le donne. Gli uomini sono raggruppati in file e seguono destinazioni preordinate, le donne sfuggono a qualsiasi logica di ordine. Per tutta la durata di *Rapture*, gli uomini sono in movimento e alla fine raggiungono un punto di arresto verticale, mentre le donne sono ferme sino a quando, alla fine, si muovono sul piano orizzontale del loro ingresso in mare. Nelle figure maschili in movimento si trova un ritmo, invece le figure femminili fanno trapelare appena un battito. La bianchezza nuda degli uomini non va da nessuna parte, mentre il nero occultato delle donne ha un'infinita gamma di destinazioni da potere scegliere. Gli uomini sono attori, le donne il pubblico. Gli uomini sono agenti, le donne suddite. Gli uomini combattono, le donne guardano.

C'è un'improvvisa rottura in *Rapture*. Quasi a metà del film, si levano improvvisamente dei lamenti di donne che interrompono l'attività maschile. A questo punto gli uomini vengono ripresi con campi lunghi mentre le donne passano in primo piano. Gli uomini vengono interrotti, le donne interrompono. In questa seconda fase gli uomini si siedono in un campo lungo di aggregazione inarticolata mentre le donne marciano in una intrusione colonnare. Questa scena è accompagnata da una maestosa recitazione di un brano del Corano, la Sura LXXXI, versetti 1-9:

La Sura dell'avvolgimento
Rivelata alla Mecca
Nel nome di Dio, clemente misericordioso!

1. Quando sarà ravvolto il sole,
2. E quando precipiteranno le stelle,
3. E quando saranno spinti a corsa i monti,
4. E le cammelle pregne saranno abbandonate,
5. E le belve s'aduneranno a branchi,
6. E i mari ribolliranno,
7. E l'anime saranno riappaiate ai corpi
8. E la sepolta viva sarà interrogata
9. Per qual peccato fu uccisa, ...

L'atmosfera di questa Sura della Mecca è assolutamente apocalittica, e il suo contenuto è la famosa condanna coranica dell'antica pratica tribale dell'infanticidio femminile. Ma perché questa recitazione, e perché proprio questi versetti? Il motivo più evidente sta nella bellezza e nell'eleganza del suo incanto melodico. Salvo pochissimi casi, nessuno tra il pubblico di Shirin Neshat è in grado di capire il significato di quello che si dice in questa melodiosa recitazione. È come un'aria lirica di origini sconosciute. Ma il fatto che abbia un effetto quasi fisico sull'orecchio interno e il cuore nascosto dei musulmani, facendoli scoppiare in lacrime, invocando le loro devozioni più sacrosante, non viene assolutamente colto da un pubblico che va a vedere una video installazione in una galleria d'arte. Eppure la voce è udibile, e richiede un'assoluta e totale attenzione. Ma a prescindere da tutto, questa citazione dal Corano ha una eloquenza che va oltre le semplici parole, una musicalità che trapela dalla tonalità di ogni riverbero. Poco prima che inizi la recitazione coranica, la visione di Shirin Neshat è intrisa di un improvviso e sacro silenzio: ogni atomo della sua vigilanza visiva attende deferentemente l'annuncio, come se si trattasse dei primi versetti che siano mai stati rivelati dall'arcangelo Gabriele al profeta Maometto, sul monte Hira vicino alla Mecca, nel 610 circa dell'era cristiana.

L'eloquenza di questa recitazione del Corano ci ricorda la bellezza poetica della canzone d'amore cantata da una voce maschile in *Turbulent*, anche se quella era in persiano mentre questa è in arabo, quella apparteneva al pantheon poetico della lingua e della cultura di Shirin Neshat, questa alla memoria devota della sua fede e della sua religione. Quella abitava il mondo interiore di Rumi, questa il ritmo rivelatore del paesaggio coranico. Ma i due mondi sono entrambi maschili nella loro eloquenza, e si trovano in contrasto con l'in/articolazione femminile della poesia e della devozione.

A parte l'eloquente annuncio della recitazione coranica, l'atmosfera apocalittica dei versetti ci mette in guardia dal Giorno della Resurrezione. Ma la resurrezione del corpo è presente qui, e non è solo annunciata. È messa in scena davanti ai nostri occhi. Il Giorno del Giudizio è presente.

Qui, Sussan Deyhim sceglie di utilizzare il testo sacro musulmano per criticare gli abusi clericali. "E la sepolta viva sarà interrogata/ Per qual peccato fu uccisa" si riferisce alla pratica dell'infanticidio femminile. Ma la condanna dei fatti e la citazione coranica vengono fuse insieme e trasformate in immagini di una forza incredibile che giocano sulla risonanza melodica senza però che essa venga modificata o compromessa dal loro significato. Shirin Neshat utilizza i suoni – la voce e la musica – per il loro effetto di riverbero, di eco che oscilla tra l'udibilità e la dimensione fantastica del loro ondeggiamento. Il risultato di tutto questo è che il corpo del reato, cioè le prove corporee che vediamo, trasmettono le condizioni della loro significanza al di là di qualsiasi campo semantico. Il corpo non risuona dalla profondità della sua presunta anima ma dalla superficie della sua significanza evidente.

Similmente *Fervor*, la terza installazione della trilogia, sta in bilico sul confine in chiaroscuro di una relazione amorosa potenziale. Shirin Neshat costruisce i due personaggi (l'uomo e la donna) a partire dalla configurazione tenebrosa del loro dirigersi verso un'adunanza religiosa. Qui Shirin

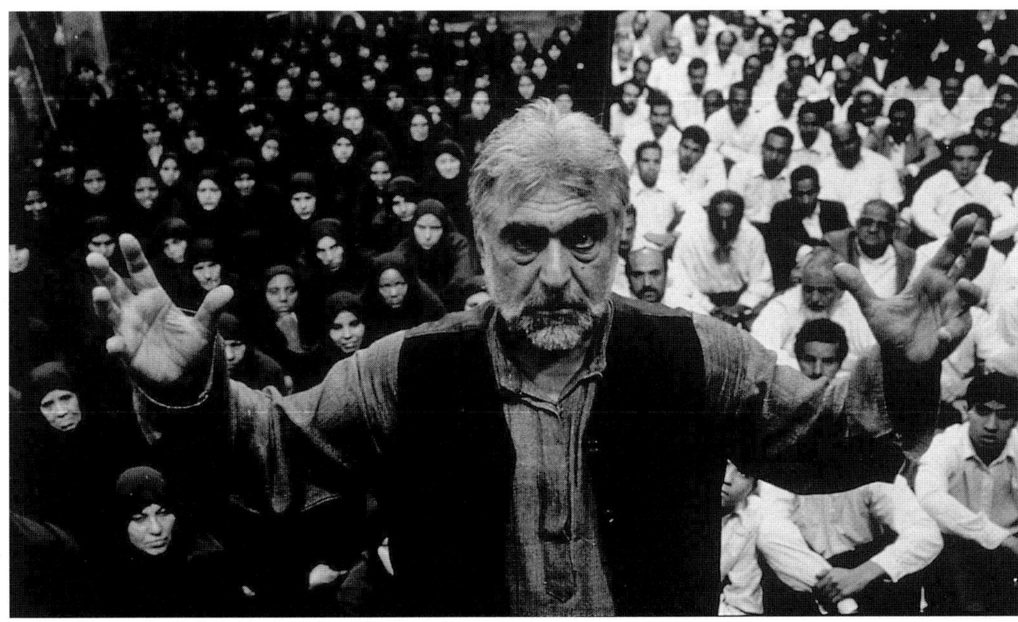

Fervor (Fervore), 2000
fotografia di scena / production still
Courtesy Barbara Gladstone Gallery, New York

Neshat riesce benissimo nel suo intento di trasmettere l'energia emotiva della cerimonia e la sua videocamera simula la disposizione rituale dell'evento. Attraverso il personaggio centrale di *Naqqal* (l'oratore al centro, situato sulla linea di confine dell'incontro maschile/femminile), Shirin Neshat ritrae la terza articolazione di un'eloquenza maschile. Essa ricorda da vicino la recitazione coranica di *Rapture* e il cantante persiano di "Turbulent." Tuttavia, questa eloquenza è spaventosa, terrificante. L'eloquenza maschile al centro dei film di Shirin Neshat segue una progressione che va dall'amore poetico (in *Turbulent*) al timore reverenziale (in *Rapture*) al terrore apocalittico (in *Fervor*).

Tale susseguirsi di emozioni sacre e profane fa sì che la trilogia sia estremamente critica nei confronti dei fondamenti della cultura dell'artista. Che si tratti di una meravigliosa canzone d'amore, di una recitazione coranica che incute timore o di una terrificante evocazione del Giorno del Giudizio, tutto si svolge sotto una coltre verbale di terrore e intimidazione, che soffoca qualsiasi tentativo di respirare. In questo momento soffocante, Shirin Neshat riesce a creare uno straordinario punto di contatto tra la sensualità dirompente e la misteriosa energia della devozione. Ma cosa di questa devozione irradia sensualità? La figura della protagonista, che ricorda diverse foto scattate da Shirin Neshat all'inizio della sua carriera artistica, contiene in sé la quintessenza della sensualità devota, la sensualità che si trova nella devozione e, viceversa, la devozione che si trova nella sensualità. Nessuno prima di Shirin Neshat aveva mai osato avvicinarsi e insinuarsi visivamente in questo territorio della cultura ove si abbracciano l'erotico e il sacro. *Fervor* è sicuramente l'articolazione più riuscita di questo abbraccio, in cui l'elemento carnale e quello sacrale si fondono rivelando la caratteristica essenzialmente sensuale del sacro. Attraverso le riprese di Shirin Neshat per la prima volta assistiamo alla resurrezione del corpo che si rivolta contro il terrore tirannico di un'intera tradizione storica e culturale di paura e intimidazione. L'artista infatti ci rivela l'energia erotica che il sacro ha requisito e di cui si è appropriato esclusivamente a suo vantaggio. Se si recupera questa energia erotica dal sacro, questo elemento carnale dal sacrale, non rimane alcuna sostanza. La resurrezione del corpo in opposizione alle culture dominanti che lo vorrebbero controllare e possedere è la forma di attraversamento di confine più coraggiosa operata da Shirin Neshat, dallo spazio delimitato del lecito allo spazio aperto del proibito.

La seconda trilogia di Shirin Neshat – *Pulse*, *Possessed*, *Passage* – segue una traiettoria analoga alla prima che va dalla dimensione privata di una riflessione solitaria a quella pubblica di una sfida urbana alla conclusione apocalittica di morte e resurrezione.

Nabz (*Pulse*) rappresenta la tentazione di una donna (Shohreh Aghdashlu) che si trova sola in una stanza e canta sul duetto di un uomo e una donna trasmesso pubblicamente per radio. La forza principale di "Pulse" sta proprio nel ritmo pulsante dell'evento pubblico che si contrae in una dimensione interiore solitaria. Il movimento parabolico della videocamera che ruota intorno alla stanza, passando da un campo lungo a un primo piano ad un altro campo lungo, serra l'evento in un unico gesto. La voce maschile/femminile che proviene dalla radio (si tratta di Reza Derakhshani e Sussan Deyhim) canta una famosa *ghazal* di Jalal al-Din Rumi. La poesia riflette sul fatto che l'umanità intera è intrappolata in limiti corporei e demarcata da confini fisici. La dichiarazione poetica secondo cui "Shoma hamcho asirid" ("Siete tutti come schiavi"), anticipa l'affermazione che "Cho zendan beshekastid/Hameh shah o amirid" ("Quando riuscirete a fuggire dalla prigione [dei vostri corpi]/Sarete tutti re e principi.") La radio fa da collegamento simbolico tra la dimensione privata della mesta solitudine e la dimensione pubblica di una promessa poetica.

In *Fetneh* (*Possessed*), la solitudine di quel momento poetico si espande ed esce allo scoperto mostrando pubblicamente la follia femminile. La donna, come incarnazione della follia, mette in discussione l'isteria su un piano assolutamente pubblico. La personificazione femminile della follia si insinua disturbando la quiete pubblica e agendo da catalizzatore represso dell'anarchia. Una volta innescata dalla follia femminile repressa, la furia continua anche dopo che la donna esce di scena. Una volta che la pazzia della donna esce dalla dimensione privata del suo sconcerto ed entra nello spazio pubblico della sua negazione, il pubblico corre il rischio di disintegrarsi. Ma in tutto questo c'è un pericolo: si tratta di una donna, e per di più pazza, in un luogo pubblico e questo crea una suspence visiva legata al fatto che all'inizio, quando la donna arriva, nessuno la nota. La suspence legata alla condizione di essere *in incognito in pubblico* sottolinea la presenza pubblica dell'assenza femminile. Il privato qui diventa pubblico e la dimensione privata dell'in/sanità viene messa in scena nella sua dimensione pubblica e i suoi confini vengono marcati. Siamo ormai in uno spazio pubblico urbano, dopo aver lasciato quello privato della solitudine del primo film. Da qui ci sposteremo poi al deserto apocalittico (*Sahra-ye Mahshar*) del terzo film, *Passage*. Si può dunque dire che la traiettoria di questa trilogia va dallo stare seduti in una solitudine sussurrata all'uscire allo scoperto, nell'in/sanità del pubblico, per arrivare poi a un deserto apocalittico.

La donna folle che si trova davanti a un muro in un vicolo cieco e non può andare da nessuna parte suggerisce la figura profetica della ribellione. Si tratta di una visionaria messianica che mette in discussione la linea di confine tra ragione e rivelazione. La componente messianica e quella profetica anticipano l'apocalisse e la resurrezione che caratterizzano *Passage*. Lo spazio privato di una stanza del primo film dunque anticipa lo spazio pubblico urbano del secondo che a sua volta porta a un paesaggio apocalittico, una contemplazione privata che sussurra una dichiarazione pubblica impregnata di morte apocalittica e di resurrezione. Questo movimento equivale a un'universalizzazione del nucleo tematico del soggetto. Il film è ambientato in Marocco, nella città di Essaouira, ma grazie alla forza visionaria di Shirin Neshat, assistita impeccabilmente dalla musica ossessiva di Sussan Deyhim (che canta accompagnata da un *kamancheh* e un violoncello), le sue implicazioni divengono globali.

Con *Safar* (*Passage*), accompagnato dalla musica di Philip Glass, la trilogia si conclude. Dunque ci siamo spostati dai sussurri privati di *Pulse* alla in/sanità pubblica di *Possessed* per arrivare poi al mormorio apocalittico di *Passage*. Con la musica ossessiva di Philip Glass che annuncia la minacciosità dell'evento, la videocamera di Shirin Neshat gioca con gli implacabili campi lunghi che mostrano una colonna fallica che incontra la tentazione, la palpitazione della tomba vaginale, mentre una bambina si sta costruendo una casetta di pietre. L'elemento maschile della colonna porta un corpo morto e fallico tra i vivi in movimento verso la circolarità femminile di una fossa che viene scavata con ardore da un gruppo di donne. Ma tutto questo lo vediamo a malapena. La videocamera di Shirin Neshat (e Qasem Ebrahimian dà il meglio di sé) provoca e flirta, sollecita e poi esita, si offre e poi quasi si nega, apparizione tra apparizioni spettrali. Si tratta dei preparativi rituali per un rapporto mortifero che intorpidisce, di un cadavere fallico che penetra una tomba vaginale. Il momento della nascita si fonde con quello della morte, l'atto di fare l'amore che genera vita si trasforma in atto di morte, un inizio che è già una fine. In questa palpitazione in chiaroscuro dell'im/possible, nei preparativi cerimoniali per l'atto di fare l'amore/la morte, la bambina, una incarnazione di Shirin Neshat, rimane lì seduta, il sogno verginale di una casa/buco.

Passage è fatto di immagini mesmeriche. L'abbraccio fra cielo, mare e sabbia di un gruppo di uomini partecipa alla cerimonia luttuosa del trasporto di un corpo morto dentro un sudario bianco, gli uomini sono vestiti di nero, il morto di bianco. Poi la videocamera stacca misteriosamente sull'abbraccio silenzioso, fra cielo e sabbia, di uno scavare femminile in una tomba. L'intrusione in forma di colonna del fallico morto all'interno dello scavo

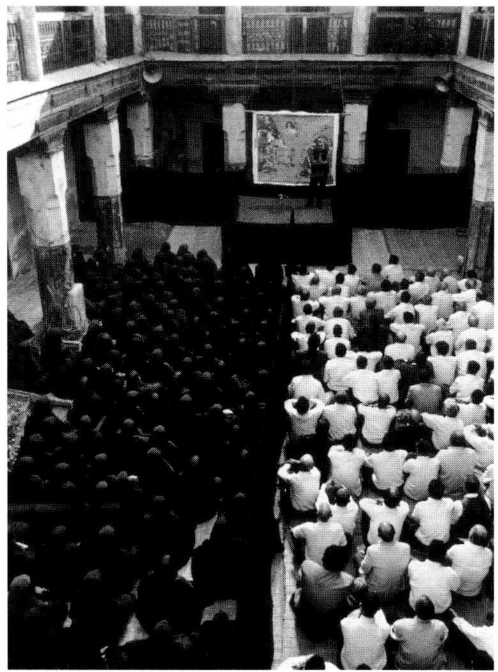

Fervor (Fervore), 2000
fotografia di scena / production still
Courtesy Barbara Gladstone Gallery, New York

femminile inizia a mostrare la copulazione mortifera, che intorpidisce, occultamento negromantico dell'anima vivente, trasgressiva copulazione di cadaveri. Alla periferia di questo evento, una bambina è nata da questo matrimonio mortifero. Uomini morti che camminano, donne morte che si scavano la fossa. La bambina mette in scena l'atto di scavare la fossa – le pietre morte rappresentano le donne intente a scavare e il buco in mezzo rappresenta la tomba – in cui colloca un pezzo di legno secco.

È giunta l'ora dell'apocalisse, il Giorno del Giudizio. Ecco, guardate! Ecce Homo! Da sotto i piedi della bambina che ora si alza divampa il fuoco dell'inferno. Avvolgendo il deserto nelle fiamme di una conflagrazione apocalittica, il fuoco sta per consumare la colonna maschile e la tomba vaginale, ma risparmia gentilmente la bambina, resuscitata dalle certezze assolute di una cultura che una volta l'aveva sepolta viva (*Rapture*). Questo è l'incubo di un sogno. Shirin Neshat si sveglia e chiude con una ripresa che sposta impercettibilmente verso l'alto la prospettiva della bambina, di nuovo gentilmente, in modo che possa vedere tutto quanto il deserto: desolato, spoglio, in fiamme, con i dogmi di un mondo datato e sorpassato davanti agli occhi. La resurrezione del corpo da un'immacolata concezione.

Teorica visiva del corpo, Shirin Neshat è riuscita a tirar fuori dalla concezione classica del *corpus* la sua componente luminosa, senza però assoggettarlo al regno degli spiriti. Questo recupero dell'incandescenza costitutiva del corpo trova la sua massima espressione in *Zamzameh* (*Soliloquy*). Due donne identiche (impersonate da Shirin Neshat) iniziano simultaneamente a ricordare/riflettere. Si tratta di una anamnesi creativa, uno sconvolgente rovesciamento dei tempi narrativi che abbatte qualsiasi forma di teleologia culturale e lo trasforma in un *plateau* genealogico di presenza. Ancora una volta bisogna dire che "soliloquy" non è la traduzione esatta di "zamzameh". Tutte queste discrepanze tra l'inglese e il persiano creano nelle opere di Shirin Neshat una fenditura evocativa che turba leggermente l'equilibrio della sua narrazione visiva. Letteralmente "zamzameh" significa "sussurrare" o "mormorare." Il soliloquio, come il monologo interiore, è qualcosa di piuttosto diverso: "zamzameh" è udibile ma inarticolato. "Soliloquy" è inudibile ma articolato. Sono termini quasi agli antipodi. Tuttavia l'onere della prova spetta al termine "zamzameh", che deve essere molto dilatato – smettere di essere udibile e iniziare a essere articolato – prima che possa incontrare il termine inglese "soliloquy". E anche l'area semantica di "soliloquy" deve subire una grande metamorfosi – non essere più articolato ma perfettamente udibile – prima di potersi trasformare in "zamzameh". Si può dire che Shirin Neshat dilati il confine verbale delle culture proprio come in *Zamzameh/Soliloquy* contrae ed espande i confini visivi dell'anamnesi. Le due donne identiche sono collocate ai due poli temporali opposti, una all'estremità del passato e l'altra all'estremità del presente (sarebbe ridicolo chiamare questi poli "tradizione e modernità" in quanto priverebbe la narrazione del suo colpo di scena).

Per poter celebrare un *caro spiritualis* all'interno del nostro *caro corporalis*, e dunque per far crollare definitivamente le due opposizioni binarie, è necessario utilizzare una modalità narrativa e visiva che sconfigga categoricamente la teleologia metafisica di qualsiasi cultura. Shirin Neshat riesce a realizzare tutto questo nel suo *Zamzameh/Soliloquy* attraverso un ingegnoso atto di anamnesi. La donna all'estremità del presente ricorda la lunga storia di de-soggettivizzazione mentre simultaneamente la sua controparte *ricorda* la stessa cosa ma nel *suo futuro*. In questo bizzarro atto di anamnesi, Shirin Neshat fa sì che la donna posizionata all'estremità del passato possa *ricordare il suo futuro* nello stesso preciso istante in cui la sua controparte ricorda la stessa cosa ma che appartiene al passato. Gli eventi sono contemporanei, e sono simultaneamente *puntati* l'uno contro l'altro. Il passato *ricorda* il futuro e il futuro *ricorda* il passato. Il risultato è un atto di anamnesi simultanea che contrasta categoricamente con l'elemento critico del tempo proprio della costituzione narrativa della verità. In questo modo dunque il costrutto metafisico della cultura, incubata nelle implicazioni temporali della sua narrazione, si piega su se stesso e le repressioni inibitorie della cultura vengono appiattite e mappate per un unico incontro critico, piatte sulla superficie del presente, la contemporaneità del nostro essere-verso-il presente. Non c'è più storia, non c'è tempo, passato, presente, memoria, oblio. L'unica cosa che rimane è la presenza del presente, la cultura nella sua più immediata, irriducibile e piatta prosaicità. Nessuna madre e nessun padre, nessun re e nessun ecclesiastico possono rivendicare questo spaccato di cultura *presente*. Sulla superficie piatta e liscia di questo piano, Shirin Neshat soggettivizza il de-soggettivizzato e in questo modo trasforma il femminile in agente mentre il maschile è ri/articolato in modo da de-sessualizzare e delegittimare un intero apparato repressivo della cultura, dando alla luce un Adamo e una Eva che non sono più l'articolazione sessuata del potere, ma che diventano gli araldi di una nuova cultura di emancipazione e libertà. Il corpo resuscitato diviene la prova della sua luminosità radiosa, la prova della sua significanza, l'agente storico riportato in vita attraverso una risoggettivizzazione del soggetto coloniale.

1. "Financial Times", New York, 31 luglio- 1 agosto, 1999.
2. Si veda la traduzione inglese di *Kitab Sharh al-Ziyarah di* Shaykh Ahmad Ahsa'i in: Henry Corbin, *Spiritual Body and Celestial Earth: From Mazdean Iran to Shi'ite Iran*, Princeton University Press, Princeton, 1977, pp. 180-221.
3. *Op.cit.*, pag. 183.
4. *Op.cit.*, pag. 184.
5. *Op.cit.*, pag. 185.
6. Si tratta di una versione abbreviata di un resoconto molto più dettagliato della teoria del corpo di Ahsa'i. Cfr. a questo proposito *op.cit.*, pp. 176-189.
7. *Op.cit.*, pag. 184.
8. *Op.cit.*, pag. 186.
9. *Ibidem*.

Hamid Dabashi

Bordercrossings:
Shirin Neshat's Body of Evidence

I will build a boat
And cast it on the sea.
I will grow distant
From this strange soil
Where not a single soul
Awakens the heroes
In the thicket of love.

Sohrab Sepehri

Bordercrossings

The kind of visual art that Shirin Neshat has now brought to perfection receives much of its energy from that ambiguous borderline where veiling and revealing converse. The equivocality of that borderline is where the body flirtatiously rubs itself against its commanding culture. When we look at that borderline the way Shirin Neshat pictures it we realize that it is always through the violent terror of naming that cultures regulate their mandates. Naming (of bodily organs, birth certificates, and everything in between) is the most immediate form of veiling whereby a culture controls the effervescent defiance of the body. Shirin Neshat has trained her camera with such insightful precision that the negotiated and settled differences between the overriding culture and the submissive body are once again agitated and brought back to the negotiating table. To be able to do that, an artist needs a judicious presence in a transgressive space. Creatively dwelling in that space and yet using it with impeccable control is what distinguishes a great artist from a mere globetrotting dilettante. To what Shirin Neshat owes the spectacular control of her vision is impossible fully to articulate. What is immediately evident, however, is the visual evidence of her successfully tapping into the volcanic junctures of her fragmented cultures, the normative crossings of good and evil, beautiful and repellent, feminine and masculine, controlling and releasing, seduction and solemnity—thus taking us all back to the festive occasion of in/articulate presence in the pre-moment of our historical agency.

Shirin Neshat has persistently dwelled on that borderline and thus infiltrated the modified museum spaces of a global bewilderment in order to de-museumize her received, now retrieved, culture: the result is the sublation of one critical cultural moment into the neighborhood of a global aesthetics. Shirin Neshat is an aesthetic tactician of uncommon precision, brevity the soul of her visual wit, bordercrossing her tenuous, attenuated trademark.

By far the most powerful set of binary oppositions now visually collapsing in Shirin Neshat's work is *sanctity* and *sensuality*. The lifted hand that points to the lips at once allows for the fingers to silence the lips while letting the lips kiss the fingers. The ascetics of silence and the erotics of kissing are here the subtextual prelude of a hand that pictures two iconographic opposites of *sanctity*—the supreme Shi'i invocation "Ya Qamar-e Bani Hashem"—and *sensuality*—one of the most famous poems by Forough Farrokhzad. Masculine Shi'ism as ascetic inhibition and feminine poetics as sensual emancipation here embrace each other in the back of a single hand. In this single move, Shirin Neshat embraces the im/possibilities of two iconographic inhibitions. Through their matrix of inhibitions, cultures make it impossible for the juridically mandated pieties to border with the suppressed and denied sensuality. An ascetics of denial is at the roots of the jurisprudence of piety operative in Shirin Neshat's paternal culture. In the same culture, however, the subversive theo-eroticism of Persian Sufism has always experimented with the im/possibilities of that border. While in the realm of the literary from Mawlana Jalal al-Din Rumi's *mystical poetics* in the thirteenth century to Sohrab Sepehri's *ascetic realism* in the twentieth we have witnessed destabilizing encounters of the *sensual* with the *sacred*, in visual terms we have never seen what it means to have the two universes collide. It is through her extraordinarily perceptive grasp of the nature of feminine piety in an Iranian/Islamic universe that Shirin Neshat can detect and convey the seductive energy of the clasp when the sacred and the sensual meet. The palpable love and affection with which Shirin Neshat embraces such evident opposites is one crucial source of the precision of her visual bordercrossings. The *prophetic* and the *poetic*, the *sacred* and the *sensual*, and ultimately *home* and *exile* collapse into an overwhelming embrace summoned by Shirin Neshat's loving hands, seen and shot through her sensual gaze.

Equally evident in this measured awareness of the colliding energies of her inherited culture is Shirin Neshat's pictorial oscillation between *controlling* the visual while *releasing* the sensual. This precision of balance can visually transform the clasping of two maternal hands into an embracing vaginal hold of two infantile hands in the simulation of a fetus formation. This is *the* mother-and-child: in the making. In another move with similar features, she can aesthetically transform the dismissive clasp of the vaginal formation in the moment of pregnancy into the inviting openness of a womb. The aesthetic control of the visual unleashes here an energy of unsurpassed power, beyond any cultural control. Here, and through Shirin Neshat's camera, the body is teaching itself how to mock the inhibited, deride the forbidden, simulate the truth. By teaching its organs how to mock, Shirin Neshat invests the body with artful counterintelligence.

Faith (*Fede*), 1995
stampa alla gelatina d'argento, inchiostro / gelatin silver print, ink
27,9 x 35,6 cm / 11 x 14 in.
Courtesy Barbara Gladstone Gallery, New York
Fotografia di / Photo by Kyong Park

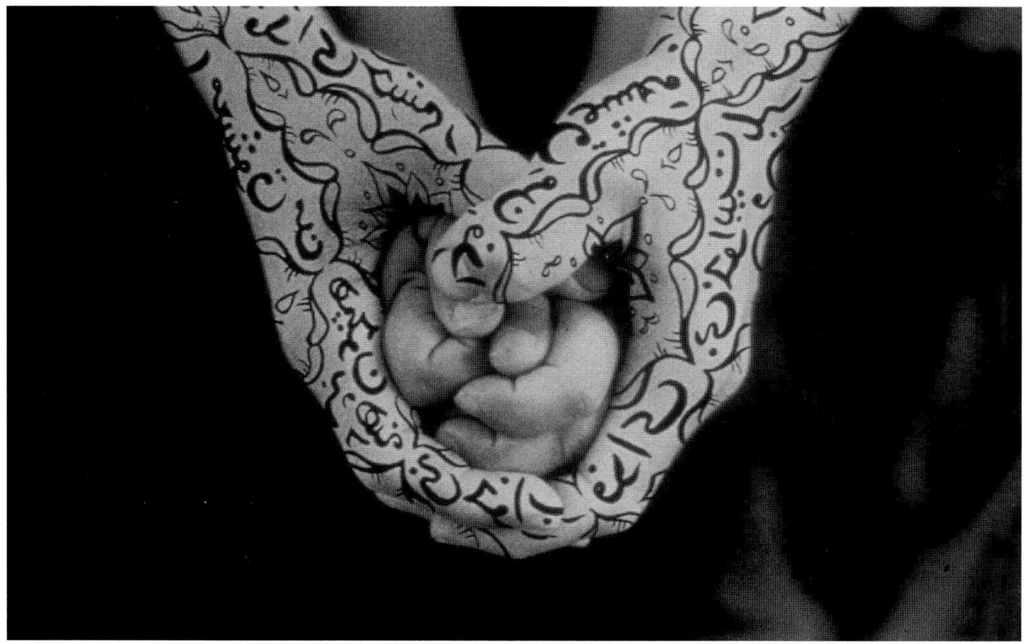

Through its mocking organs, the body is now storing itself with ironic memories, restoring itself to its defiant disposition, teaching itself how to remember things forbidden, play with fire, dare its own forgotten elements. Shirin Neshat chronicles the forgotten memories of the body, retrieves them from the suppressed reservoir of her culture, waging them against their own god-terms, freeing the body from the prison house of its accumulated, ossified rectitude.

In the feminine body in particular, Shirin Neshat has much more enduring memories to invest. The kind of bordercrossings evident in her photographic faces begins to inject *seduction* into *sadness*, *violence* into *serenity*. How could a sad face be sensual, how could serenity harbor violence? Beyond a furious revolution in 1979 and a catastrophic war between 1980 and 1988, the two most violent memories that animate Shirin Neshat's photography, she reaches for the innermost assumptions that divide and conquer the anxieties of revolt and the dreams of emancipation. The instant that her camera forgets how to look for the erotics of irony in a face, that emancipatory possibility is in danger. The glory of Shirin Neshat's photography is in her uncanny ability to turn violence into an energetic serenity, sadness into sensuality. The result is an unsettling revelation about the seductive force of violence. In this respect, she is the visual conscience and photographic memory of an entire generation of hopes turned into fears, laughter turned into tears, joyous ephemerality of the body turned into the dead certainties of a culture. By picturing our present predicament with a loving gaze, Shirin Neshat has a claim on being the photographer of our past indiscretions, and our future emancipation. She pictures things that have already happened but remained unregistered, things that are yet to happen but are unforeseen: she is a visionary of the im/possible.

It is to articulate the terms of that future emancipation that Shirin Neshat's turn to the male body ought to be read. Her male bodies are the projected sites of a decidedly feminine gaze. From the secure vaginal embrace of an infantile boy to the distant figure of a full-bodied man, the masculinity of a body remains always contingent on the femininity of the gaze cast on it. Without that feminine gaze, without Shirin Neshat's seductive camera, *man* is but a name with no claim to any body. Thus her entire camera-work is the corrective lens of a culture of masculinity that has formed the male body in the absence of the publicity of a feminine gaze. Shirin Neshat's camera publicizes the private look of a feminine denial into the pronounced gaze of its positive affirmation. She is looking at the masculine body with the intensity of all the denied feminine gazes that her culture has harbored. The result is not a mere publicity of the feminine gaze: the result is the destabilization of the fake confidence of the masculine body, formed and infused in the absence of a confident feminine gaze.

Shirin Neshat's body of photographic evidence thus registers the sustained record of successful bordercrossings. As she challenges the received repressions of all our metaphysics of denial, she invests in us all the emancipatory memories of a bodily resurrection. The strategic modulations of bordercrossings, definitive to her entire oeuvre, functions like a visual ploy to intimate the possibilities of a bodily resurrection. Bodily resurrection, as a metaphysical im/possibility, has a long and revered history in her received (Islamic) culture. But what she does with that im/possibility is precisely where her art has a fateful rendezvous with the global implications of her metaphysical culture.

The Global Gaze

Today the possibilities of that bodily resurrection are taking place in full public view and on the site of two crisscrossing passages: bodies taking their cultures to task, cultures taking their nations to the globe. The global view though confuses the two, taking one for the other, ignoring the organic root of the two in each other. In his review of the Santa Fe biennial, Ralph Rugoff opted to showcase Shirin Neshat's video installation "Rapture" as an example of what he termed "migratory artists" crowding "circus-like surveys . . . [of] an internationalist ethic."[1] As Rugoff noted, "the international biennial has taken centre stage as the dominant exhibition format for presenting new works," and even more important, showcasing "an internationalist ethic" has become "in itself a prerequisite for creating a truly contemporary art show." That may indeed be the case, but to what end? Rosa Martinez, the Spanish curator of Site Santa Fe, calls the exhibition in her New Mexico space "Looking for a Place," out of her conviction that "the most innovative art seeks to break out of institutionalized spaces." If European museums at the turn of the last *fin de siécle* in the nineteenth century were the substitute pantheons of high European bourgeoisie, replacing the palaces they had vacated of power and churches they had declared dead, these international biennials at the turn of this *fin de siécle* in the twentieth century are now rightly the sites of immigrant artists no longer at home where they were born but seeking to turn the lemon of migratory labor into the lemonade of creative art.

Rugoff credits Shirin Neshat with having "developed a hybrid vernacular capable of simultaneously addressing her different audiences" and points out that many of her colleagues at Site Santa Fe failed to do so. The question, though, remains what precisely is this "hybrid vernacular" which is capable of addressing multiple audiences? Does Shirin Neshat indeed manage to speak to more than one audience? And who might these audiences exactly be? Iranians? Migratory communities? Globalizing capital and labor, of the sort that *Financial Times* chronicles? Neshat's audience(s) cannot of course be considered her compatriot Iranians inside their country because, as Rugoff rightly notes, she "cannot be shown in her native country (Iran)." As for the "globality" of Neshat's art, the term conceals much more than it reveals. What it reveals, though, is quite crucial. The globality of the predicament that embraces and informs Neshat's art supersedes such binary opposition as East-West (or Islam and the West)—terms that have long distorted the circularity of capital and its culture. The globality of our predicament, which is nothing new, though recently aggravated, cannot any longer be collapsed into convenient but misleading categories. To be contemporary is to be global, but global in terms constitutional to the circularity of capital (and labor) migration and the culture it equally forces to be migratory. The global also means the immediate suspension of all the aggressive categories that have so far forced the world into artificial encampments independent of the circular logic of capital and its commanding culture.

As Rugoff notes of the Chinese artist Cai Guo-Qiang's installation of a 20-foot-high lighthouse built from timber and detritus atop Site Santa Fe's building, it collapses into a "repackaging their aesthetically modest work as grandiose metaphor" and as such having a claim over nothing more than "its inane pretension." This is an example of remaining within the confinements of a domesticity that fails to transcend beyond itself and reach for a "hybrid vernacular" that locates the Chinese in the globality of its post-Tiananmen Square predicament. But the example also points to entrapment in the existing paradigmatics of identy ethics and politics, of which not just Cai Guo-Qiang but Rugoff himself remains accused. The *inter-national* reception of an art generated within the *global* circularity of capital and culture cannot but continue the old, outdated, binary assumptions of East-and-West, of nations and national cultures, in conversation or clashing with each other. If there is to be a "hybrid vernacular," it can neither be "hybrid" nor assumed "vernacular." The "hybridity" assumes an originary authenticity that no longer is, as the "vernacular" predicates a sacramental Latin we can no longer revere.

Rosa Martinez is credited for having recently announced that "cultures must reinvent a new ethic of existence." Whether or not such lofty credits, self-assigned by curators, are in or out of place, presumably what Martinez has in mind is for art to catch up with the migratory force of capital and labor. Neither Martinez though nor any one of the artists she has exhibited can "invent" anything unless the outcome corresponds to a yet to be named, pictured, or narrated reality. The reality which Shirin Neshat pictures and of which her audiences are yet to be informed are always-already bordercrossing realities. These bordercrossings are locally subversive in their politics precisely because they are globally transgressive. They liberate domestically precisely because they subvert globally in their aesthetics. In the process, they manage to do what Rosa Martinez demands them to do and "invent" an ethic of globality that at the same time liberates them locally. But they do so not because they are sitting on an Olympian mountain of aesthetic aloofness. They do so because they are responding in earnest to a cultural globality that is barely catching up with the capital that has occasioned it.

Ralph Rugoff's principle objection to Rosa Martinez is that the majority of the artists she has exhibited "seem far more concerned with declaring what their work is about, rather than showing us how they get there." The problem with such a blunt declaration, Rugoff declares, is that "exhibitions like this can do little more than celebrate internationalism for its own sake—a worthy political goal, perhaps, but utterly bankrupt as an aesthetic proposition." This damning declaration points precisely to the tension between the emerging globality of an art that still *rightly* lacks a definition and an *internationalist's* expectation of a definitive aesthetics that charts and locates that definition. The result of this tension is precisely the condemnatory language of the art critic who thus declares that what we see in Santa Fe "is a latter-day Tower of Babel where the possibility of dialogue between cultures is reduced to a polyglot din. If contemporary art is truly becoming a global language, exhibitions such as this one will need to find new formats, and perhaps new ambitions, in order to do it justice." This of course is as charitable and sympathetic as an art critic for *Financial Times* can get in attending such Towers of Babel. But precisely the site of *Financial Times* is where the underlining globalization of capital and its culture is best readable and thus its attention to the art that this globalization generates noteworthy. It is precisely against that reading of the "internationalism for its own sake," that Ralph Rugoff's attraction to Shirin Neshat's work, entirely despite himself, informs the "new ethics" that Rosa Martinez expects, equally despite herself. The problem is in the configuration of the emerging cultural globality being read from an angle entirely alien to the aesthetic locality that has occasioned them, right before that locality itself is superseded by the globality it informs. The circularity of the argument simply mirrors the circularity of labor and capital that has occasioned it, making an "international" perspective no longer viable, as it makes a "dialogue among cultures" entirely moot. Neither *national* nor *cultural* units of analysis can any longer hold water against the broken dam of postnational globalization. The kind of categorical bordercrossing that Shirin Neshat's art simulates is one particularly poignant strategy of bodily resurrection against the tyranny of cultures and the prison house of their national identity, an aesthetic revolt against national cultures that actively partakes in territorial globalization. By positing an aesthetics of alterity, by placing the body against its tyrannical culture, and ultimately by staging a bodily resurrection, Shirin Neshat's work collapses her local culture into the parameters of a globality that now has to account for its own terms of terror and intimidation, depravation and poverty, tyranny and injustice. Her work, the best that this transitional bordercrossing between the local and the global can afford, is a guerrilla tactic, where the local escapes into the global, the global into the local, crisscrossing and transgressing one trap into the other, all the while keeping a defiant resurrection of the body in her camera's mind.

By now an "international aesthetics," what Rugoff seems to demand, is a contradiction in terms. But the problem is not with the false expectation of a singular "aesthetics" that can be read and visualized across the presumption of hermetically sealed cultures. The problem is rather with the falsifying assumption of *inter*-nationalism and dialogue *between* cultures. What Rugoff intuitively notes in his reading of Shirin Neshat but theoretically fails to articulate about Site Santa Fe in general is that we can no longer enter such exhibitions with the assumption that there are *nations* and *cultures* categorically distinct *from* each other and yet in aesthetic need of communicating *with* each other. The internal and spiraling logic of the incessantly globalizing capital and its culture has necessitated a mode of reading that can no longer be predicated on such assumptions of constitutionally different cultures and successfully policed borders. Shirin Neshat's "native homeland," which now boasts of living under an "Islamic" Republic, can hardly conceal the categorical location of that Republic—from its nascent ideological formation to its institutions of legitimate authority—in the colonial bosom of the project of Modernity. The entire artifact of the "Islamic Ideology" is a product of active response to the colonially mitigated project of Modernity and as such a mere mirror image of it, albeit made of the distant memories of an ancient culture. The art that the globalizing capital and its culture engender categorically defies any distinct moral or political, social or cultural, boundary. This art represents instead the transfiguring nature of both the material basis and the aesthetic parameters of that emerging world that the inner logic of capital can hardly conceal or legitimately deny.

Less than twenty years ago it was impossible to imagine a Shirin Neshat. Today it is impossible to imagine her out of the visual repertoire of our world.

The Local Look

It is not just the global gaze that under-theorizes itself. The local look is equally bewildered. The criticism leveled against Shirin Neshat by some Iranians, Muslims, or in general by those who advocate the cause of the "Third World," is that she takes advantage of and thus reinforces the existing stereotypes of Muslim women and as a result perpetuates that image. She is accused of aestheticizing and thus celebrating what she ought to be criticizing and subverting. She is said to have catered to the tantalizing whims of her "Western audience" by giving them the over-Orientalized version of what they have already imagined. Women in veils: how more can one self-Orientalize?

All these accusations are fallacious and predicated on an outdated identity politics, continuing to paint a *static* world to the East and a *creative* world to the West of Shirin Neshat's logistics. The dichotomy is false and the Iranian cinema of Shirin Neshat's lifetime is the evidence. Central to Shirin Neshat's photographic imagination is the *performative* disposition of veiling. She demystifies the act of veiling via an orchestration of the face, simultaneous with choreography of the body. She over-stages veiling by placing it as a pronounced social practice, the claim of the culture on the moving body. The performative presence of Shirin Neshat's work cannot be bracketed and then accused of self-Orientalization. It is constitutional to the very act of bordercrossing she performs that she must take the culturally private to the globally public. We need a whole new conception of

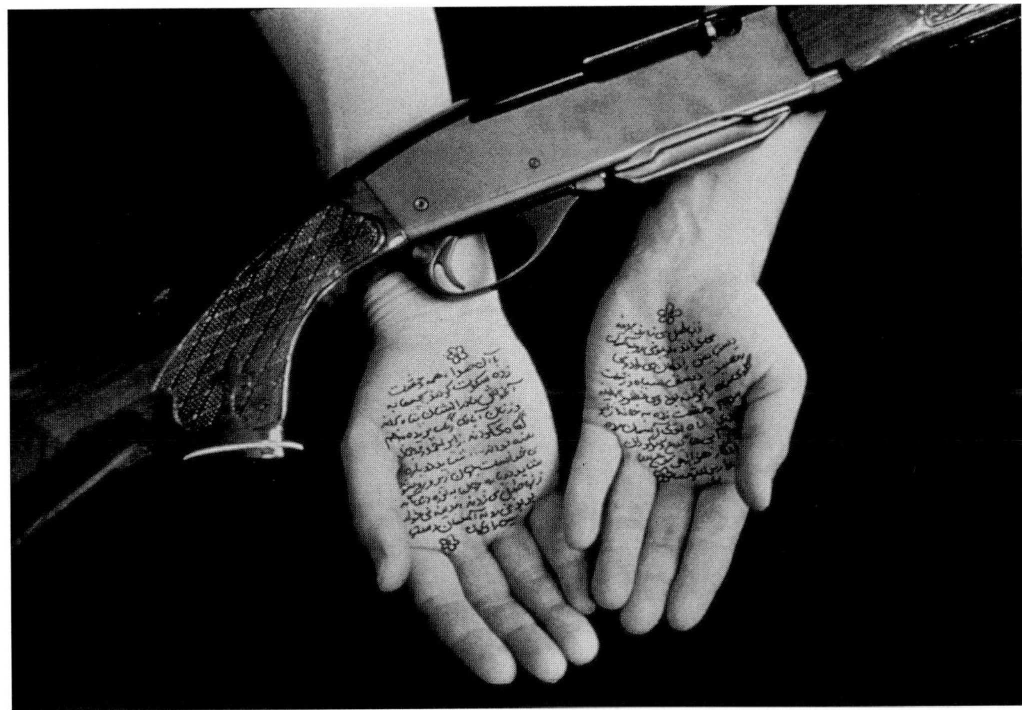

Stories of Martyrdom (*Storie di martirio*), 1994
stampa alla gelatina d'argento, inchiostro / gelatin silver print, ink
27,9 x 35,6 cm / 11 x 14 in.
Courtesy Barbara Gladstone Gallery, New York
Fotografia di / Photo by Cynthia Preston

cultural mobilization here. With East-West dichotomy melting away under the gaze of the globalizing capital, an Orient no longer exists to be Orientalized. Shirin Neshat's bordercrossings is a dialectics of defiance, a bodily resurrection against fabricated cultures and the prison house of their national identity, with the nation-state as the custodian of the power that reaps the benefit.

Performing the veil, as Shirin Neshat does, stages the culturally constituted body in an overwhelmingly exaggerated way, the only way that the body can be shown in its cultural contortion. The implications of that exaggerated, performative, staging of the concealed body commence with the physical evidence of the body but extend all the way to the underlying metaphysics that animates the cultural constitution of the body. Prior to its aestheticization, the veil cannot conceal its own history, that it was there to accompany the body, there as the canvas of the metaphysics that demands it. There is a progression in the practice of veiling from the politics of power to the metaphysics of signification. There is a choreography to the social practice of veiling that embraces the body in the politics of its control, and the metaphysics of its submission. With the veil the *hands* are made inoperative, *speech* impossible, the *face* covered, the *body* denied. The body—carrying the face, the hands, and the voice—moves and the veil legislates on behalf of the metaphysical culture that authorizes it. The *face* that the veil covers can no longer reveal itself as a sign that signates and thus threatens all the controlling signifiers that ipso facto implicate a Transcendental Signified. The *body* that the veil denies is prohibited to substitute the soul that animates that metaphysics. The *speech* that the veil inhibits is mutated to authenticate the masculinity of the Divine Voice at the root of that metaphysics. The *hands* that the veil ties are rendered inoperative so that the act of productivity is incubated and its fruits denied.

The veiled body, as we can now see it through Shirin Neshat's revealing camera, is the walking denial of the culture, the supreme summation of its repressed denials, the negative aesthetics of its inhibitions, the shadow of its light. On the premise of the veiled body, the social practice of veiling mutates the politics of power into the metaphysics of its inevitability—immutable, absolutist, permanent. The practice is closed-circuit, circuitous, self-authenticating: from the politics of its practice to the metaphysics of its certainty. Shirin Neshat visually interjects into that social practice, strategically disrupts that metaphysics. This she does in two simultaneously disruptive, mutually corroborative moves: in the *privacy* of her Iranian aesthetics and in the *publicity* of her global audience. The term *global* is nowhere more applicable and apt than here. Her global audience misses out on the locality of her references (ritual veiling, calligraphic poetry, Persian music, Qur'anic recitation, folkloric references), while her nativist audience equally fails to reconfigure its binary suppositions between Islam (or the East) and the West, or Tradition and Modernity.

The result is that her global audience celebrates her for the wrong reasons, while her nativist critics condemn her for bad politics. Bringing her local aesthetics and her global audience together, and bypassing her international admirers and nativist critics, we can see Shirin Neshat at the forefront of an aesthetic imagination that is behind the globalizing logic of the capital but ahead of its trailing culture. Bordercrossing left and right, Shirin Neshat stages a bodily resurrection in which the *face* is allowed to signate beyond the control of any Transcendental Signified, the *body* to substitute the soul, *speech* emasculated, the *hands* productive in the field of the otherwise.

Bodily Resurrection

Shirin Neshat is the artist of the space in-between, of suggestions and suppositions, of a whole new cosmogony of vestiges and mementos. She gives an entirely new meaning to the idea and practice of flirting. She flirts. She flirts with danger with flare. The verbally abused, the knee-jerk reaction would be to go for the kill with the visual. But not Shirin Neshat. She goes for the visual with the haunting instinct and patient precision of a lioness. She waits patiently, calculates with the precision of a Swiss watch: where to sit, when to move, what to show, why to retreat, and when to go for the jugular. Shirin Neshat is the artist of the un/seen, of the not/shown, of the strongly-suggested, of "Who?-Me?-I-never-said-that!" She is the artist of light and shadow, the marker of the twilight location where all the suggested signs remain signaling, but never significant enough to register a sentence, suggest a phrase, issue a statement. Never a statement: always only a hint. Shirin Neshat's is an aesthetics of im/permanence, of in/articulation.

With that arsenal of suggestive mobilization at her disposal, Shirin Neshat has singularly targeted the body as the site of her contestation. From her earliest photographic work to her latest video installations, and before and after anything else, Shirin Neshat is a visual theorist of the body. Her bodies are the sites of critical contestations with the cultures that create, seal, and sign them. Bodies are the signed and sealed signatures of a culture. In and of themselves bodies are already inscribed, constituted, defined, veiled beyond recognition. Veils are just the slightly more exaggerated veneers of cultured bodies. Topless bikinis, even skinny-dipping in nudist colonies, are as much markers of cultural constitutions of the body as a fully veiled figure. Clothing of any kind, from a turban to a tie, is the cultural closure of the body, a claim on its location, demanding it to behave, exacting a tax on its rectitude. Clothing though pales in comparison with how bodies in and of their nude selves are culturally constituted. Bodies are the mobile repositories of the culture they, literally, embody. From the moment of their birth, before the moment of their birth, to the moment of their death, beyond the moment of their death, bodies are the sites of cultural contestations. Cultures demand and exact obedience from their bodies, before conception, beyond the grave. A Muslim is a Muslim before her conception, before his parents are married, before her grandparents are born, before his entire ancestry took their first breath. A Muslim is a Muslim beyond her grave, into the afterlife, long, very long, after he is dead and gone, into the Day of Resurrection, she is still a Muslim, a believer of one sort or another.

Shirin Neshat was born and bred into the Iranian version of the Islamic culture. Her art is decidedly rooted in her ancestral culture, in the manner and matter of her parental faith. It is almost impossible to read and write Shirin Neshat without noticing her incessantly quoting her culture. As a visual theorist of the body, she resurrects her bodies against the culture that has historically claimed them in order to deny them. The control of the culture over body is beyond measure, predating any time, anticipating any space. In the Islamic culture, bodies are mandated and controlled before their ritual birth, beyond their ritual burial. Muslims believe that beyond their ritual birth into their faith they will die in their physical bodies and then they will be bodily resurrected in the Day of Judgment to be rewarded in Paradise for their good deeds or else punished in Hell for their evil acts. God is the "Owner of the Day of Judgment" (The Qur'an, I: 3), "... the day when every soul will find itself confronted with all that it hath done of good and all that it hath done of evil ..." (III: 30), "... the day when (some) faces will be whitened and (some) faces will be blackened; and as for those whose faces have been blackened, it will be said unto them: Disbelieved ye after your (profession of) belief? Then taste the punishment for that ye disbelieved. As for those whose faces have been whitened, lo! In the mercy of Allah they dwell for ever." (III: 106-107) It is not just the soul and the face of the created being that are resurrected on the Day of Judgment. They will resurrect in their entire body, from their bone, through their flesh, to their skin: "Lo! Those who disbelieve Our revelations, We shall expose them to the Fire. As often as their skins are consumed We shall exchange them for fresh skins that they may taste the torment. Lo! Allah is ever Mighty, Wise." (IV: 56)

From this Qur'anic beginning, the question of the corporeality of the body and the im/possibility of its bodily resurrection became a matter of grave theological debate among Muslims. The theological debate, however, is a subterfuge for something far more worldly and tangible, and that is the enduring claim of a commanding culture on the corporeal reality of the defiant body. What Shirin Neshat is doing today in the light-and-shadow reconfiguration of the human body is visually theorizing the *caro corporalis* where her ancestors failed to sublate it verbally into *caro spiritualis*. This is a battle of wits that has raged throughout Iranian history and Islamic culture, from the dawn of Islam some fourteen hundred years ago down to the aftermath of the Islamic Revolution. Today, at the writing of this essay, the most critical public debate in Iran is the question of public flogging and execution, with the Islamic judiciary strongly insisting that it will continue such practices irrespective of the objection of President Khatami's government and international outrage. The body of the Muslim subject of an Islamic Republic is the most immediate, most visible, most politically significant, site of the cultural claim on it.

There is a history though between the commencement of the Qur'anic constitution of the human body as the punitive site of the faith and its combative predicament in an Islamic Republic. The rise of philosophical rationalism in medieval Islamic intellectual history resulted in the denial of the possibility of bodily resurrection. Al-Ghazali (d. 1111) denounced the philosophers for their belief in the eternity of the world, their denial of God's knowledge of the particulars, and of bodily resurrection on the Judgment Day. Throughout Islamic history, theological and philosophical debates about bodily resurrection were in effect battles over the metaphysical mutation of the *caro corporalis* into *caro spiritualis*. The battle came to a culmination in the sixteenth century in the figure of Mulla Sadra Shirazi (d. 1641) and the establishment of the School of Isfahan. Mulla Sadra Shirazi's ambition was to bring together the best and most enduring philosophical speculations in Islamic intellectual history and wed them with the Islamic metaphysical doctrines. His efforts were so monumental and enduring that to this day the practice of Islamic philosophy has not freed itself of his influence. By the nineteenth century, one of his astute philosophical followers, Shaykh Ahmad Ahsa'i (d. 1826) brought his philosophical speculations on the body to an unprecedented height and founded the Shaykhi School of philosophy, named after him, which in turn resulted in by far the most revolutionary social uprising of nineteenth-century Iran, the Babi movement.

Shaykh Ahmad Ahsa'i faced the same problem that generations of Muslim philosophers had faced. What was he to do with the physical body? It had all the signs of generation and corruption. It had came about and it dies away—and yet the Qur'an had said that these very bodies will be resurrected, brought back to life on the Day of Judgment and then praised in Paradise or punished in Hell for what the selfsame bodies had done on earth. Shaykh Ahmad Ahsa'i came up with an elaborate theory of the body to rescue it from corruption, save it for paradisiacal praise or infernal fire, and thus metaphysically prolong its endurance into a post-eternity that embraced its earthly existence. To that end, Ahsa'i categorically divided the body into four stages of its corporeal existence. Two were related to the term *jasad*, which literally means *corpus*, and two with the term *jism*, which literally means *body*. There are, Ahsa'i surmised in his theory of the body, two stages to *jasad* and two to *jism*.

Jasad A is our corporeal body, the body we touch and feel. This body, according to Ahsa'i, is like a garment that a man puts on and later casts off again. This body in and of itself has neither enjoyment nor suffering. It is subject neither to fidelity nor to rebellion.[2] This fleshly *Jasad A* can diminish or increase, a person may get sick and lose weight or else eat too much and get fat, but his essential quality, servile or rebellious, Ahsa'i insists, will remain the same. This body "is homologous to the opacity that exists in silica and potash."[3] This visibly opaque body is our *caro corporalis*.

Jasad B is our quintessential body, the body that survives, according to Ahsa'i, the decomposition of our *Jasad A* into its constituent elements, when upon death its fire goes to Fire, air to Air, water to Water, and earth to Earth. This *Jasad B* is "the reality of the human being," Ahsa'i insists, because when *Jasad A*, our *caro corporalis*, is decomposed and destroyed, "there is finally nothing of it to be found, so that some people affirm that the human being is annihilated. Not at all! Not so! But if we say that there is a body that survives 'in the tomb,' that body is nonetheless *invisible* to earthly beings, to the people of this world, on account of the opacity that darkens their fleshly eyes and prevents them from *seeing* what is not of the same kind as themselves."[4] When it is finally time for the soul to return to a bodily formation to be brought back to face the consequences of its actions, God causes a rain to fall from an ocean under His throne, a rain "colder than snow," which in turn causes "a universal refining process," at which point, "the members of the spiritual body (*Jasad B*) of each individual join together to form an organism in perfect 'shape,' that is to say conforming to the structure the body had in this world; the elements of the neck are welded to the elements of the head, then to those of the bust and so forth. . . . This spiritual body coming back to life is the body which belongs to the earth, Hurqalaya. This is the body in which humans are resurrected, and with which they enter into Paradise or into Hell."[5] Ahsa'i responds to the objection that his view is too philosophically anti-Islamic by asserting that what will resurrect is in fact the *caro corporalis* but that it has been purified from its opacity and density, while sustaining its identity and ipseity. This invisibly luminous body is our *caro spiritualis*.

What happens though to the soul when it departs the *caro corporalis* and before it enters the *caro spiritualis*? Here is where *Jism A*, our astral body, becomes handy, because this is the body in which the soul departs from our corporeal body. The astral body accompanies the soul to the Earthly Paradise if it is a believing soul, or else to the Terrestrial Hell, if it is an unbelieving soul. The Earthly Paradise, where the believing soul and its astral body dwell, is located in the West of Ahsa'i's geographical imagination. The spirit of the infidel, meanwhile, accompanies its astral soul at sunrise, and at sunset it takes refuge in *Barahut* and wanders with it during the night in the valley of sulfur in a geographically unspecified location. This is how the spirit persists until the First Blast of the Trumpet of Resurrection, at which point all the spirits are annihilated between the First and the Second Blast of the Trumpet. This cosmic pause lasts for 400 years, and then the spirits are resuscitated into their second *jism*, *Jism B*, or our *terrestrial body*. This is made possible because *Jism B* (our *terrestrial body*) *is* just *Jism A* (our *astral body*), now purified of its opacity and density. The soul now resides in this *terrestrial body* in purgatory until such time that the Second Trumpet of Archangel Seraphiel summons all souls to Divine Justice, at which time they all enter their designated *Jasad B*, *caro spiritualis*, and attend to the Day of Judgment, burned in Hell or rewarded in Paradise.[6]

Ahsa'i's theory of the body, articulated in support and anticipation of bodily resurrection, can be summarized as follows:

We are born into the world in our:
Jasad A (Caro Corporalis)

Upon our death, our soul departs from our *Caro Corporalis*
and enters our:
Jism A (Astral Body)

After a cosmic pause and at the wake of the Day of Judgment
our soul moves from our *Astral Body* and enters our:
Jism B (Terrestrial Body)

And finally on the actual Day of Judgment we are bodily resurrected
out of our *Terrestrial Body* and into our:
Jasad B (Caro Spiritualis)

Ahsa'i's elaborate theory of the body thus divides it into a *caro corporalis* and a *caro spiritualis*, with the *astral body* and the *terrestrial body* acting as the intermediary vehicles of sustaining the soul in a state of limbo when it has exited one and not yet entered the other, until such time that it is ready to meet its creator and reap the reward or suffer the consequences of its worldly deeds.

Shirin Neshat's art is nothing if not restoring the *caro spiritualis* visually where her theological ancestry failed verbally to sublate the *caro corporalis*. Partaking in an entire history of theological debates confronting the onslaught of philosophical rationalism, Ahsa'i struggled valiantly to demonstrate that *caro spiritualis* (the spiritual body that the soul ultimately occupies after leaving its primary abode, the *caro corporalis*, and as it attends Divine Justice on the Day of Judgment) is *invisible* to humans because of the "opacity that darkens their fleshly eyes." The kind of photographic memory that Shirin Neshat has now brought to perfection is precisely teasing an in/sight out of the opacity of our fleshly eyes, making them see the otherwise invisible configuration of the *caro spiritualis*, which this time around is not a negation or sublation but in the very material texture of our *caro corporalis*. As Forough Farrokhzad was the poetic voice, Shirin Neshat is the lyrical vision of a living aesthetics of the body superceding the deadly metaphysics of the soul.

Shirin Neshat is doing nothing if not making visible the invisible body, the body that the Shi'i saints and the Muslim scholars have compared to "the gold dust in the goldsmith's crucible. This, likewise, the eyes do not see. But the goldsmith, having washed it with water and purified it of the earth with which it was mixed, causes it to become visible."[7] Shirin Neshat's art is an alchemy of revelation, making the invisible visible, the hidden manifest, the potential possible, teasing the *caro spiritualis* out of the *caro corporalis*, soul out of the body, soul of the body, soul no longer having any claim on authenticity other than in and of the body.

In Shirin Neshat's ancestral culture, the physical body, *caro corporalis*, is metaphorically identified as an item of clothing that one wears. In Shaykh Ahmad Ahsa'i's words, "indeed, in regard to the human being, [the corporeal body] is, as it were, a garment thrown over him."[8] This is the "carnal coating," as Ahsa'i calls the human body, that in effect makes it visible. As soon as that carnal coating is taken off, the quintessence of the human body, its *caro spiritualis*, becomes "imperceptible to the sight of ordinary humans."[9] Shirin Neshat is the visual theorist of that imperceptibility, making it, in effect, perceptible, but not by verbally sublating the *caro corporalis* to the imperceptible supposition of a *caro spiritualis*, instead by visually positing that spiritual body in and out of the physical body itself, teasing it out of its opacity and ipseity, its being physically there, in-the-world.

The result is that Shirin Neshat visually succeeds where Muslim theologians have philosophically failed. They have had to theorize the body in the absence of the evidence and by repressing our defiant *caro corporalis*. She, on the contrary, visualizes in the very body of our evidence. Their theoretical failure has historically translated into a triumphant metaphysics of violence against the body. Her visual triumph has now succeeded to liberate the body from the prison house of its presumed soul. Their Platonic philosophizing pretends that the soul is incarcerated in the body in order to incarcerate the body in an entire cultural supposition of "The Soul." Her vision retrieves a transparent luminosity out of the physical body, and thus liberates the body from the supposition of its holding a soul hostage. The body does not hold any soul. The supposition of a soul holds the body. An entire culture of terror has been visited upon the Muslim body by Muslim theologians just because they could not Qur'anically account for bodily resurrection after death. Shirin Neshat's still and moving pictures are the manifesto of the liberation of the body from the prison house of its presumed soul, sighting, as she does, the sensual evidence of the body. Muslim theologians have terrorized an entire culture of fear and intimidation by theorizing a *caro spiritualis* out of the evidence of our *caro corporalis*, presuming an *astral* side to the *terrestrial* evidence of our body. Shirin Neshat de-terrorizes us out of that culture by de-theorizing us out of the prison house of the soul, teasing out visually the *caro spiritualis* that is evident (as she evidences it) in our very *caro corporalis*. Muslim theologians have begun with *caro corporalis* in order to suppress, deny, and denounce it on their way to the presumed destination of a *caro spiritualis*. Shirin Neshat begins and ends, dwells in and celebrates, with and in the body of our evidence, our *caro corporalis*. Muslim theologians promised and warned of a bodily resurrection they could never prove. Shirin Neshat delivers a bodily resurrection, which is always already there.

Two Trilogies and a Soliloquy

A visual theorist of the body, Shirin Neshat has over the last decade quietly corroded into the patriarchally patented theory of the *corpus*, liberating it from the prison house supposition of its soul, celebrating a *caro spiritualis* evident in every body of our *caro corporalis*, thus once and for all collapsing the binary opposition into each other: the body as the evidence of its own radiant luminosity, the evidence of its own significance.

In two successive trilogies, shot between 1998 and 2001, Shirin Neshat narrates two complementary moves launched from the privacy of a performance towards the publicity of a communal recognition, before erupting in the apocalyptic landscape of a resurrection and renewal. The first trilogy consists of *Bi-Qarar* (*Turbulent*, 1998, 10 min.), *Owj* (*Rapture*, 1999, 13 min.), and *Eltehab* (*Fervor*, 2000, 10 min.). The second trilogy consists of *Nabz* (*Pulse*, 2001, 8:30 min.), *Fetneh* (*Possessed*, 2001, 9:30 min.), and *Safar* (*Passage*, 2001, 11:30 min.). These two trilogies are punctuated by a soliloquy, *Zamzameh* (*Soliloquy*, 1999, 17:30 min.).

In the first trilogy, Shirin Neshat *begins* (*Turbulent*) with the male articulation of a poetic presence set up against the feminine in/articulation of a lyrical luring of reason from the logos, both performed in the enclosed atmospheric control of a stage. She then *moves* (*Rapture*) to the citadel site of a *civilitas* and *concludes* (*Fervor*) with the apocalyptic terror of a resurrection.

As in most other titles of her work, the English "turbulent" does not quite catch the Persian "bi-qarar," nor Persian the English, though Shirin Neshat insists in giving them both at once, a kind of "dialogue of civilization" of a contorted kind, a bilingualism that belies the two opposing cultures at one and the same time. "Restless," or "restive," is a much better translation for "bi-qarar" than "turbulent," and if the reference is to the woman character, then she is far better described as "restless" than "turbulent." "Bi-Qarar" has a sense of erratic and anxiogenic restlessness, an impossibility to sit or stand still, perturbed by some emotion or incident. "Turbulent" describes the state, "bi-qarar" hints at the im/possibility of resting a case. "Turbulent" has forgotten all the memory of its pre-turbulent state. "Bi-Qarar" has all the physical evidence of its stability right in front of it, in "Qarar," which means to have peace and stability. "Bi" negates "qarar" without erasing its compelling memory, just puts it under erasure, writing and crossing it at the same time. And that memorial trace is critical in the reading of the piece. Though now we call it: *Turbulent*.

The entire piece operates on comparison and contrast of light and shadow, male and female, white and black, a successive binary *tête-à-tête* of oppositions. The male figure sings with eloquence and conviction, the female with inarticulate passion. He dresses in white and faces a crowded hall, she in black sings to an empty auditorium. He is in full public view, she in the complete privacy of her solitude, feigning publicity. He faces the camera, she hides from the camera, and the camera has to circumambulate around her to find and face her. He is evident. She is hidden. His presence is frontal and vertical, hers concealed and circular.

But before this binary opposition can flatly collapse into a passive resignation to the masculinity of a culture and the peripheral femininity of it, something quite surreptitious begins to happen. The look of bewilderment on the male singer announces an almost inconspicuous articulation emerging from the female voice. Suddenly we realize that the space of the masculine is entirely occupied, actual, fulfilled, while that of the feminine is suggestively inviting, potential, promising. The masculine voice and vision are named and identified, while that of the female merely noticed and palpably syncopated. The male space is entirely delivered, while that of the feminine is simply promised. The male space is lightly occupied, the feminine space is darkly inviting. Now if we look closer at the masculine face of confusion, suddenly the feminine circulation of a vertiginous look begins to ooze an in/escapable in/articulation. The slash in/between, (/), emerges as the suggestive symbol of this entire visual articulation of the feminine circular up against the frontal matter-of-factness of the masculine vertical. It is not just that the male is so utterly *named* and the female so suggestively *noticed*. No: there is something far more important here. The masculine is the flat phallic of a mirror reflection, the feminine a specular depth of vaginal space. The light clothing of the masculine phallic is evident, worn out, while the dark cover of the feminine cave is pregnant, promising.

We have the same problem of discrepancy between the Persian *Owj* and the English *Rapture*. "Owj" is more "soaring," "rising," or "ascension" than "rapture," unless we take this as in "elation," "exaltation," "exultation," or even "euphoria." But still the dominant mood in "owj" is *going high*, as in the rising of a wave, or the soaring of an eagle, a deliberate verticality strongly implicated in the term. This is suggested both in the masculine climbing of ladders in and over the fortress and the rising ululation of women in the desert. *Rapture* thus picks up in the open landscape where *Turbulent* left off on the enclosed stage. The a-positioning here is between the masculine verticality of the *citadel* and the feminine flatness of the *desert*—men occupying a fortress, women emerging from a forsaken land. Men in *Rapture* are erectly occupied, women flatly inviting. The masculine fortress rises out of the feminine flatness of the desert. Men in white occupy and pro/claim the *civilitas* while women announce the *deserted* im/possibilities of their origin: in the castle much crying, in the desert much whispering. Men are ordered and determined, women chaotic and pregnant with yet to be articulated in/ordinates. Men are in the full light of their recognition, women in the dark concealment of their promises. Men are ceremoniously quarrelsome, women are chaotically observant. The camera looks up to the men and down on women. Men are in rank and file of determined destinations, women defy the logic of any ordering. Throughout *Rapture*, men are on the move and at the end come to a vertically idle standstill, women are stationary until the very end when they move to the determined horizontality of their sailing into the sea. There is a rhythm to the masculine figures on the move, and yet barely a pulse is audible about the feminine figures in the scene. The men's naked whiteness has nowhere to go, the women's covered blackness everywhere to choose. Men are actors, women the audience. Men are agents, women subjects. Men are fighting, women are watching.

There is a sudden rupture in *Rapture*. Almost half way through the event, there is an abrupt rising of feminine ululation that interrupts and stops the masculine busy-ness. Men are cast into long shots and women are brought into a close-up. Males are interrupted, females are interrupting. In this second, interrupting phase, men are sitting in a circular long shot of inarticulate aggregation, while women march in a columnar intrusion. The visual event is verbally marked by a majestic Qur'anic recitation—Chapter LXXXI, verses 1-9:

The Overthrowing
Revealed at Mecca
In the Name of Allah, the Beneficent, the Merciful

1. When the sun is overthrown,
2. And when the stars fall,
3. And when the hills are moved,
4. And when the camels big with young are abandoned,
5. And when the wild beasts are herded together,
6. And when the seas rise,
7. And when souls are reunited
8. And when the girl-child that was buried alive is asked
9. For what sin she was slain, . . .

The atmosphere of this early Meccan chapter is entirely apocalyptic, the content of it the famous Qur'anic condemnation of an ancient tribal practice of female infanticide. But why Qur'anic recitation, and why these particular verses? The most immediate presence of the recitation is evident in the beauty and elegance of its melodic incantation. Except for very few in Shirin Neshat's audience, no one understands what the melodious recitation actually says. It is an operatic aria of some unfamiliar origin. That it has an almost physical effect on the inner ear and the hidden heart of a

Muslim, driving him to tears, invoking her most sacrosanct pieties, is entirely lost to the regular crowd that attend a video installation in a gallery. But the voice is audible, commanding absolute and total attention. More than and before anything else, the Qur'anic recitation is eloquent beyond mere words, musical to the tonality of its every reverberation. There is a sudden and sacred silence about Shirin Neshat's vision just before the Qur'anic recitation begins: every atom of her visual vigilance in deferential attendance for the announcement, as if this were the very first verses that were ever revealed by Archangel Gabriel to Prophet Muhammad, on Mount Hira, near Mecca, in about 610 CE.

The eloquence of this Qur'anic recitation in *Rapture* is reminiscent of the poetic beauty of the masculine love song in *Turbulent*, that in Persian, this in Arabic, that from the poetic pantheon of Shirin Neshat's language and culture, this from the pious memory of her faith and religion. That from the poetic repertoire of Rumi, this from the revelatory rhythm of the Qur'anic landscape. But both masculine in their eloquence, placed and positioned against the feminine in/articulation of poetry and piety.

Beyond the eloquent announcement of the Qur'anic recitation, the apocalyptic atmosphere of the verses warns of the Day of Resurrection. Bodily resurrection is here not just anticipated. It is enacted. The Day of Judgment is at hand. Here, Sussan Deyhim's selection of the melodious Qur'anic recitation uses the sacred text of Muslims itself against its own clerical abuses. "And when the girl-child that was buried alive is asked/For what sin she was slain," refers to the practice of female infanticide. But that factual condemnation and Qur'anic quotation are fused and mutated into

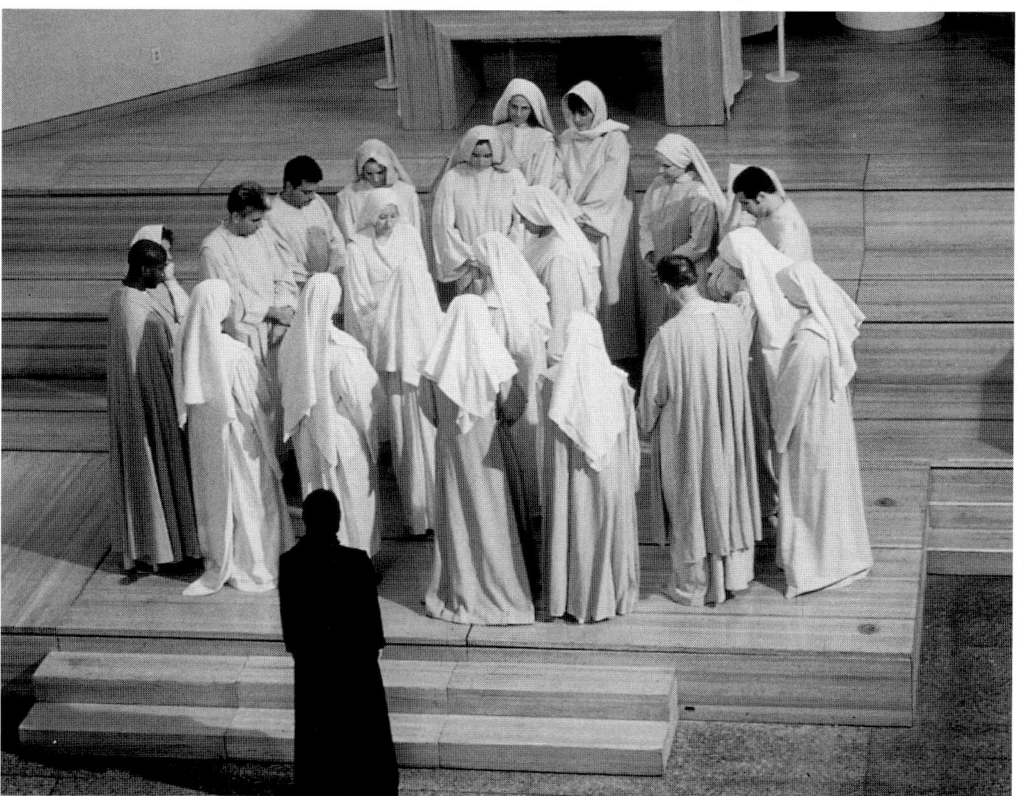

Soliloquy (*Soliloquio*), 1999
fotografia di scena / production still
Courtesy Barbara Gladstone Gallery, New York

a compelling visuality that takes full advantage of their melodic resonance without allowing what they mean to modify or compromise what they resonate. Shirin Neshat uses sounds—vocal or instrumental—for their reverberating effects, as they echo back and forth between the fact of their audibility and the fantasy of their undulation. The result is that the body of evidence we see exudes the terms of its own signation beyond or before any domain of signification. The body resonates not from the depth of its presumed soul but from the surface of its evident signation.

Fervor, the third installment of this trilogy, equally operates on the borderline light and shadow of a would-be love affair. Shirin Neshat draws the two (male and female) figures from the shadowy configuration of their walking their way towards a religious gathering. Here, Shirin Neshat is at her visual best in gathering together the emotional energy of the ceremony, her camera in effect mimicking the ritual disposition of the event. In the central figure of the *Naqqal* (the storyteller at the borderline center of the male/female gathering), Shirin Neshat portrays the third articulation of masculine eloquence. His masculine eloquence reflects the Qur'anic recitation in *Rapture* and the Persian singer in *Turbulent*. His eloquence, though, is frightful and terrorizing. There is thus in effect a progression of masculine eloquence, from poetic love (in *Turbulent*), to sacred awe (in *Rapture*), to apocalyptic terror (in *Fervor*).

This succession of sacred and profane emotions places this trilogy on an extraordinarily critical plane against the very composition of the culture. Anything from a beautiful love song to an awe-inspiring Qur'anic recitation, to a frightful account of the Day of Judgment is here brought together under one verbal canopy of terror and intimidation, stifling, in effect, any possibility of breathing. In that suffocating moment, Shirin Neshat achieves one crucial moment of affinity between overwhelming sensuality and the mysterious energy of piety. What exactly is the texture of piety that is so oozing with sensuality? In the figure of the woman protagonist, reminiscent of many of Shirin Neshat's earliest photographs, she captures the quintessence of pious sensuality, the sensuality which is in piety, the piety in sensuality. No one before Shirin Neshat has dared in her received culture to get close to and visually trespass this dangerous territory where the erotic and the sacred embrace. *Fervor* is by far her most successful articulation of that embrace, where the carnal and the sacral collapse to reveal the quintessentially sensual disposition of the sacred. Through Shirin Neshat's camera for the first time we see the body resurrecting and revolting against the tyrannizing terror of an entire history, and a whole culture, of fear and intimidation by revealing its own inherent, innermost, piety, by revealing the erotic energy that the sacred has commandeered and hijacked for its own exclusive benefit. Retrieve that erotic energy from the sacred, that carnal from the sacral, and there remains nothing of substance to it. This bodily resurrection against the commanding cultures that claim and control it is Shirin Neshat's most daring bordercrossing, from the parking lot of the permitted into the open space of the forbidden.

Shirin Neshat's second trilogy—*Pulse*, *Possessed*, *Passage*—follows a similar trajectory as the first one: from the privacy of a solitary reflection, to the publicity of an urban defiance, and ultimately to the apocalyptic conclusion of a death and resurrection.

Nabz (*Pulse*) is the temptation of a solitary woman (Shohreh Aghdashlu) in the privacy of a room lip-synching with the publicity of a male/female duet on the radio. The most pronounced force in *Pulse* is the pulsating rhythm of the event narrowing in on the solitary interior. The parabolic move of the camera around the room, rotating one complete round from long shot to close-up back to long shot, secures the event in one swooping summation. The male/female voice coming from the radio (Reza Derakhshani and Sussan Deyhim) sings a famous *ghazal* of Jalal al-Din Rumi. The poem rests on the critical assertion that all humanity is trapped in bodily limitations and material boundaries. The poetic pronouncement that "Shoma hamcho asirid" ("You are all like slaves"), anticipates the announcement that "Cho zendan beshekastid/Hameh shah o amirid" ("When you break loose of the jail [of your bodies]/You are all kings and princes." The radio is the symbolic link between the privacy of the mournful solitude and the publicity of a poetic promise.

In *Fetneh* (*Possessed*), the solitude of that poetic moment expands and moves out into the publicity of a feminine madness in full view. The woman as the personification of madness expostulates hysteria on a blatantly public plane. The feminine figure of madness enters and disturbs the public peace as the repressed catalyst of anarchy. Once initiated by the repressed feminine madness, the fury continues even after she has left the scene. The public is in danger of disintegration once her lunacy transgresses the privacy of her bewilderment and enters the publicity of her denial. The danger though, the danger is: being woman, mad, and in public, and thus the visual suspense of initially nobody noticing her as she enters the public. The suspense of these few minutes of being *in public incognito* underscores the public presence of the feminine absence. The private is now gone public and the privacy of in/sanity is staged in the publicity of the in/sanity, and thus in/sanity is demarcated. Here we have entered the publicity of urbanity, after having just moved out of the privacy of solitude. The move anticipates *Passage* into the apocalyptic desert (*Sahra-ye Mahshar*), so that we can move through this trilogy from sitting in whispering solitude, going out into the in/sanity of the public, and from there into the apocalyptic desert.

The woman in madness facing the dead end of a thick wall, with nowhere to go, intimates the prophetic figure of defiance, a messianic visionary collapsing the borderline between reason and revelation. Both the prophetic and the messianic suggestions again anticipate *Passage* as apocalyptic and resurrectionary. We have the privacy of a room anticipating the publicity of a city, and leading into an apocalyptic landscape, a private contemplation whispering a public declaration and pregnant with an apocalyptic death and resurrection. The movement is equally tantamount to a universalization of the thematic core of the subject. The setting is the town of Essaouira in Morocco, but through the visionary sublation of Shirin Neshat, aided impeccably by Sussan Deyhim's haunting music (a stunning harmony of her voice with kamancheh and cello), the implication becomes global.

In *Safar* (*Passage*), brought home by Philip Glass' music, the trilogy comes to a closure. We have now moved from the private whispering of *Pulse* into the public in/sanity of *Possessed*, and entered the apocalyptic murmur of *Passage*. Philip Glass' haunting music announcing the forbidding event, Shirin Neshat's camera begins to play with the long shot dead assertion of a phallic column approaching the temptation, palpitation, of the vaginal grave, while a little girl is making a stone house for herself. The columnar masculinity is carrying a dead body, dead phallic in the midst of the living and mobile, towards a circular femininity of a grave being ardently dug by a group of women. But we scarcely know or even see that. Shirin Neshat's camera (Qasem Ebrahimian at his absolute best) teases and flirts, suggests and hesitates, promises and barely delivers, apparition into spectral apparitions. This is ritual preparation for a dead, deadening, intercourse, of a dead phallic body into a vaginal grave, the moment of birth collapsing on the moment of death, the love-making of a life-making made into a death-making, beginning to end. In this light-dark palpitation of the im/possible, the ceremonial preparation for love (death)-making, the little girl, Shirin Neshat incarnate, sits as the virginal dream of a house/hole.

Passage is visually mesmerizing. The sky, sea and sand embrace a masculine crowd, which performs the mourning ceremony of carrying the white shroud of a dead body, men in black, the dead body in white. The camera then cuts and curiously approaches the sky, sand, and silent embrace of the feminine digging of a grave. The columnar intrusion of the masculine dead phallic into the feminine digging begins to visualize the dead, deadening copulation, a necromantic occultation of the living soul, a transgressive copulation of dead bodies. From the vicinity of its periphery a little girl, a child, is already born out of that dead wedlock. Dead-men walking, and dead-women digging their grave. The little girl re-enacts the digging of the grave—with dead stones for the digging women and a hole in between for the grave—into which she places a piece of deadwood.

The moment of the apocalypse is now upon us. This is the Day of Judgment. Lo and Behold! Ecce Homo! From under the feet of the little girl sitting, now rising, emerges the Fire of Hell. Engulfing the desert in the rising flames of an apocalyptic conflagration, the fire is about to consume the columnar masculinity and the vaginal grave, gently sparing the girl-

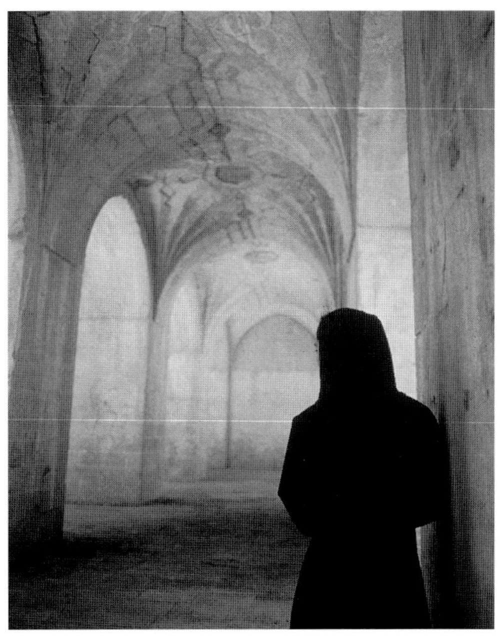

Soliloquy (*Soliloquio*), 1999
fotografia di scena / production still
Courtesy Barbara Gladstone Gallery, New York

child, resurrected from the dead certainties of a culture that once buried her alive (*Rapture*). This is a nightmare of a dream, Shirin Neshat awakening and concluding with her camera imperceptibly lifting the little girl's perspective, ever so gently, just high enough for her to see the whole desert: desolate, destitute, on fire, with the dead certainties of a dated, an outdated, world now fully under her gaze: bodily resurrection from an immaculate conception.

A visual theorist of the body, Shirin Neshat has teased out of the classically constituted conception of the *corpus* the terms of its own luminosity, without subjecting it to the realm of the spirits. In no other work is this extraction of the constitutional incandescence of the body more evident than in her *Zamzameh* (*Soliloquy*). Two identical women (Shirin Neshat herself) enter a simultaneous act of remembering/reflecting, a creative anamnesis, an absolutely stunning inversion of time and narrative that collapses the *telos* of any cultural teleology into one genealogical plateau of presence. But yet again, "soliloquy" is not exactly what "zamzameh" means. These repeated discrepancies between the English and the Persian create a suggestive crevice in Shirin Neshat's works that tilts the visual narrative off, just a bit. "Zamzameh" means "to whisper" or "to murmur." Soliloquy, as interior monologue, has quite a distance from "zamzameh." "Zamzameh" is audible but inarticulate. "Soliloquy" is inaudible but articulate. They are almost exactly the opposite of each other. The burden of semantic proof, however, is on "zamzameh," which has to be pulled quite a distance—stop being audible and start being articulate—before it can meet "soliloquy." "Soliloquy" too will have to be mutated quite seriously—no longer articulate but perfectly audible—before it can metamorphose into "zamzameh". In effect, Shirin Neshat pulls and pushes the verbal boundaries of cultures almost in the same way that in *Zamzameh/Soliloquy* she contracts and expands the visual boundaries of anamnesis. The two identical women are placed at two opposite temporal poles, one at the extremity of the past and the other at the extremity of the present (to call this "tradition and modernity" is ludicrous and will rob the narrative of its far more serious twist).

Celebrating a *caro spiritualis* evident in the very body of our *caro corporalis*, thus once and for all collapsing the binary opposition into each other, requires a mode of visual narrative that categorically defies the *telos* in the metaphysical teleology of every culture. Shirin Neshat achieves that in *Zamzameh/Soliloquy* via an ingenious act of anamnesis. The woman at the extremity of the present remembers an entire history of feminine de-subjection, simultaneously as her identical counterpart *remembers* the same in *her future*. In that bizarre act of anamnesis, Shirin Neshat makes it possible for the woman at the extremity of the past to *remember her future*, precisely at the same time that her selfsame counterpart remembers the same in her past. The events are simultaneous, and simultaneously *targeted* against each other. The past *remembers* the future and the future *remembers* the past. The result is an act of simultaneous anamnesis that categorically contracts the critical element of time in the narrative constitution of truth. That visually achieved, the metaphysical constitution of the culture, incubated in the temporal implications of its narrative, collapses onto itself and the inhibitive repressions of the culture are flattened and mapped out for one critical encounter, flat on the surface of the present, the contemporaneity of our being-towards-now. No history, no time, no past, no present, no memory, no forgetfulness. Here we are in the full presence of the present, culture at its most immediate, irreducible, flattened out matter-of-factness. No mother and no father, no king and no cleric, has any claim on this *presently* articulated slicing out of the culture. On the flat and evened out surface of that plane, Shirin Neshat subjects the de-subjected, and as she gives agency to the feminine, the masculine is re/articulated, there and then to de-gender an entire repressive operation of the culture, giving birth to an Adam and Eve who are no longer the gendered articulation of power, who are the harbinger of a whole new culture of emancipation and freedom: the body resurrected as the evidence of its own radiant luminosity, the evidence of its own significance, historical agency creatively restored out of a critical resubjection of the colonial subject.

1. *Financial Times*, 31 July-1 August 1999, weekend edition.
2. There is an English translation of Shaykh Ahmad Ahsa'i's *Kitab Sharh al-Ziyarah* in Henry Corbin's *Spiritual Body and Celestial Earth: From Mazdean Iran to Shi'ite Iran* (Princeton: Princeton University Press, 1977): 180-221.
3. Ahsa'i (1977): 183.
4. Ahsa'i (1977): 184.
5. Ahsa'i (1977): 185.
6. This is an abbreviated version of a more elaborate account of Ahsa'i's theory of the body. See Ahsa'i (1977): 176-189 for the fuller account.
7. Ahsa'i (1977): 184.
8. Ahsa'i (1977): 186
9. Ahsa'i (1977): 186.

Turbulent Series (*Ciclo Turbolenta*), 1998
stampa alla gelatina d'argento / gelatin
silver print
112 x 167,5 cm / 44 x 66 in.
Courtesy Barbara Gladstone Gallery, New York
Fotografia di / Photo by Larry Barns

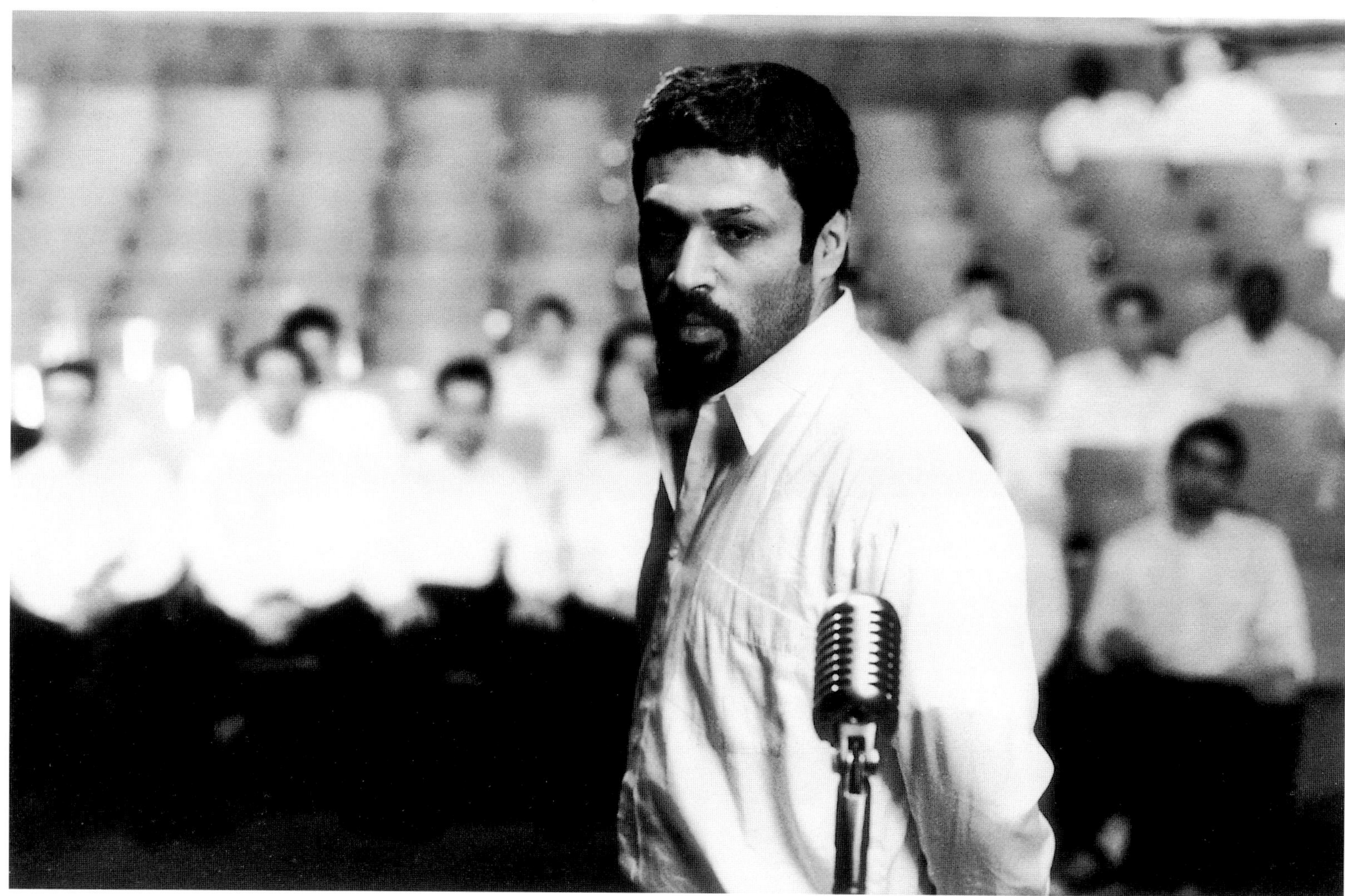

RoseLee Goldberg

Shirin Neshat. Testimone rilevante

Difficile dire da dove gli artisti traggano la propria voce e come riescano a imporre uno stile personale. Bisognerebbe passare in rassegna ogni dettaglio, catalogare e archiviare un'intera vita per reinvenire l'evoluzione di questa metamorfosi. Desideri, immagini e idee tracciano la traiettoria secondo cui si sviluppa il linguaggio di ciascun artista nel corso degli anni. Come la farfalla emerge dalla crisalide, liberandosi delle ultime tracce di una lunga incubazione, così a poco a poco l'individuo che si scopre artista corregge e riscrive la propria storia. O almeno è così che ci immaginiamo questa trasformazione, costretti a osservarla dall'esterno.

Per Shirin Neshat questo processo è stato quanto mai graduale, dilatato. Per anni l'artista è rimasta in disparte, senza lavorare, convinta che le sue idee fossero troppo scontate. E l'arte ha sorpreso Shirin Neshat, come un'improvvisa e inaspettata professione di fede. All'arte, infatti, Neshat è giunta solo dopo una visita in Iran, nel 1990, a trentatré anni, dopo più di decennio passato lontano dal proprio paese. Nel 1990 in Iran le fontane dei martiri gorgogliavano di acqua tinta di sangue, le donne camminavano in fretta, sempre in gruppo, rasentando i muri nelle strade più strette, e i chador si gonfiavano come vele accarezzate dalla brezza. Le immagini di donne – fucile in spalla e fiori tra i capelli – che Shirin Neshat aveva raccolto a centinaia da tutti i giornali durante la guerra fra Iran e Iraq si sovrapponevano nel ricordo ad altre immagini di altre donne, colte nella loro vita quotidiana nella sua attuale patria, gli Stati Uniti, distante anni luce dall'Iran in cui l'artista era cresciuta.

"Donne bellissime" spiega l'artista passando in rassegna quelle immagini prelevate dalle riviste dell'epoca. "Avvolte nei chador, con questi fucili enormi tra le mani. Immagini forti, scioccanti, contraddittorie ma anche assolutamente ipnotiche".

"Erano immagini irresistibili" continua Shirin Neshat, commentando quelle fotografie che inevitabilmente hanno plasmato la sua visione delle donne in Iran. "Quelle immagini mi hanno spinto, quasi costretto, a scoprire quali idee e quali desideri si nascondessero dietro quell'estetica".

Molti mesi dopo, una volta tornata a New York, Shirin Neshat si scopre artista. Compra pistole e fucili veri, li mette in un sacchetto di plastica, li porta a casa, così, come se niente fosse, prendendo la metropolitana. Quindi invita nel proprio loft un amico fotografo, che già collabora con altri artisti e performer, e si fa ritrarre avvolta dalla testa ai piedi nel velo nero del chador: la canna di una pistola accostata al viso dell'artista, quasi fosse il pendaglio di un orecchino; un fucile appoggiato tra i piedi nudi – una violazione tanto sottile quanto sfacciata della legge coranica, che vieta qualsiasi forma di nudità. I tagli cinematografici e le sfumature di bianco, nero e grigio ricordano i giochi di luci e di ombre del cinema di Buñuel e Hitchcock, che l'artista studiava da tempo. "Non avevo mai nemmeno pensato di usare la fotografia" spiega Shirin Neshat. "Ho semplicemente cercato di costruire i ritratti con le pose più semplici – sono composizioni minimaliste, scarne".

Shirin Neshat è anche una lettrice onnivora, soprattutto di poesie – un elemento fondamentale nella sua infanzia in Iran. L'artista, infatti, ancora ricorda racconti e parabole in versi, trasmessi dai genitori ai figli. E così la poesia, soprattutto quella femminista, il fotogiornalismo e la politica della rivoluzione iraniana si mescolano per dare forma alle prime opere di Shirin Neshat, raccolte nella serie di ritratti, *Women of Allah* (1993-1997).

Spesso la poesia è il punto di partenza dell'opera di Shirin Neshat, ma anche il suo sigillo finale. Le sue prime fotografie, infatti, nascono come una sorta di performance privata, senza pubblico, in studio, realizzata seguendo i versi di un poema che ispira la scelta delle luci, dei costumi e degli oggetti di scena. Una volta sviluppata e stampata la fotografia, è quella stessa poesia a essere tracciata a mano, con penna e inchiostro di china, direttamente sulla superficie fotografica: un intreccio di segni vergati nella grafia Farsi, che si distende sull'immagine come una florida vegetazione. "La grafia è la voce della foto" spiega l'artista. "Una voce che rompe il silenzio della donna ritratta".

La decisione di integrare immagini e poesia è assolutamente centrale all'opera di Shirin Neshat. "La poesia usa metafore e simboli per costruire immagini", spiega di nuovo l'artista, e così fa nel suo lavoro. "Le mie immagini nascono dallo stesso processo; l'unica differenza è la forma con cui cerco di esprimermi". Nelle mani di Shirin Neshat la fotografia diventa un mezzo per fissare un istante ma anche uno stumento sofisticato con cui comporre una nuova forma di letteratura radicale. Ciascun ritratto si lega indissolubilmente a un messaggio o a un'emozione precisa, e a poco a poco le immagini concise, sorprendenti di Shirin Neshat – con la loro composizione frontale, ardita e con il loro simbolismo rivoluzionario – si caricano di nuovi significati politici, ben al di là delle intenzioni iniziali dell'artista.

Una volta esposte, le foto della serie *Women of Allah* appaiono all'artista più didascaliche che evocative – la loro poesia a poco a poco sempre più appesantita da nuovi messaggi imposti dall'esterno. E allora, molto semplicemente, Shirin Neshat decide di interrompere la serie: gli elementi formali delle fotografie e il riferimento alla rivoluzione iraniana sono diventati un limite; difficile mantenere l'ambiguità originaria delle immagini, il loro lirismo evocativo – consumata la poesia che ne aveva segnato la nascita.

Nel 1997 Shirin Neshat scopre il linguaggio del video e del cinema:

cambia completamente i suoi mezzi espressivi, e abbandona la staticità della fotografia per tuffarsi in un fiume di immagini in movimento. "Quel cambiamento ha sorpreso me stessa più di chiunque altro. Ho abbandonato la fotografia all'improvviso, del tutto", racconta l'artista in una delle nostre conversazioni. L'immagine in movimento diventa uno strumento con cui espandere all'infinito la superficie su cui Shirin Neshat può tracciare le proprie idee. E con il video Neshat può spingersi ben al di là dei confini geografici e filosofici del suo studio di Manhattan. L'immagine in movimento apre un nuovo territorio, una nuova geografia dei sensi, nella quale Shirin Neshat non si era ancora addentrata, e nella quale si può scoprire la distanza e l'attrito squisiti tra i poli del maschile e del femminile, la contrapposizione spaziale tra elementi visivi e sonori, l'esperienza dell'architettura come campo di forza psicologico, con gli archi, le colonne o i porticati, che incarnano ora l'etica occidentale, ora l'universo orientale. Ed è grazie al video che Shirin Neshat può finalmente tracciare e riscoprire la distanza immensa tra culture e continenti lontanissimi, tra stili di vita, tra nozioni di moralità e di modernità drammaticamente opposti, che l'artista ha conosciuto sulla propria pelle, con le sue continue peregrinazioni.

"Sono una nomade, nell'arte come nella vita" ha dichiarato Shirin Neshat, spiegando così il suo continuo bisogno di cambiare linguaggi e stili. "Ho sempre avuto una forma di resistenza innata contro tutto ciò che diventa troppo stabile". È per questo che Shirin Neshat non ha mai cercato di specializzarsi in un unico medium, di sviluppare un'unica tecnica o un solo linguaggio. La sua attenzione è concentrata innanzitutto sul concetto che soggiace all'opera, sia essa fotografica o cinematografica: nell'universo di Shirin Neshat la forma segue sempre l'idea. Il comune denominatore tra le diverse esperienze artistiche e tecniche adottate dall'artista è una concezione scultorea dell'immagine, unita a un gusto minimale, asciutto. "Non ci devono essere dettagli inutili: ogni elemento deve avere una ragione precisa per entrare a far parte dell'immagine posto che i contenuti e i soggetti delle mie opere sono già carichi di significato" spiega Neshat. L'antropologia, l'autobiografia, la cultura contemporanea iraniana e islamica – analizzate negli altri saggi di questo catalogo – forgiano la forma, dettano il colore e il formato di ciascuna opera di Shirin Neshat. L'artista lavora alla combinazione di questi elementi, di questi semplici fatti – potremmo dire – che vengono allineati gli uni accanto agli altri, trasformati in immagini, consegnati agli spettatori, i quali, a loro volta, vengono guidati nella narrazione visiva di Shirin Neshat, immagine dopo immagine dopo immagine.

È proprio quest'attenzione quasi maniacale nei confronti dello spettatore, della sua posizione e concentrazione, della sua distanza dallo schermo e dal proiettore, del movimento del suo corpo dall'uno all'altro, dell'intensità delle forti onde sonore diffuse in uno spazio ristretto a segnare la differenza più radicale tra l'opera di Shirin Neshat e l'esperienza cinematografica tradizionale. L'esperienza spaziale dell'immagine, la relazione sensuale tra spettatore e video, il potere ipnotico delle immagini sono gli elementi che dimostrano chiaramente che l'eredità a cui si rifà Shirin Neshat è assolutamente interna alla storia dell'arte più che a quella del cinema. Come spiega l'artista: "L'esecuzione formale di un'idea nasce unicamente dal bisogno di creare un'immagine. È la predominanza dell'immagine a fare la differenza tra un'opera d'arte e il cinema".

D'altra parte, il cinema resta un riferimento importante nell'universo di Shirin Neshat: l'artista ammira la capacità narrativa del cinema, il suo legame profondo con la tradizione della narrazione orale e dei cantastorie. Inoltre agli occhi dell'artista il cinema appare come un linguaggio in grado di rivolgersi a qualsiasi cultura, nonché un dispositivo infallibile che può conquistare l'attenzione degli spettatori, tenendoli incollati allo schermo per ore. Shirin Neshat non nasconde il suo desiderio di conquistare gli spettatori. La sua arte, infatti, cerca di articolare contenuti poetici e politici ricorrendo a uno straordinario linguaggio di esperienze fisiche e visive, che seducono e intrattengono gli spettatori.

Questo delicato equilibrio tra tensioni diverse si rinnova in ogni nuovo film di Shirin Neshat: alcune opere, infatti, sono più lineari e narrative di altre; alcuni video si articolano in complesse installazioni, con modalità peculiari all'arte visiva, mentre altri vanno apprezzati in un contesto più simile a quello cinematografico. *Rapture* (1999) e *Passage* (2001), ad esempio, sono composizioni che si svolgono secondo un ritmo ciclico, quasi senza inizio né fine, più simili a sculture in movimento che a veri e propri film; mentre in *Fervor* (2000) e *Possessed* (2001) le azioni si dipanano seguendo una narrazione più lineare e più tradizionalmente cinematografica.

Pulse (2001), invece, rappresenta una straordinaria eccezione, equidistante da entrambi i modelli appena citati: con un movimento di macchina lento, intonato a un battito cardiaco, Shirin Neshat ci mostra una donna accovacciata in una stanza buia, nella quale fluttuano le note provenienti da una vecchia radio. A poco a poco la telecamera si allontana dalla donna, per inquadrare l'arredamento spoglio della stanza: un letto e una finestra chiusa da sbarre di ferro, attraverso cui filtra appena un raggio di luce. Con una durata di appena sette minuti e mezzo, questa sorta di natura morta in movimento non è né un'opera cinematografica né una creazione scultorea: "*Pulse* è un dipinto nero su nero", spiega l'artista.

Shirin Neshat non ha smesso di cercare nuovi linguaggi e nuove espressioni con cui dare vita ai suoi poemi visivi. Nella sua ultima opera – una collaborazione con la compositrice e attrice Sussan Deyhim e con i filmaker Shoja Azari e Ghasem Ebrahimian – le coreografie delle sue figure di celluloide precipitano dallo schermo direttamente nella realtà, come l'acqua da un precipizio roccioso, trasformandosi in teatro. "L'immediata presenza umana, in carne e ossa, ha un potere straordinario, raggelante", spiega l'artista dopo aver assistito alle prime prove della sua nuova performance *Logic of the Birds* (2001). La possibilità di creare un contatto visivo diretto, tra spettatori e attori, è un'altra risorsa che Shirin Neshat sta cercando di sfruttare a fondo. E molti altri elementi si intrecciano in questo spettacolo lirico e ricco di immagini e visioni: la poesia persiana medioevale – *Conference of the Birds* (Il convivio degli uccelli) del poeta persiano Attar è il canovaccio su cui si è sviluppata *Logic of the Birds* – si mescola al teatro e a un trittico cinematografico che si distende sul palco per quasi tutta la durata della pièce.

Ancora una volta – come in molti film di Shirin Neshat – le melodie Farsi di Sussan Deyhim innalzano la temperatura emotiva di *Logic of the Birds*, fino a condurla ad altezze estatiche. Tanto più che in questo caso l'esecuzione avviene dal vivo, di fronte agli spettatori, e la voce di Deyhim si snoda in perfetta sincronia con le immagini e gli attori o – viceversa – sembra scomparire negli orizzonti lontanissimi raggelati nelle riprese cinematografiche. Questo dialogo ininterrotto tra teatro, cinema, musica e arti visive aggiunge una nuova forza quasi espressionista all'estetica di Shirin Neshat. È ancora troppo presto per dire con certezza in che modo l'artista userà gli elementi costitutivi di questi suoi primi sessanta minuti di lavoro, ma di certo anche questo nuovo linguaggio verrà messo al servizio di idee sempre più originali e complesse.

RoseLee Goldberg

Shirin Neshat. Material Witness

It is difficult to imagine what it takes for an artist to establish an individual signature. All the parts of daily life, as it were, need to be sorted and archived. Deeply felt ideas, desire and imagination, become the trajectory of creative possibilities for years to come. As a butterfly emerges from a chrysalis, discarding remnants of incubation in its wake, so the transformation of the individual from beginner into practicing artist finally takes place. Or so it seems.

For Shirin Neshat, this process was especially drawn out. For years she kept herself apart from art making, possibly considering her observations too prosaic, to such an extent that she was surprised by her sudden profession of artistic faith when it came after her first visit in more than a decade to Iran in 1990, at age 33. Martyrs' fountains flowed with blood-colored water; women streamed down narrow streets, their sail-shaped chadors lifting in the breeze behind them. Images of women, rifles at their sides, flowers in their hair, from pictures that she had collected from newspapers during the Iran/Iraq war, were remembered as she watched the daily lives of women in her homeland, diametrically altered from the Iran she had known before. "*Beautiful* women," she said, of the earlier photojournalist samples, "wrapped in chadors, with *huge* machine guns in their hands. Brilliant, shocking, amazingly contradictory images." "They compelled me," she said of these photographs that inevitably shaped her reading of women on her visit to Iran, "to deeply investigate these ideas."

Neshat returned to New York several months later and began making art. She bought real guns and carried them home on the subway in a plastic bag. She had a friend, known for his photographs of performance artists, photograph her in her loft, covered head to toe in the folds of a black chador. She held a gun barrel to her ear, its stacked circles easily mistaken for a dangling hoop earring. She held a rifle between her feet, their pale exposed soles an affront to Koranic law. She made photographic compositions in black and white with transitional shades of gray, the formal ordering of which she had parlayed from Bunuel and Hitchcock's films, with their stark distribution of light and shade. "I had never touched photography before," she explained. "I needed the simplest, minimal arrangements for creating these portraits."

Neshat also read voraciously, especially poetry, which was central to her Iranian childhood (she remembers recitations, like parables passed on from parent to child). Feminist poetry, she explained, as much as photojournalism and revolutionary politics, was the inspiration for a series of portraits, *Women of Allah* (1993-1997). A poem might be the starting point for the making of a photograph, and it was also its final seal. She would create an in-studio performance of sorts, using the words of the poet as the basis for her props, lighting, costume and make-up; once the photograph had been developed and printed, the poem would be hand-written in pen and ink in the ornate calligraphy that is Farsi, directly onto its surface. "The written text is the voice of the photograph," she says. "It breaks the silence of the still woman in the portrait."

The equation of poem and image was entirely conscious. "Poets use metaphors and symbolism to construct images," Neshat says, and so does she. "I construct my images in the same way, except that I am using a different form." In her hands, photography both captured a moment in time and provided an elegant vehicle for radical literature. Each portrait was assigned a single message or emotion, and the striking, poster-like image that emerged, with its frontal, bold composition and revolutionary symbol, would, after several years, became politicized far beyond the artist's initial intentions. Once out in the world, her photographs appeared more and more didactic, rather than evocative, their eloquence hampered by the weight of so much externally imposed meaning. At series' end, she says, she would find this strategy for creating photographs, as well as the subtext of the revolution, too limiting. She noticed that she missed the very ambiguity, the evocative lyricism, of the poetry that had given her work its particular direction in the first place.

In 1997, Neshat picked up a video camera and switched media, dropping the single photograph in favor of streams of flowing pictures. "I even surprised myself about how I left it cold, completely, just when it was taking off," she told me. It became for her a way of infinitely expanding the surface on which she could write her ideas. It allowed her to explore geographical and philosophical terrain way beyond the confining location of her Manhattan studio. It opened new realms of the senses to her, where she had not ventured before in her art: the exquisite frisson between masculine and feminine, the spatial counterpoints between aural and visual elements, the experience of architecture as psychological "power fields," with colonnaded arcades and arched porticos signaling an Eastern or Western ethos. Video also made it viable for her at last to trace the immense distances that she had already traveled, between cultures and continents, between styles of living and between opposing and irreconcilable notions of morality and modernity.

"I'm nomadic in my art as in my life," Neshat has said, referring to her need to keep moving. "I have a resistance to anything becoming too fixed." She feels no compunction, it seems, to develop expertise within a single medium and then to remain there. Rather, her focus, first and foremost, is on the concept; form always follows idea in Neshat's works, whether photograph, video installation or film. A consistently sculptural approach marks them all, as does a pared down aesthetic. "Nothing extra, absolutely nothing that doesn't have a real reason to be there," Neshat explains. "Probably because the subject matter is so loaded," she adds. That subject—contemporary Iranian and Islamic politics, anthropology, autobiography—covered in depth in other essays in these pages, has forged the shape, the color, and the format, of each of her pieces. In them she lays out the facts, detail after detail, side by side, in plain sight, and anticipates that the eye of the beholder will carefully follow her visual story telling, from image, to image, to image.

Such precise measuring of the viewer's sight lines, attention span, of his or her distance from the screen or from the projector, of the turn of the body from one to the other, and of the intensity of the enormous sound waves crashing in a confined space, explains the differences that separate Neshat's film installations from the cinema of the movie theater. The things that matter to her, the viewer's experience of the space, the viewer's sensual connection to images, a viewer's choice to stay or to go, further emphasize her grounding in visual arts rather than in film. "The way an idea is formed and executed," she says of her films and installations, "relies entirely on image, nothing else. That is what makes it a work of visual art, not a cinematic feature."

From film, on the other hand, she borrows story telling, which she appreciates as much for its cross-cultural inclusivity as for the sheer pleasure that she believes people gain from following a yarn from beginning to end. Unabashed in her desire to seduce, she stuffs these works full of meaning as well. Her goal: to entertain, to provide a visual and physical experience, to introduce a highly considered concept, all at the same time. How she achieves this shifts from film to film, some being more linear than others, some tipping the scale more towards visual arts than film, or vice versa. *Rapture* (1999) and *Passage* (2001) for example were cyclical, without real beginning or end, and also more sculptural, while the action in *Fervor* (2000) and *Possessed* (2000) moved forward in sequential order, more in the manner of the filmmaker. *Pulse* (2000) on the other hand, was neither one nor the other; a single, slow motion image of a semi-reclining woman in a dark room listening to a radio, the camera pulling back at the pace of a heart beat to reveal a bed, a barred window, a shaft of light. Seven and a half minutes long, this nearly still work is for Neshat neither filmic nor sculptural: "To me," she said, "*Pulse* is the equivalent of a black painting."

Meanwhile, Neshat has already moved on. Her latest work, a collaboration with composer and performance artist Sussan Deyhim and filmmakers Shoja Azari and Ghasem Ebrahimian, allows the choreography of her celluloid figures to cascade off the screens, like water from a rocky precipice, onto the space of the stage. Live players, she said after watching early rehearsals of *Logic of the Birds* (2001), had an unexpected impact on her: "The presence of human flesh," Neshat offers, "had an immediate, chilling effect." Eye contact, she notes, has enormous possibilities. So do several new ingredients that appear in her work for the first time: Medieval Persian poetry for example—the group decided on Attar's *Conference of the Birds* as the starting point for this lush and lyrical production—as well as a large film triptych that holds center stage. Once again, Deyhim's ecstatic singing in Farsi, raises the emotional temperature of the work, while her riveting performance, sometimes in sync with the film, at others collapsing into the illuminated landscape behind her, adds a new level of explosive expressionism to Neshat's aesthetic. How Neshat might use the elements of this ephemeral sixty-minute work in the future will be interesting to watch. No doubt, as always, they will be put in the service of her complex and original ideas.

Soliloquy (*Soliloquio*), 1999
fotografia di scena / production still
Courtesy Barbara Gladstone Gallery, New York
Fotografia di / Photo by Larry Barns

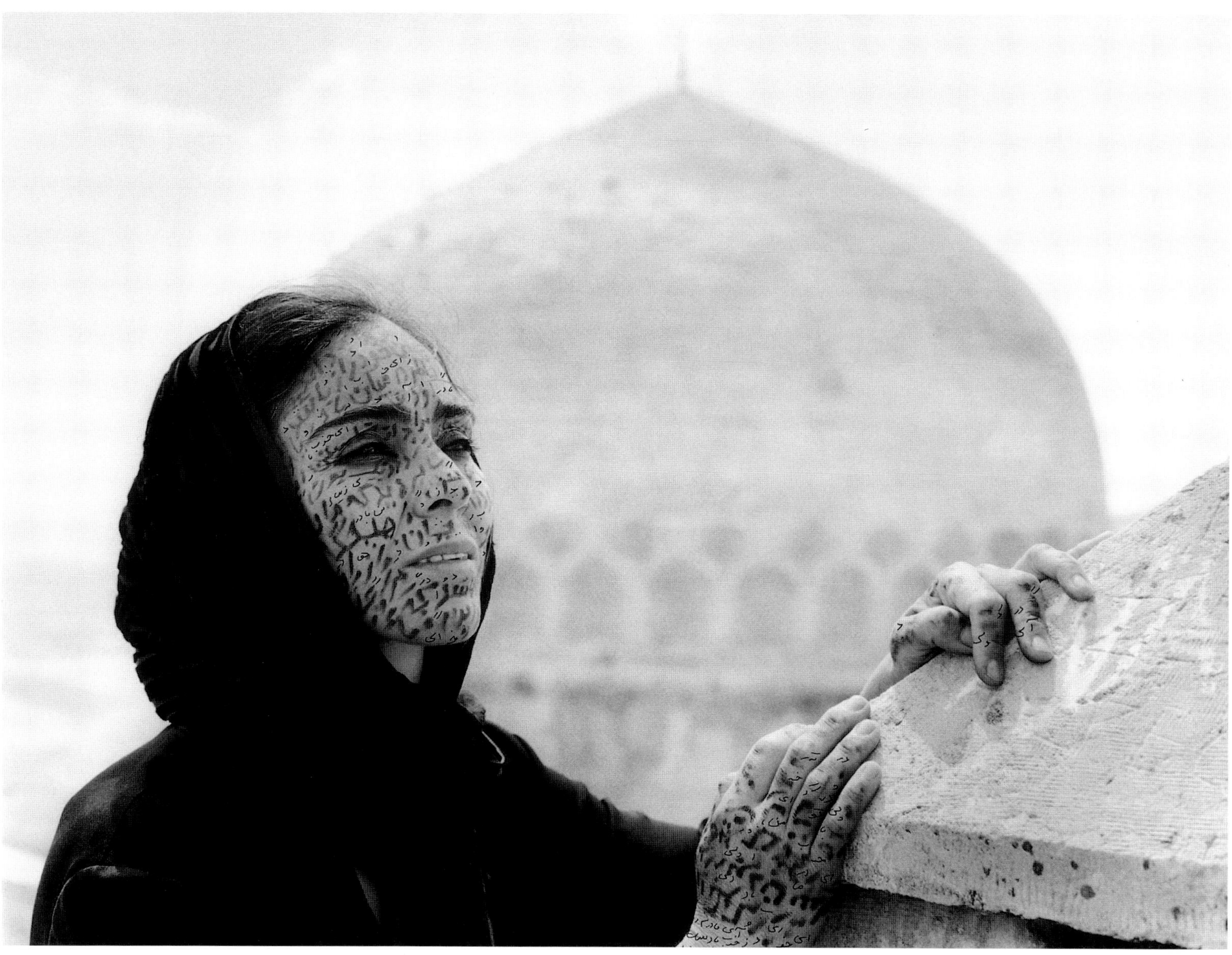

Giorgio Verzotti

Shirin Neshat. Ciò che sempre parla in silenzio è il corpo

L'opera di Shirin Neshat è costruita su figure di duplicità, su una retorica che svela la compresenza di principi, quasi dicotomie, posti in relazioni oppositive. Il maggior pregio di quest'opera è la volontà di non giungere mai a una sintesi dialettica, ma di lasciar convivere le differenze. Un simile intento qualifica anche il contributo che Neshat ha dato alla definizione stessa di multiculturalismo, la parola, ormai abusata, che circola da tempo nel sistema dell'arte per definire le nuove istanze culturali che in esso si agitano.

L'artista proviene dall'Iran e dalle tradizioni islamiche, ma non si limita a portare nel lavoro artistico contributi che provengono da quel ricchissimo universo culturale. Più precisamente, non lo fa se non nelle modalità di un confronto, o appunto di un conflitto, con la cultura che, nella sua scelta di vivere in Occidente, ha assimilato e fatta sua.

Il lavoro dell'artista riflette la sua esperienza biografica, la partenza dall'Iran per studiare negli Stati Uniti, l'impossibilità di tornare in patria per molti anni a causa della rivoluzione khomeinista, il ritorno infine possibile e la scoperta sconvolgente di un mondo radicalmente mutato. Il conflitto è quindi all'origine del lavoro stesso, fin nelle sue motivazioni esistenziali, e proprio per questo personale coinvolgimento diviene emblematico della nostra contemporaneità, di quel mondo e del nostro. Potremmo dire che l'artista ci avverte di come, nell'età della globalizzazione ormai compiuta, almeno sul piano economico e finanziario, non si possa dare istanza culturale autentica ed effettuale se non come confronto fra posizioni diverse, e come emergenza di un pensiero differente che nessuna dialettica può superare in vista di sintesi "superiori". Un confronto che si porrà spesso in termini laceranti e che rende ambiguo il lavoro artistico, e culturale, che ne parla, perché lo investe della sua costitutiva indecidibilità.

Quando le prime fotografie di Neshat, il ciclo *Women of Allah*, si imposero all'attenzione della scena artistica internazionale (e in particolare in Italia dove un primo volume sull'artista fu edito nel 1997), la lettura che si fece dell'opera si limitò a osservazioni superficiali, relative a un discorso sulla condizione della donna nella società iraniana. Questo era in realtà un primo aspetto del lavoro, che con più sottigliezza poneva un problema di impermeabilità fra i linguaggi e, in modo altrettanto sottile, una questione politica. Le donne ritratte nelle fotografie, col capo coperto dal chador islamico, recano come è noto sulle parti visibili del corpo eleganti grafie arabe stilate a mano. Accanto alla donna (l'artista stessa) appare a volte un uomo a torso nudo o un bambino interamente nudo, rappresentanti del genere sessuale a cui l'Islam riconosce un vero e proprio privilegio comportamentale forse sottolineato da questa stessa nudità, evidentemente contrapposta al corpo coperto della donna.

Quest'ultima a volte tiene in mano o fra i piedi un'arma da fuoco, elemento che contrasta con le scritte che riportano versi di poetesse iraniane, in gran parte dedicati a temi amorosi. In realtà l'artista qui somma o contrappone elementi contrastanti fra loro, l'afflato amoroso dei versi e le armi, il corpo segregato della donna e quello libero dell'uomo, perché richiama la realtà contraddittoria di un regime politico impostosi con un rivolgimento politico violento, inteso a eliminare un regime dittatoriale di stampo occidentale, a cui si contrapponeva in quanto liberatorio ma rivelatosi ben presto oppressivo e integralista (questo, naturalmente, detto dal nostro non neutrale, eurocentrico, punto di vista).

L'interrogazione che il lavoro pone però non si limita a questa sorta di implicito manifesto ideologico, ma indaga sul rapporto fra le immagini e la scrittura, creando un testo altamente ambiguo proprio per la difficoltà della sua traduzione, e di un'ambiguità molesta per le implicazioni che chiama in causa. I testi scritti a mano sulle fotografie sarebbero pienamente comprensibili se fossero letti in Iran o negli altri paesi islamici di lingua araba, ma in Iran le opere di Shirin Neshat non sono mai state esposte e comunque nei paesi islamici citati, probabilmente, non sarebbero neppure riconosciute come opere d'arte, dato che quelle culture si basano sull'interdetto posto al linguaggio iconico. Da noi le scritture risultano incomprensibili senza un supplemento informativo esterno all'opera, inoltre la nostra cultura e sensibilità potrebbe indicarcele come puri elementi decorativi. Da un lato il rapporto fra testo verbale e testo iconico rischia l'interdetto, dall'altro viene vanificato dall'impossibilità del ricettore di decodificare uno dei protocolli impiegati. Dunque, l'opera non ci parla evidentemente solo della condizione della donna in Iran, ma di un incontro fra universi culturali al centro del quale c'è una mancanza al senso, una discrepanza, uno scarto incolmabile per quanto apparentemente esile.

L'opera assume un tono tragico perché, prendendo atto dello scarto, annuncia a un tempo la necessità e l'impossibilità di colmarlo, e questo riferimento alla tragedia non sembrerà eccessivo, se è vero che l'urgenza del confronto o scontro che l'artista evoca indicandone l'origine in un conflitto già presente sul piano ontologico è deflagrato nella realtà con gli eventi dell'11 settembre 2001.

Neshat è consapevole del senso tragico che connatura la nostra realtà, e che risiede, lo diceva già Karl Jaspers, nell'impossibilità di una scelta risolutiva, nella necessaria sospensione del giudizio proprio quando la necessità dell'azione si fa urgente (e, una volta agita, appare alla coscienza come una forzatura non innocente).

Per conseguenza le sue opere hanno un andamento duplice, le sue prime video installazioni sono costruite come doppia proiezione su schermi opposti, in un caso affiancati, che valgono come spazi concettualmente diversi e divisi. Divisione che l'artista coglie dovunque, arrivando a trascendere il riferimento stesso, comunque essenziale, alle società islamiche per portare l'interrogazione presso di noi, presso i nostri sistemi di valori.

Anche qui, l'ambiguità di questi brani filmati senza parole ma con le straordinarie musiche di Sussan Deyhim è molesta, almeno per il fatto che lo spettatore è costretto a seguire una doppia azione simultanea e forzatamente a perdere qualcosa dell'una e dell'altra, intervenendo per ovviarvi con il proprio corpo e con il proprio tempo reale.

Turbulent, *Rapture* e *Fervor* (*Turbolenta*, *Estasi*, *Fervore*) sono costruiti su una visione della contraddizione uomo/donna che la pone come irrisolvibile, al di là dello sfondo culturalmente connotato che sceglie per ambientare le sue azioni. Non solo la contrapposizione di uomo e donna nel contesto dell'Islam quindi, ma anche (o piuttosto) la funzione normativa del logocentrismo e del suo sapere strutturato e immutabile di contro alla fluida espressività del corpo (*ciò che sempre parla in silenzio*, secondo Alighiero & Boetti), che custodisce ed esprime un sapere altro ed eversivo, in *Turbulent*; l'impossibilità per il maschile, inteso come valore, di costruire un progetto di vita lontano dagli automatismi del potere, e per contro la presa in carico di questo da parte del femminile, in *Rapture*, articolato nelle figure contrapposte del gruppo di uomini chiusi dentro una fortezza e da quello delle donne libere, sia pure coperte dal chador, negli spazi esterni e capaci alla fine di prendere il mare, verso l'ignoto; la repressione del desiderio da parte delle censure di ordine ideologico, religioso e/o politico, e della corporeità da parte della parola intesa come emanazione di un potere astratto e aprioristico, in *Fervor*.

Soliloquy, la prima opera in video a colori, apre invece al confronto esplicito e diretto fra l'Oriente e l'Occidente come l'artista, e con lei noi stessi, li ha conosciuti: una società arcaica ma profondamente legata alla collettività, dove diviene azione comune e sentimento condiviso anche l'elaborazione del lutto, e una comunità tecnologicamente avanzata e formata da soggetti atomizzati, isolati nel proprio individualismo, assegnati ad un'esperienza di effettiva solitudine.

La protagonista, interpretata qui dalla stessa artista, la donna silenziosa con il chador, in quanto personaggio tragico non sceglie, intende se mai aprire un rapporto fra le due culture, ma viene alla fine emarginata da ambedue.

La soluzione del conflitto non si dà nella scelta che attribuirebbe un primato all'una o all'altra parte, né nel superamento dialettico verso una sintesi che negherebbe, assimilandola, la differenza. Per Neshat, l'unica soluzione sta nel mutamento, nel processo in cui un soggetto si pone, nel passaggio da una identità fissa verso un'identità in divenire. Lo fanno le donne di *Rapture* che salgono su una barca e affrontano l'oceano; lo fa la donna di *Possessed*, in uno dei tre recenti video dell'artista, presentati in un'unica occasione espositiva, che abbandona la città dopo che le sue parole, *inaudite*, hanno portato lo scompiglio fra i suoi abitanti. Lo fa forse la bambina di *Passage*, fra tutti i lavori di Neshat certo quello più carico di simbolismo, con la sua linea di fuoco che la separa dalle donne e dagli uomini della precedente generazione e perciò dal passato.

Questo mutamento però non avviene senza memoria, un soggetto si pone in processo senza dimenticare chi è stato e precisamente per capire *come si diventa ciò che si è*.

Inoltre, pensarsi come divenire non significa compiere qualcosa come un percorso iniziatico che mira unicamente a una illuminazione individuale. Un soggetto in divenire si pone in relazione con l'altro e vive di questa relazione, senza la quale il soggetto stesso non potrebbe consistere. In *Logic of the Birds*, l'ultimo lavoro di Neshat, basato su antichi poemi persiani e realizzato anch'esso come duplicità, in questo caso sul doppio registro simultaneo dell'azione filmata e di quella agita in scena, la verità originaria che la protagonista cerca, e infine trova, non basterà a se stessa e verrà rivelata alla comunità di cui fa parte, potremmo dire *organicamente*.

Giorgio Verzotti

Shirin Neshat. That Which Always Speaks in Silence Is the Body

The work of Shirin Neshat is based on figures of duplicity, on a rhetoric that reveals the concomitance of principles, almost dichotomies, placed in oppositional relationships. This work's greatest merit is its desire never to reach dialectical synthesis, but to allow differences to coexist. A similar intention also characterizes the contribution Neshat has made to the very definition of multiculturalism, a much-overused word that for some time now has been circulating within the art system, to define the new cultural claims being tossed about.

The artist comes from Iran and from Islamic traditions, but her work is not limited to conveying contributions that come from this extremely rich cultural universe. More precisely, having chosen to live in the West, her work defines her native traditions in terms of a confrontation, or even a conflict, with the culture that she has assimilated and made her own.

The artist's work reflects her biographical experience: her departure from Iran to study in the United States, the impossibility of returning to her homeland for many years because of the Khomeini revolution and finally, once the return was possible, the disturbing discovery of a radically transformed world. Thus conflict lies at the origin of her work, even in its existential motivations, and it is precisely because of this personal involvement that the work becomes emblematic of our contemporaneity, of that world and our own. One might say that the artist warns us how, in the age of globalization that has now become a reality, at least on an economic and financial level, one cannot make authentic and true cultural claims except as a comparison between different positions, even to the point of bringing them into conflict. What must emerge is a different way of thinking, which cannot be bridged by any dialectic with the view of creating "superior" syntheses. This comparison often will be posed in lacerating terms and renders ambiguous the artwork and the culture because it invests them with its constituent inability to be resolved.

When Neshat's first photographs, the *Women of Allah* series, came to the international art world's attention (and particularly in Italy, where the first book on the artist was published in 1997), interpretation of the work was limited to superficial observations, related to a discourse on the condition of women in Iranian society. In reality this was a primary aspect of the work, which more subtly addressed the issue of impermeability between languages and, in equally subtle fashion, raised a political question. The women depicted in the photographs, heads covered by the Islamic chador, have their visible body parts covered in elegant Arabic calligraphy, drawn by hand. Next to the woman (the artist herself) there sometimes appears a bare-chested man or a completely naked young boy, representatives of the sexual gender to which Islam grants outright behavioral privilege, perhaps emphasized by this very nudity, obviously in opposition to the covered body of the woman.

The latter sometimes holds a firearm in her hands or between her feet—an element that contrasts with the writings, which are verses by Iranian female poets, for the most part dedicated to love themes. Here the artist actually is adding up or opposing contrasting elements—the amorous inspiration of the poetry and the weapons, the segregated body of the woman and the free body of the man. These recall the contradictory reality of a political regime that has imposed itself with violent political upheaval, supposedly redeeming since it was intended to eliminate a dictatorial regime that was Western in style, but which soon proved to be oppressive and dogmatic (this said, naturally, from our own non-neutral, Eurocentric viewpoint).

However the question the work poses is not limited to this sort of implicit ideological manifesto. It investigates the relationship between images and writing, creating a highly ambiguous text precisely because of the difficulties of translation, and it is a troublesome ambiguity because of its implications. The handwritten texts in the photographs would be fully comprehensible if they were read in Iran or in other Arabic-speaking Islamic countries. But Shirin Neshat's works have never been exhibited in Iran, and in any case in the aforementioned Islamic countries they probably wouldn't even be recognized as works of art, given that those cultures are based on an interdiction against iconic language. To us, the writings remain incomprehensible without supplementary information, external to the work, and our culture and sensibility moreover might denote them as purely decorative elements. On the one hand the relationship between verbal text and iconic text risks interdiction, but on the other hand it is frustrated by the impossibility of being able to decodify one of the protocols employed. Thus clearly the work doesn't speak to us only of the condition of women in Iran, but also of an encounter between cultural universes, at the center of which there is a lack of meaning, a discrepancy, a gap that, while apparently slender, remains unbridgeable.

The work assumes a tragic tone because in taking notice of this gap, it at the same time announces the need to and the impossibility of bridging it. This reference to tragedy will not seem excessive, if one accepts that the urgency of the confrontation that the artist evokes, indicating the origins of a conflict already present on an ontological level, exploded in reality with the events of September 11, 2001.

Neshat is aware of the tragic sense that has become second nature to our reality, and which resides, as Karl Jaspers said, in the impossibility of a resolutive choice, in the necessary suspension of judgment precisely when the need for action becomes urgent (and, once taken, appears morally as non-innocent force).

As a consequence, her works have a two-fold progression. The first video installations are constructed as double projections on opposite screens, in one case side-by-side, which read as conceptually distinct and divided spaces. This is a division that the artist seizes upon everywhere, eventually transcending the albeit essential reference to Islamic societies, and arriving at an interrogation of our value systems and us.

Here too, the ambiguity of these filmed passages, without words but with the extraordinary music of Sussan Deyhim, is troublesome, at least because viewers are forced to follow a double action simultaneously and thus of necessity must lose something of both, intervening with their own bodies and with real time, to obviate the actions on-screen.

Turbulent, *Rapture* and *Fervor* are built on a vision of the male/female contradiction that is presented as insoluble, beyond the culturally connoted backdrop against which she chooses to set her actions. Thus in *Turbulent*, there is not only a male/female opposition within the context of Islam, but also (or rather) the normative function of logocentrism and its structured and immutable knowledge, opposed to the fluid expressiveness of the body (*that which always speaks in silence*, according to Alighiero & Boetti), which safeguards and expresses another and subversive kind of knowledge. In *Rapture*, we see the impossibility for the male, understood as a value, to construct a life plan far from the mechanisms of power, and, in contrast, the shouldering of these by the female. This is articulated in the opposing figures of the group of men, closed off within a fortress, and a group of women who, although covered by chadors, are free in the outdoor spaces and capable, in the end, of taking to the sea, toward the unknown. *Fervor* conveys the repression of desire through the censorship of ideological, religious and/or political order, and the repression of corporeal nature by the word, intended as the emanation of an abstract and aprioristic power.

Soliloquy, Neshat's first color video, instead presents an explicit and direct confrontation between East and West as the artist—and we along with her—have known them. On the one hand there is an archaic society, but one profoundly tied to the sense of community, where action and feelings are shared, including processes and rituals of mourning. On the other hand there is a technologically advanced community, made up of alienated subjects, isolated in their individualism, assigned to an experience of effective solitude. The protagonist, interpreted here by the artist, is a silent woman in a chador; as a tragic figure she doesn't make a choice, rather she attempts to initiate a relationship between the two cultures, but in the end is marginalized by both.

The solution to the conflict cannot begin with a choice that would attribute primacy to one or the other side, nor can it lie in a dialectical bridging toward a synthesis that would negate and assimilate their differences. For Neshat, the only solution lies in change, in the process whereby a subject is presented in the passage from one fixed identity toward a becoming, in the act of a transformation. The women in *Rapture* do this as they climb onto a boat and face the ocean. The same can be said of the woman in *Possessed*—one of the three newest works by the artist, exhibited all together—who abandons the city after her words, *unheard*, have sown disorder among its inhabitants. And perhaps the young girl in *Passage* does the same. Of all Neshat's works, this clearly is the one most charged with symbolism, with the firing line that separates the child from both women and men of earlier generations and therefore from the past.

However this transformation does not occur without memory. A subject sets out without forgetting who she or he was, and precisely in order to understand *how one becomes what one is*.

Moreover, thinking of oneself as in a state of becoming does not signify carrying out something as an initiatory path that points solely toward individual enlightenment. A subject in a state of becoming stands in relationship with the other and lives this relationship, without which the subject itself could not exist. In *Logic of the Birds*, Neshat's most recent work, based on ancient Persian poems and also created as a double—in this case on the double and simultaneous register of the filmed action and the action taking place on stage—the original truth that the protagonist seeks, and finally finds, will not suffice for her and will be made known to the community to which she belongs, we might say *organically*.

Opere / Works

Testi di / Texts by
Shirin Neshat

Women of Allah (Donne di Allah)
1993-1997

Il ciclo di opere *Women of Allah* è stato realizzato subito dopo la prima visita dell'artista al suo paese d'origine, l'Iran, dopo un periodo di assenza di dieci anni dallo scoppio della rivoluzione islamica. Questa serie esplora diversi aspetti filosofici e ideologici della rivoluzione islamica tra cui l'idea di "martirio", concetto estremamente popolare in Iran sin dall'inizio della rivoluzione. Ciascuna immagine ripropone a livello visivo e concettuale la situazione paradossale per cui, nella pratica islamica, violente idee religiose, e ideologie politiche si intersecano tra loro e la figura del martire è collocabile in uno spazio di confine tra amore, devozione e sacrificio da un lato e odio, crudeltà, violenza e morte dall'altro. *Women of Allah* inoltre affronta il problema del ruolo della donna musulmana e del corpo femminile in rapporto alla violenza subita durante la rivoluzione. Neshat utilizza l'iconografia specifica del velo, del testo, delle armi e del corpo femminile per suggerire idee in contrasto tra loro quali repressione, sottomissione, resistenza e aggressione.

The Women of Allah *series was created soon after the artist's first visit to her country of birth, Iran, after a hiatus of ten years of absence since the Islamic revolution. This series explores various philosophical and ideological aspects of the Islamic revolution including the concept of "martyrdom," which had become most popular in Iran since the formation of the revolution. At heart, each image conceptually and visually proposes the paradoxical reality of how ideas about religion, violence, and politics intersect in Islamic practice; and how a typical martyr seems to stand so close to the borders of love, devotion, faith, and self-sacrifice, on the one hand, and hate, cruelty, violence and ultimately death on the other.* Women of Allah *also questions the role of Muslim women and the female body in relation to the violence they encounter through the revolution. Neshat uses specific iconography such as the veil, text, guns and the female body to suggest such contradictory ideas as repression, submission, resistance and aggression.*

Offered Eyes (*Occhi offerti*), 1993

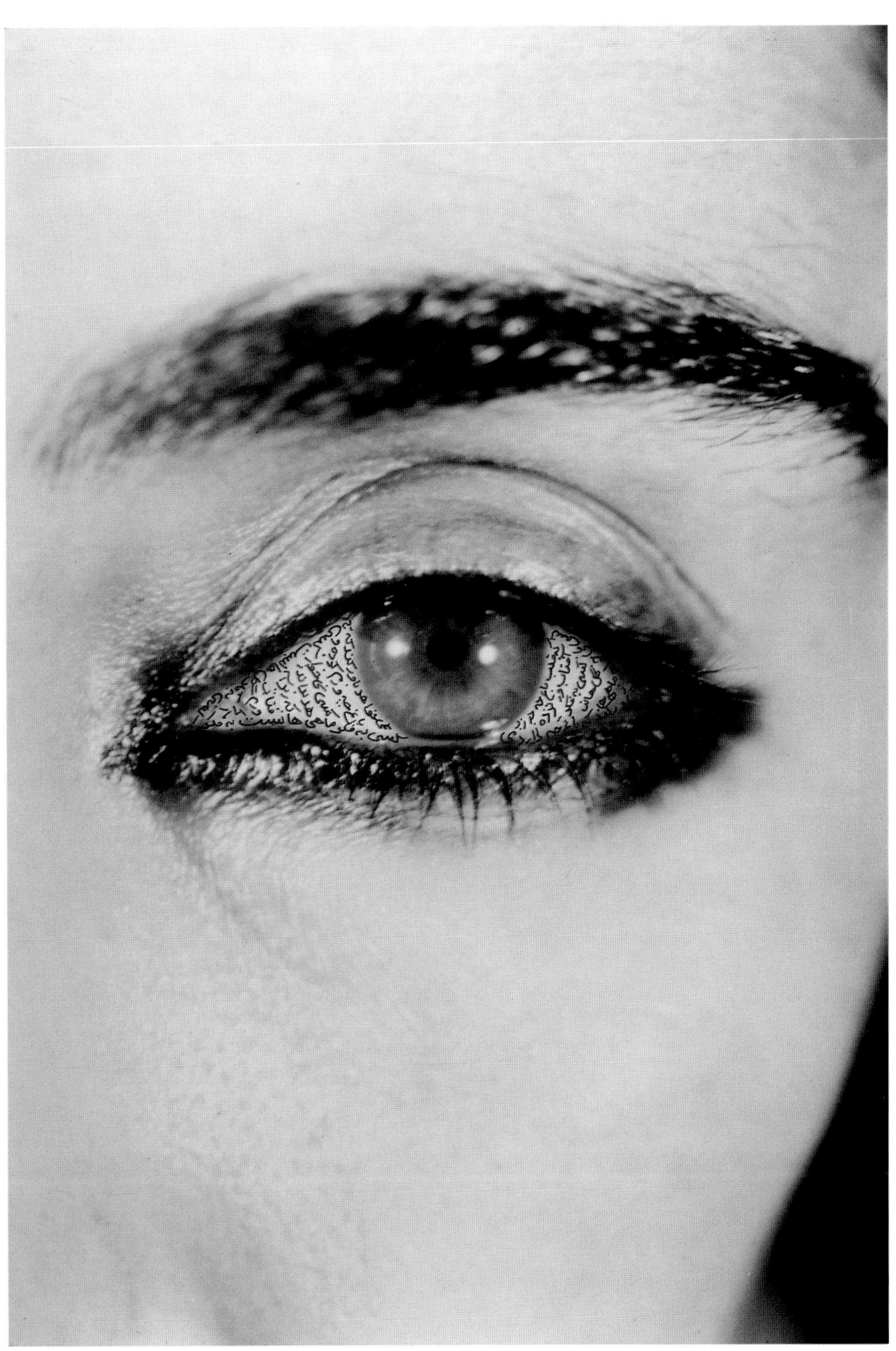

Rebellious Silence (Silenzio ribelle), 1994

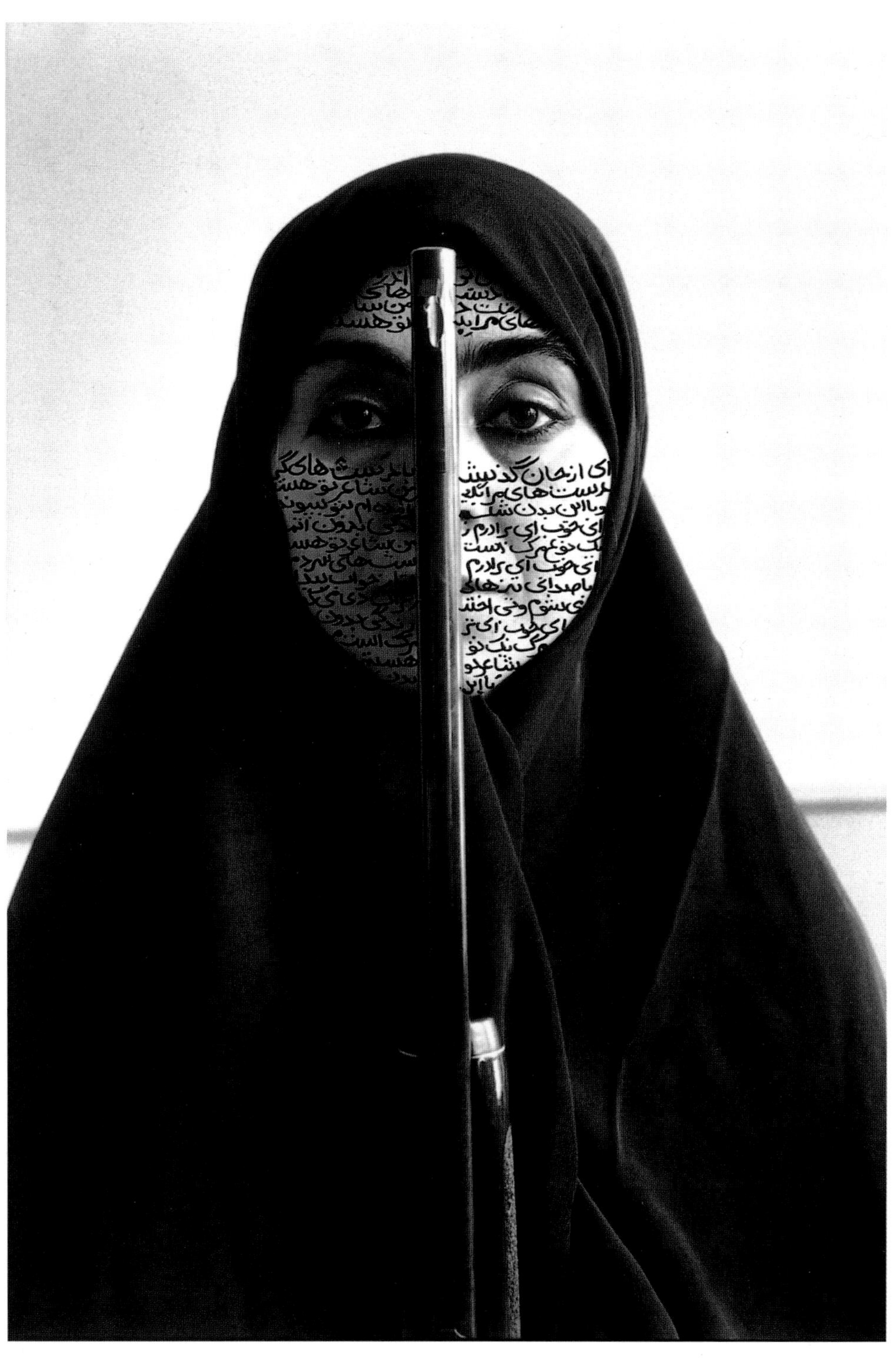

Guardians of Revolution (Guardiani della rivoluzione), 1994

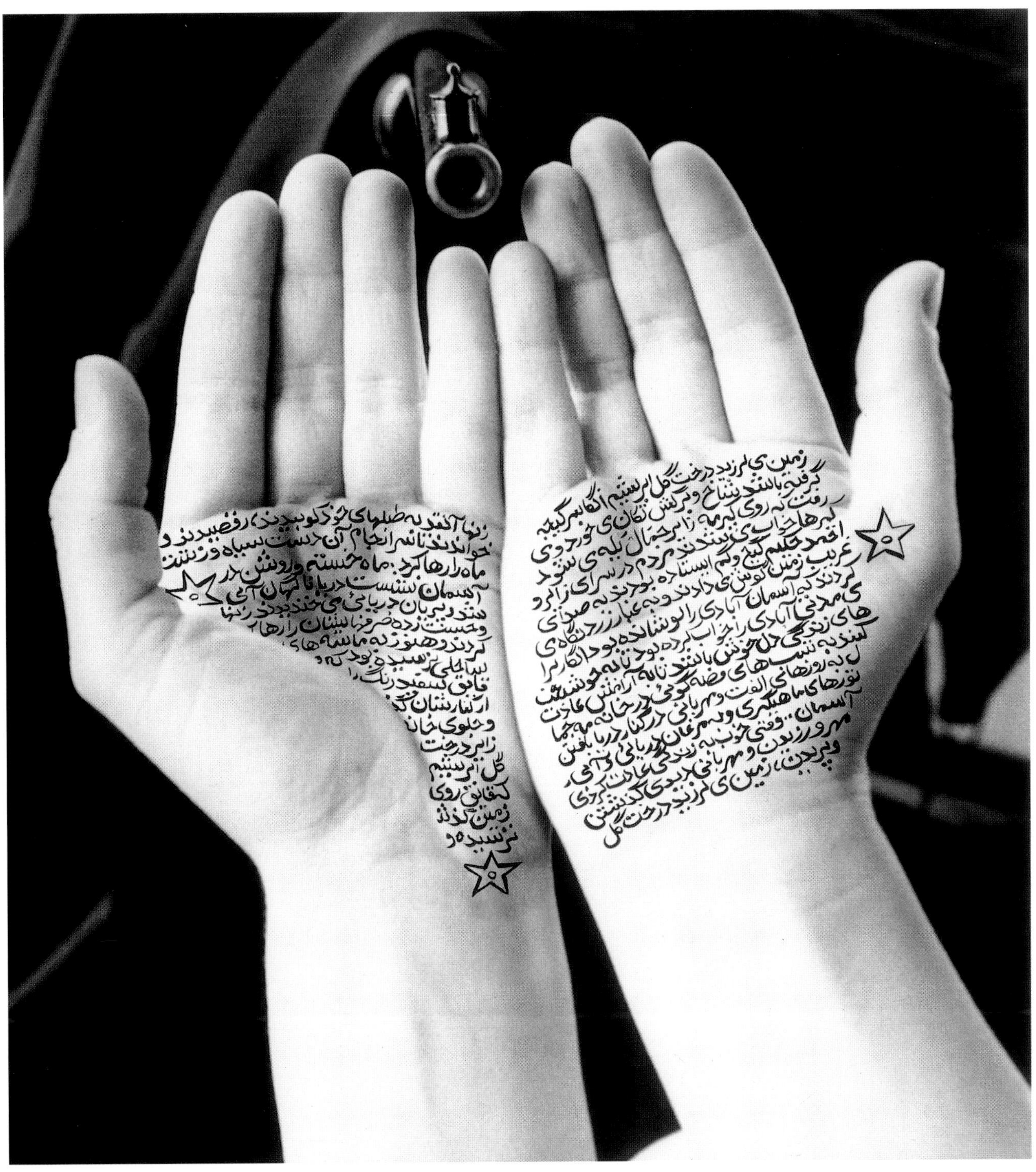

Speechless (Senza parole), 1996

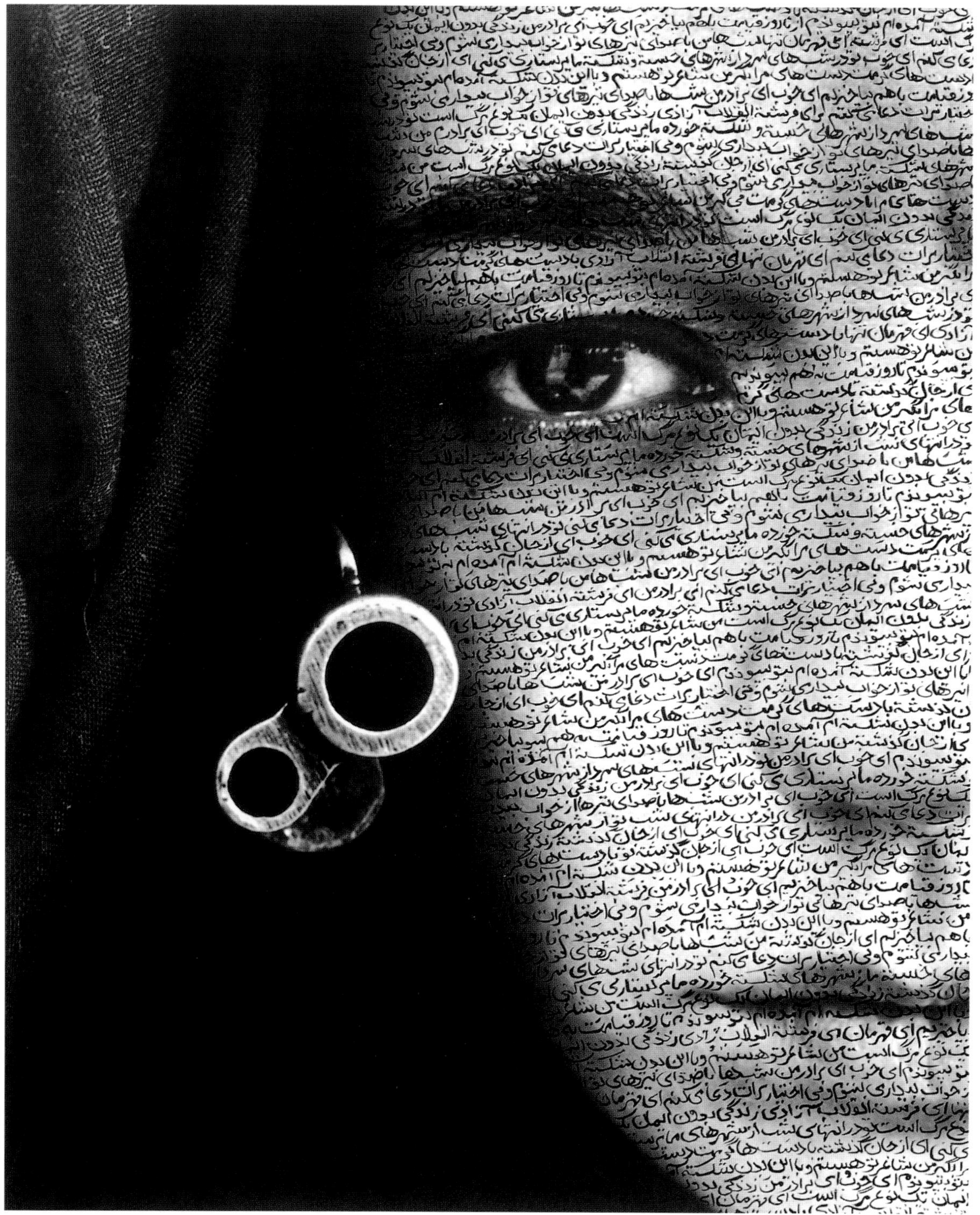

Untitled (Senza titolo), 1996

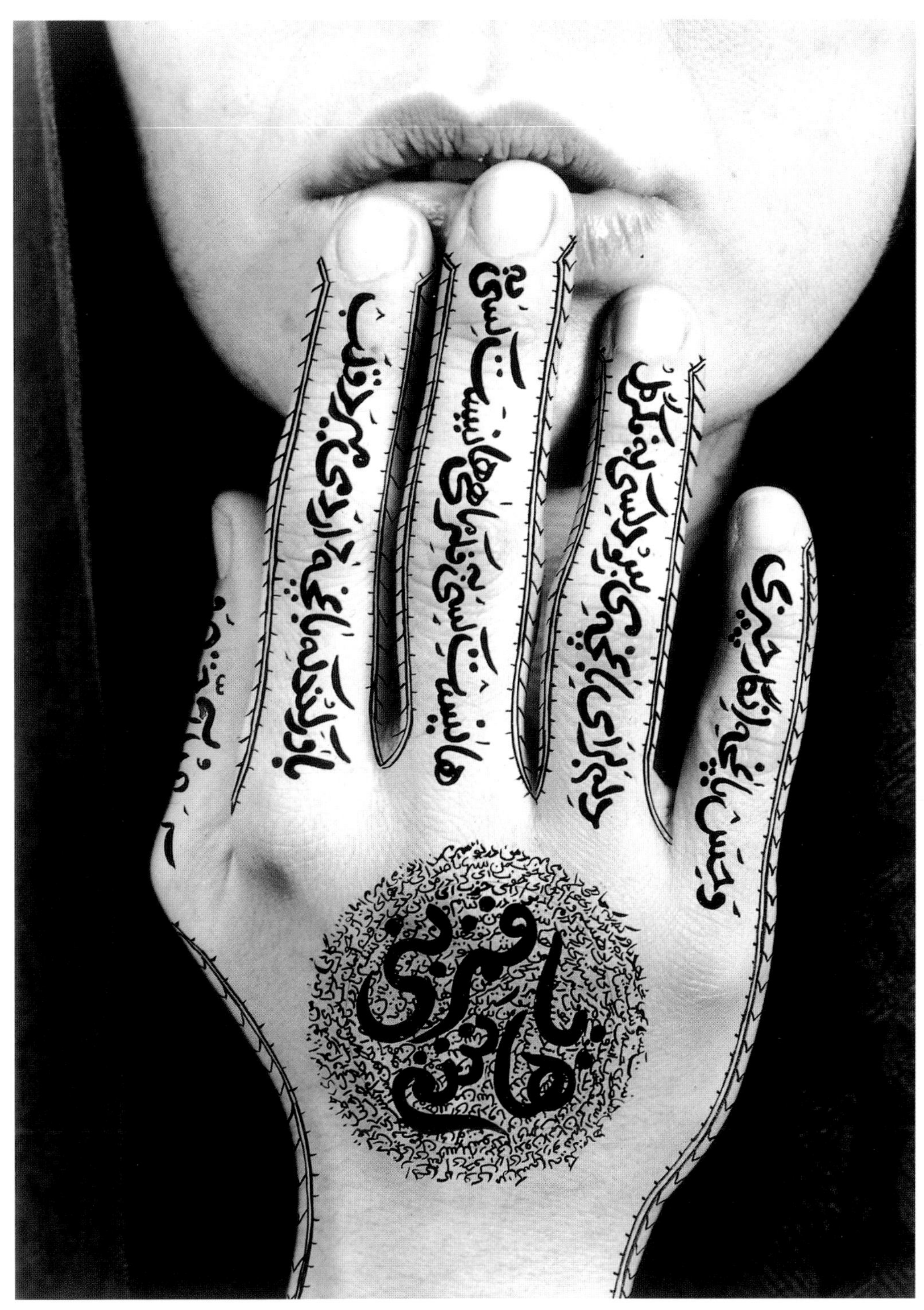

Untitled (Senza titolo), 1996

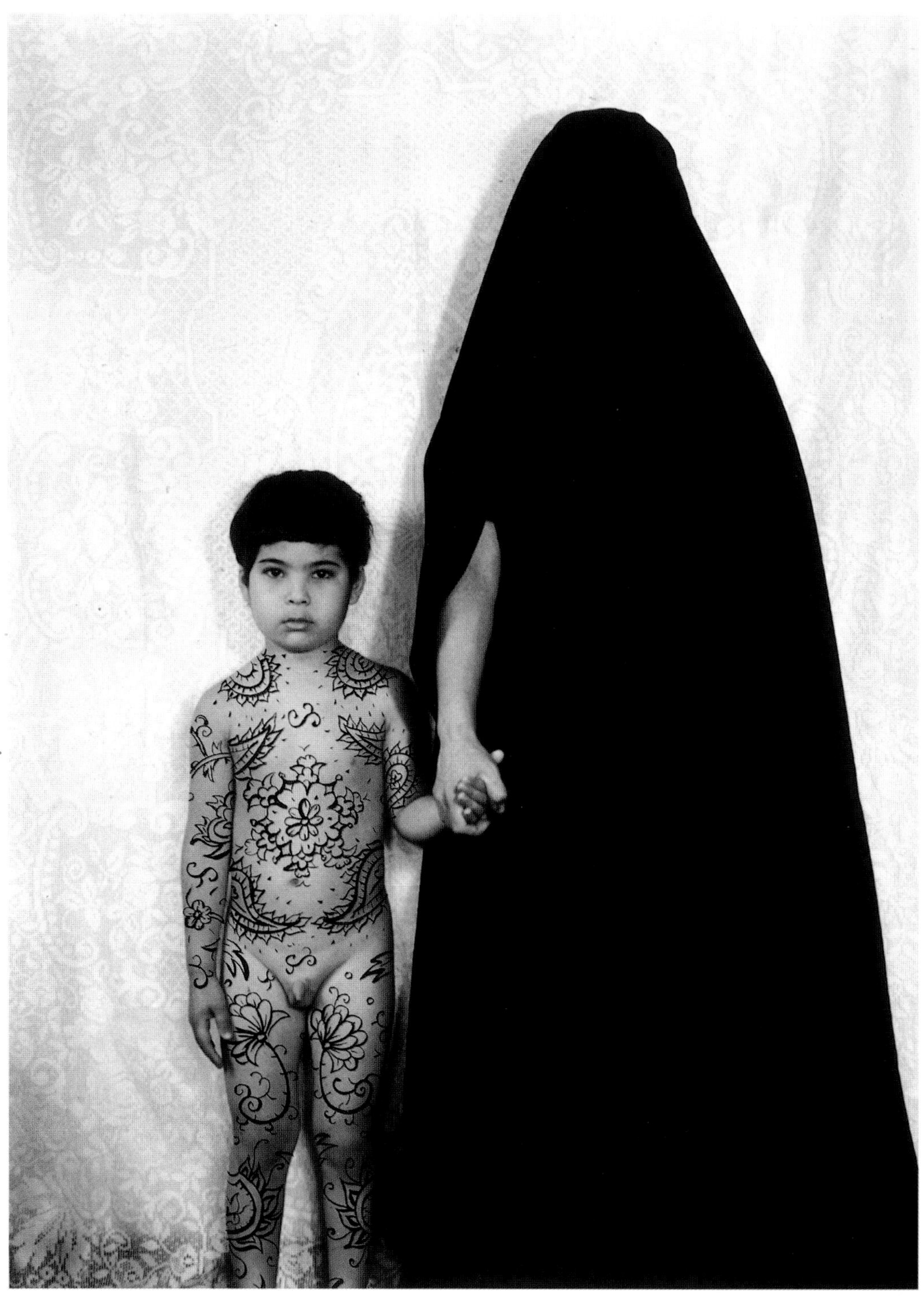

Bonding (Collegamento), 1995

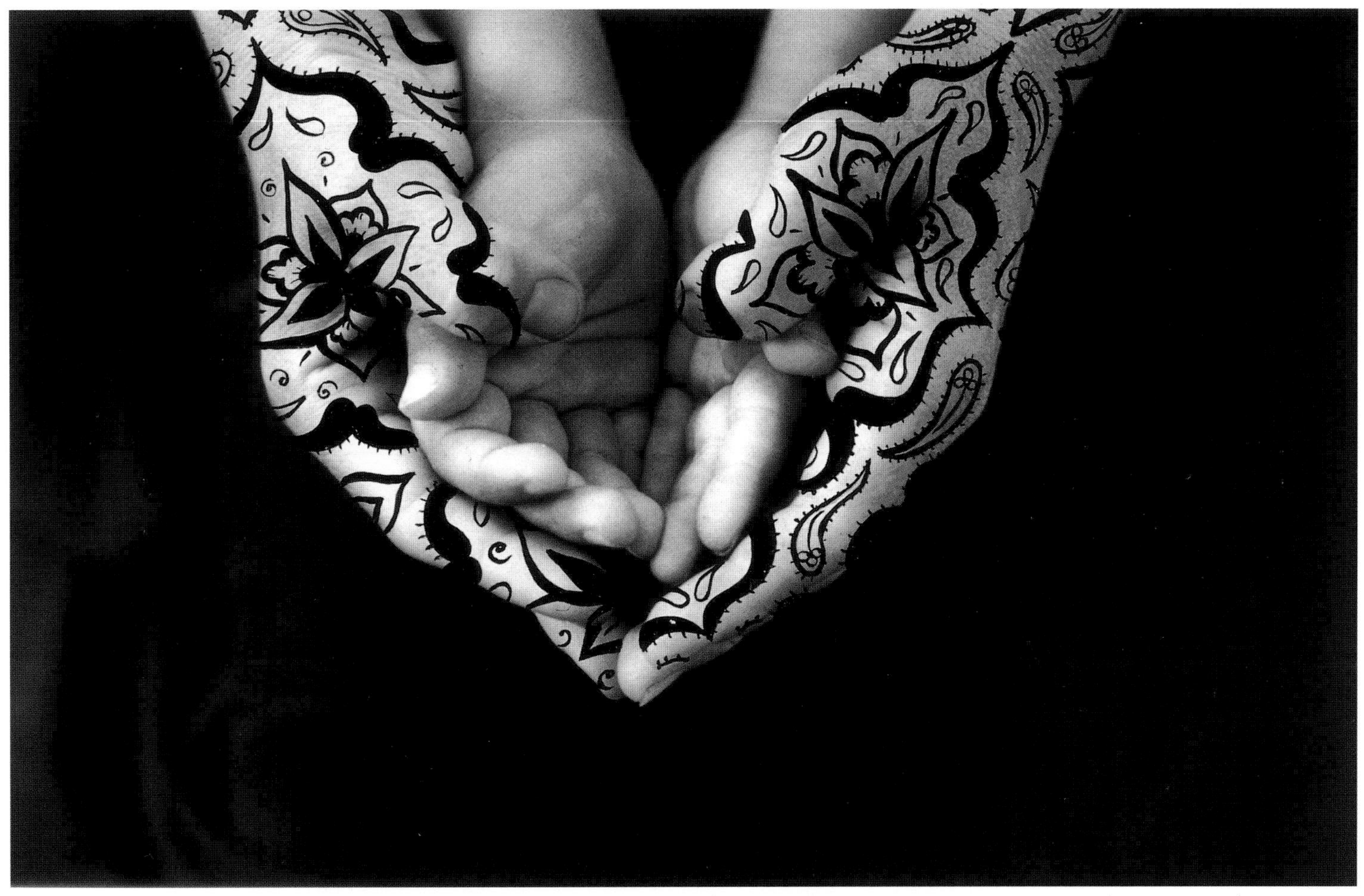

Seeking Martyrdom #2 (Alla ricerca del martirio n.2), 1995

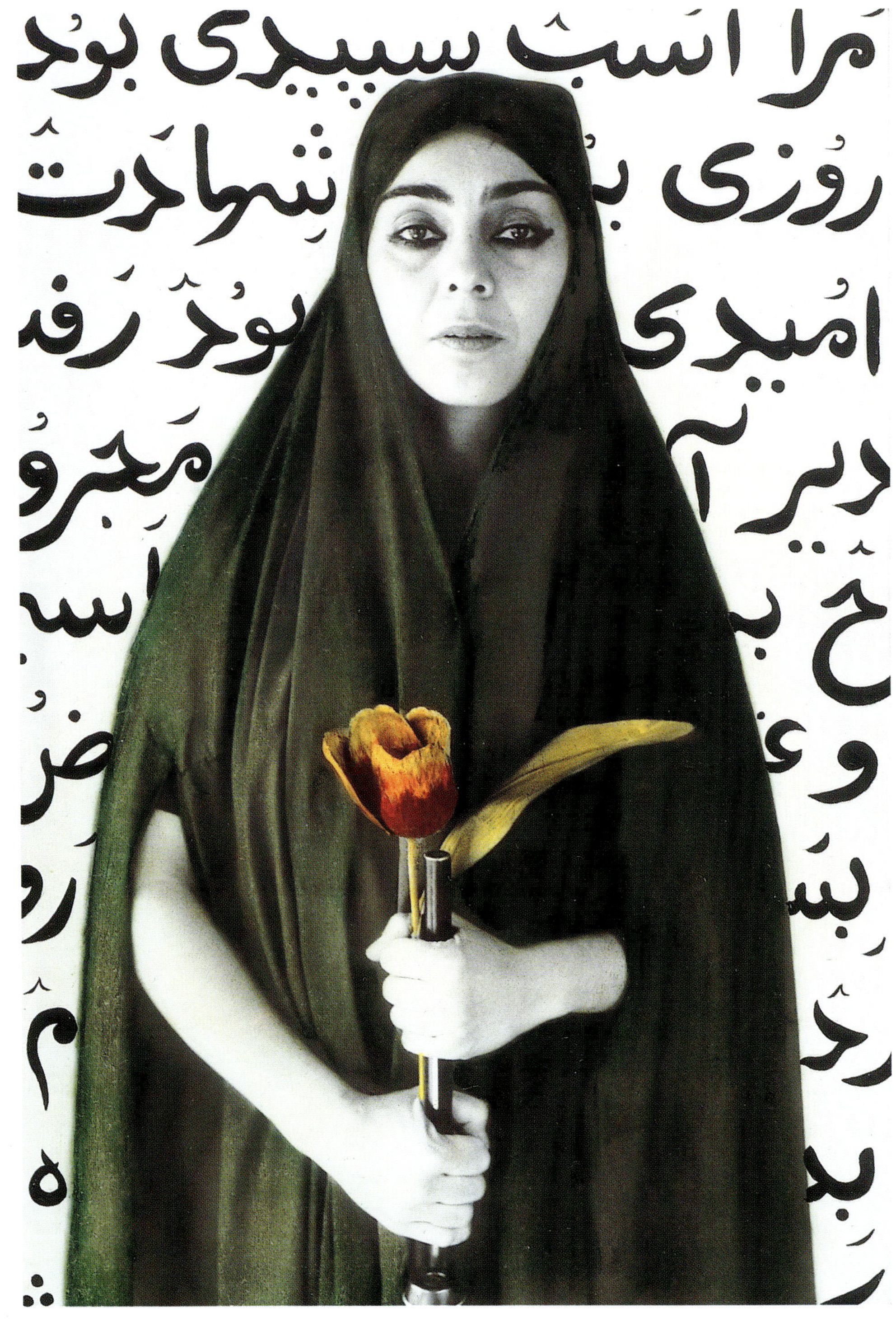

Anchorage (Ancoraggio)
1996

Video-proiezione, colore, suono, 4'
Regia: Mario Chioldi; operatore: José Santamaria.
Commissionato da Creative Time, New York

Anchorage è la prima video installazione importante realizzata da Neshat. Si tratta di una proiezione su unico schermo commissionata dal Creative Times di New York e studiata in funzione di un luogo specifico, un ancoraggio sotto il ponte di Brooklyn. *Anchorage* è dedicato a un tema analogo a quello della serie fotografica *Women of Allah*: i paradossi che si trovano nelle pratiche estremiste islamiche contemporanee in cui convergono violenza, politica, religione e spiritualità.
Anchorage presenta una donna (impersonata da Neshat) in piedi al buio con tutte le parti del corpo coperte tranne la faccia, le mani e i piedi. Nel corso del video la donna inscena tre azioni diverse e in contrasto tra loro: prima di tutto la vediamo che prega e recita velocemente un canto tratto dal Corano accompagnandosi con il caratteristico movimento del corpo. Poi tira fuori una pistola, prende la mira e spara direttamente contro lo spettatore. Infine la vediamo che si scopre le braccia e si esibisce in una danza meditativa, solitamente associata ai dervisci rotanti, che nella tradizione Sufi viene eseguita esclusivamente dagli uomini.

Video-projection, Color, Sound, 4 min.
Director: Mario Chioldi; Camera: José Santamaria.
Commissioned by Creative Time, New York

Anchorage *marks the first major video installation produced by Neshat. It is a single projection originally commissioned by Creative Time in New York, and was designed for a specific location—the anchorage under the Brooklyn Bridge.* Anchorage *follows similar themes as the photographic series* Women of Allah*: the type of paradoxices one finds in current Islamic extremists' practice where ideas of violence, politics, religion and spirituality so closely intersect.*
Anchorage *depicts a woman (Neshat herself) standing in total darkness, with all her body parts with exception of face, hands and feet masked. During this short video, she engages in three distinct and rather contradictory activities; first she is seen to be in prayer with rapid recitation of the Koranic chant and typical body movements. Next, she pulls out a pistol, aims and fires directly toward the viewer. Finally, she releases the arm and turns to engage in a meditative dance, commonly identified as the whirling dervish dance, exclusively performed by men in the Sufi tradition.*

Anchorage (Ancoraggio), 1996

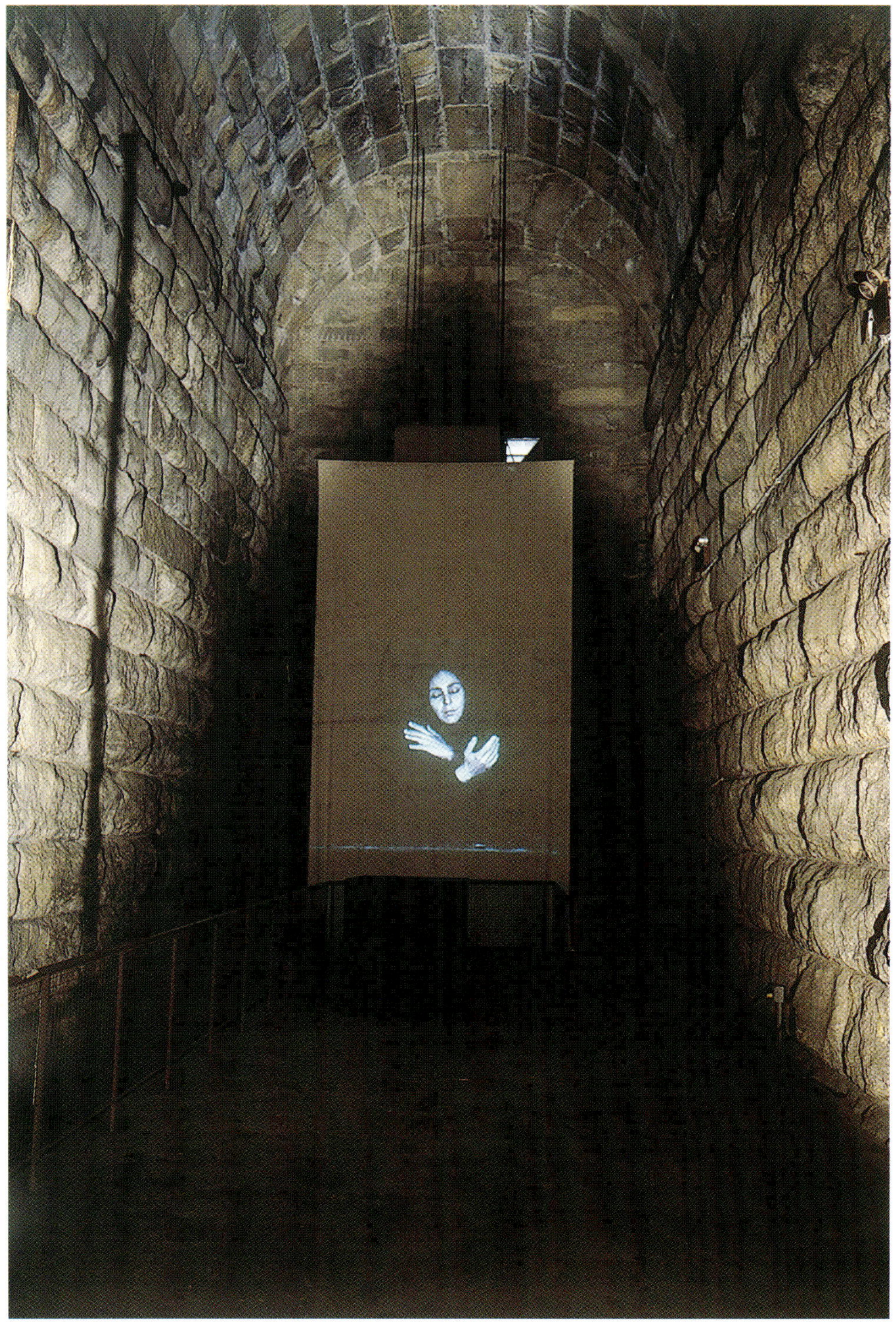

Anchorage (Ancoraggio), 1996

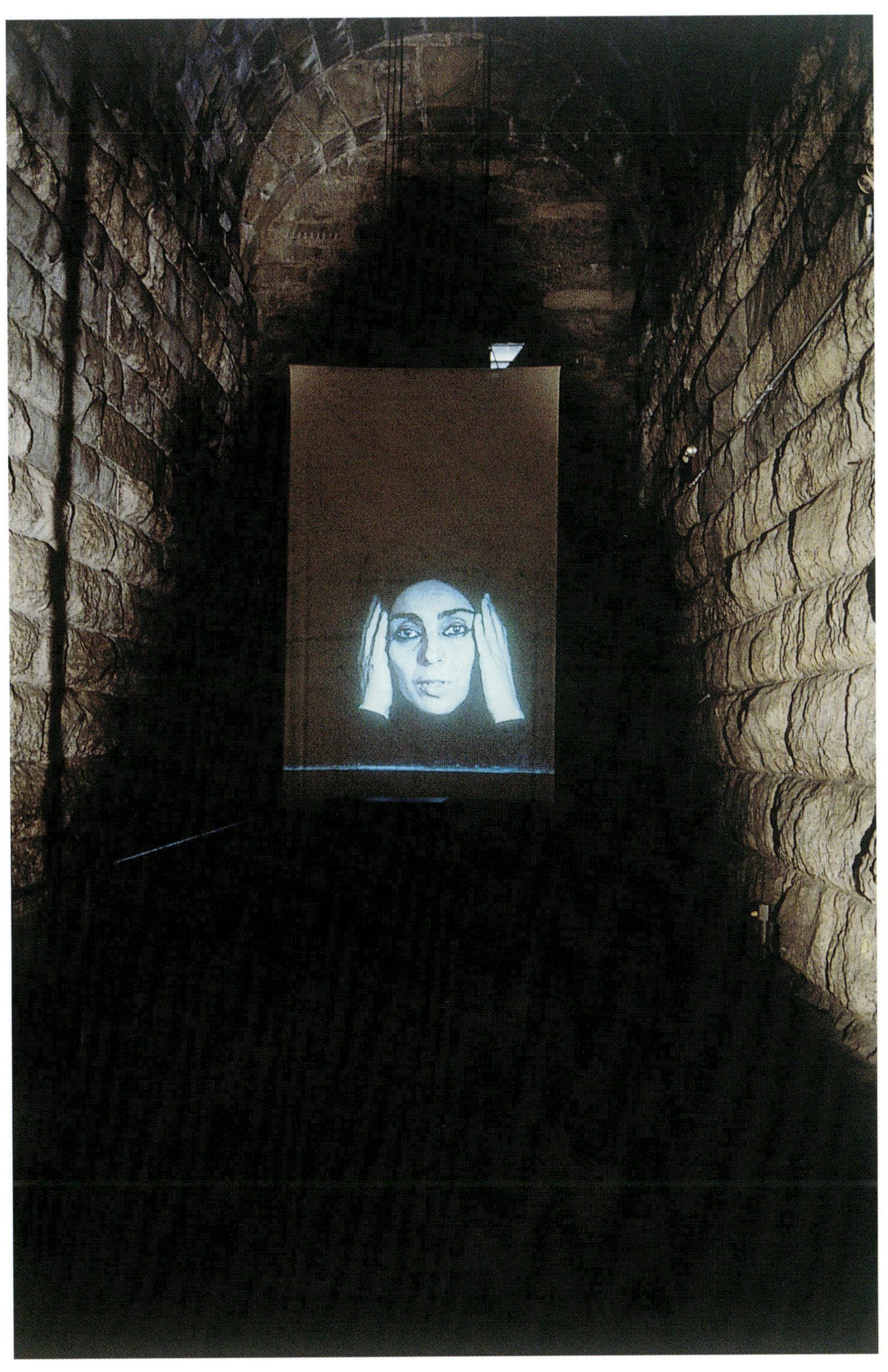

Anchorage (Ancoraggio), 1996

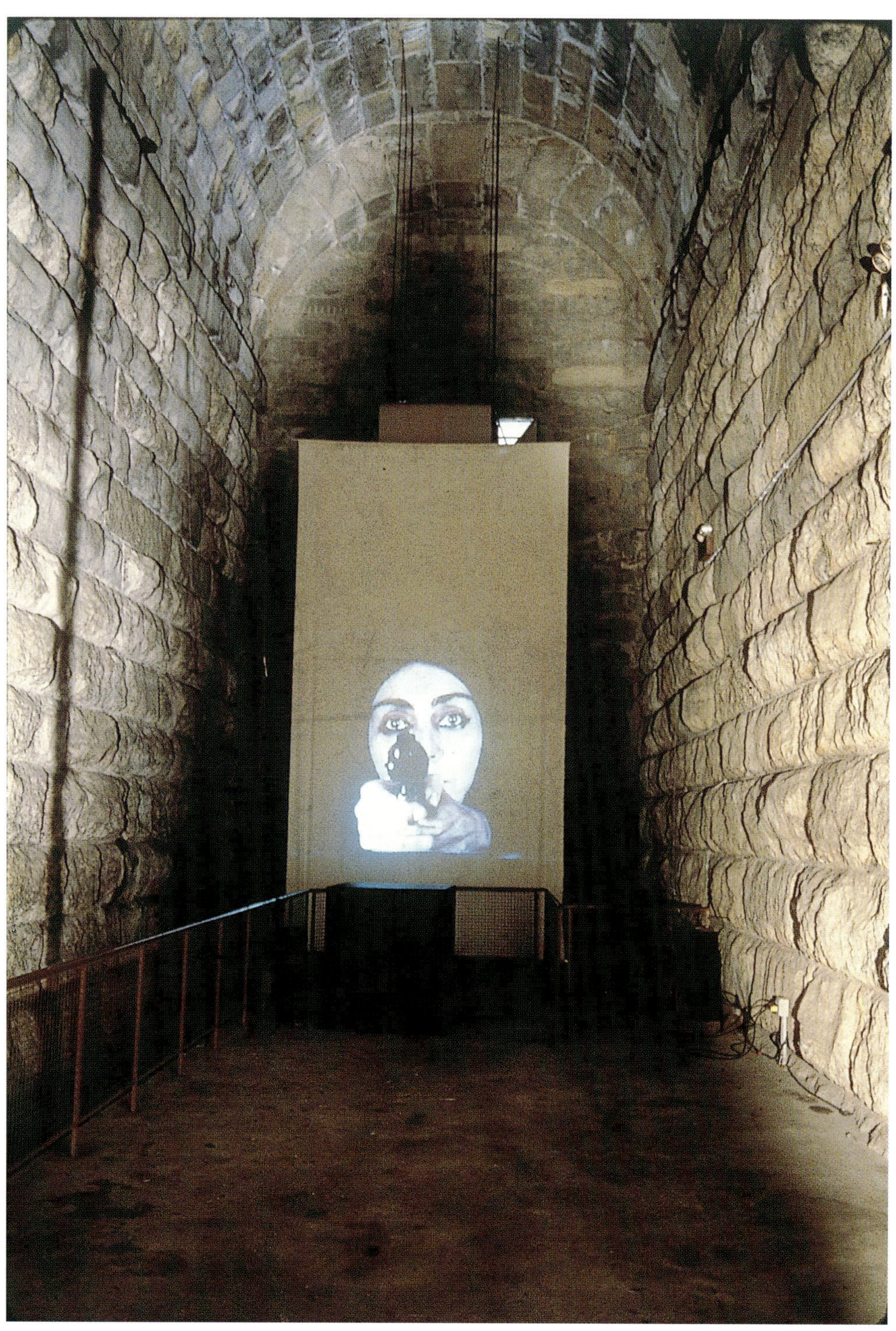

The Shadow under the Web (L'ombra sotto la rete)
1997

Video-proiezione su quattro schermi, colore, sonoro, loop, 5'
Regia: Mario Chioldi

Filmata a Istanbul, l'opera consiste in un'installazione di quattro proiezioni simultanee, una su ogni parete, che cambiano continuamente prospettiva spaziale e temporale. *The Shadow under the Web* affronta il tema dell'identità sessuale in rapporto al concetto di spazio all'interno della tradizione islamica. L'artista analizza il modo in cui lo spazio viene delimitato e controllato a partire dall'idea di separazione dei sessi: gli spazi pubblici ad esempio sono considerati "maschili" mentre quelli privati sono considerati "femminili". Il video ci presenta una donna velata (interpretata da Neshat stessa) che fugge via correndo e attraversa quattro luoghi che corrispondono a periodi storici diversi, dall'epoca pre-islamica allo spazio sacro di una moschea agli spazi contemporanei pubblici e residenziali. La corsa della donna è enfatizzata dal respiro ritmico della colonna sonora che genera un senso di ansietà profondo e opprimente. Sebbene si percepisca chiaramente un senso disturbante di sradicamento, di identità frantumata e dell'assenza di una dimora, *The Shadow under the Web* penetra nell'esperienza del movimento nomade e della ricerca senza fine. Al centro dell'opera non vi è il desiderio di ritrovare un territorio familiare e rassicurante ma quello di attraversare i confini e superare la separazione fra pensiero ed esperienza.

Video-projection on four screens, Color, Sound, Loop, 5 min.
Director: Mario Chioldi

Filmed in Istanbul, this piece is an installation of four separate, simultaneous projections, one on each wall, constantly shifting perspective in space and time. The Shadow under the Web *addresses the issue of gender in relation to spatial boundaries in traditional Islam. It investigates how space is defined and controlled according to the separation of sexes, where for example public spaces are considered "male" and private spaces are considered "female" spaces. Throughout the videos, a veiled woman (Neshat herself) runs on an endless flight through four different sites that span history from pre-Islamic to the sacred space of a mosque, to contemporary public and residential spaces. The overwhelming emotion is a deep sense of anxiety, as she travels through various spaces reinforced by the rhythmic breathing of the soundtrack. Although the sense of unsettling exilic uprootedness, shattered identity and homelessness is vividly clear,* The Shadow under the Web *delves into the nomadic experience of continual wandering and search. It does not seek the safety of familiar territory and aims instead at crossing borders and breaking the boundaries of thought and experience.*

The Shadow under the Web (*L'ombra sotto la rete*), 1997

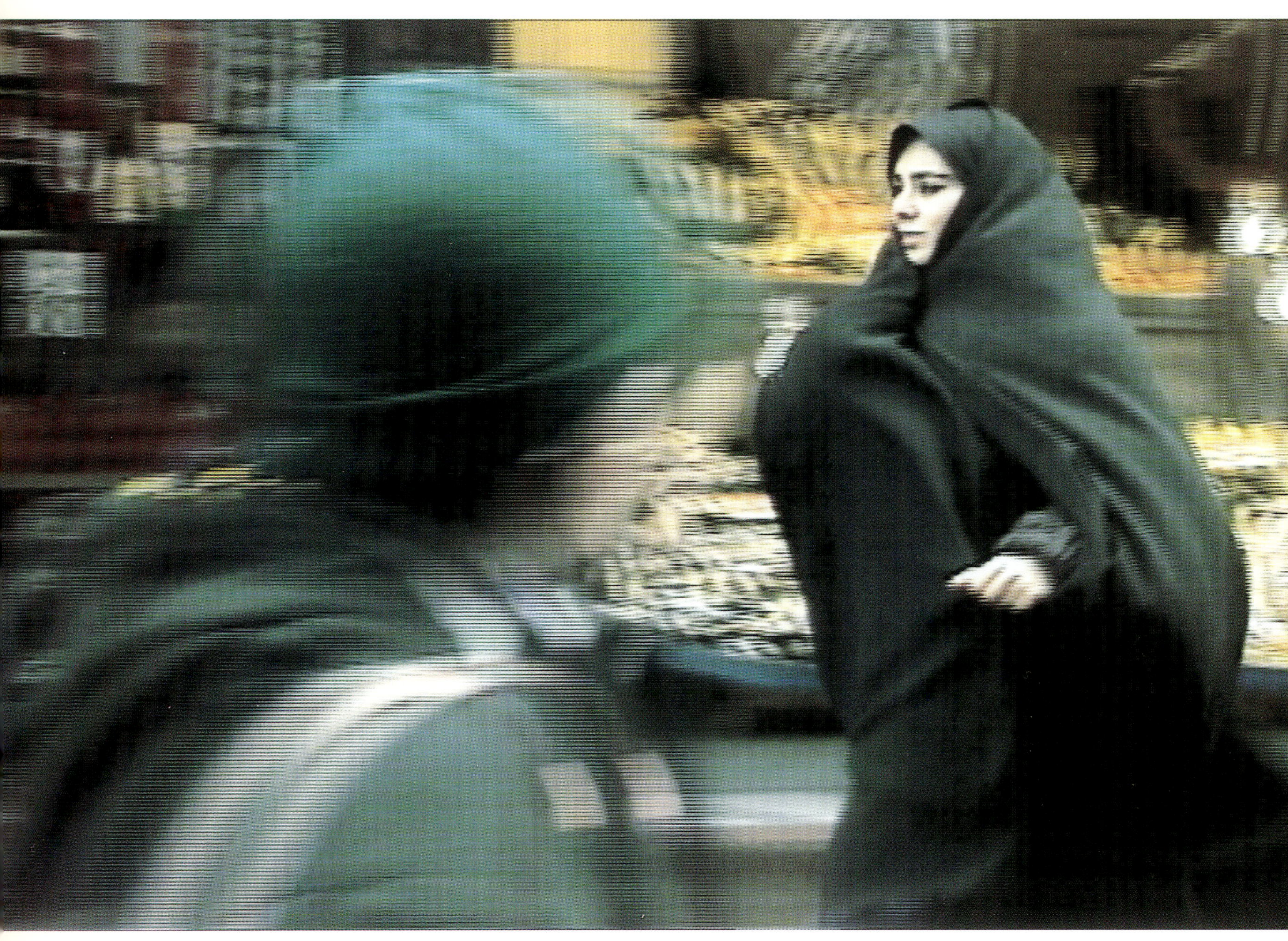

The Shadow under the Web (*L'ombra sotto la rete*), 1997

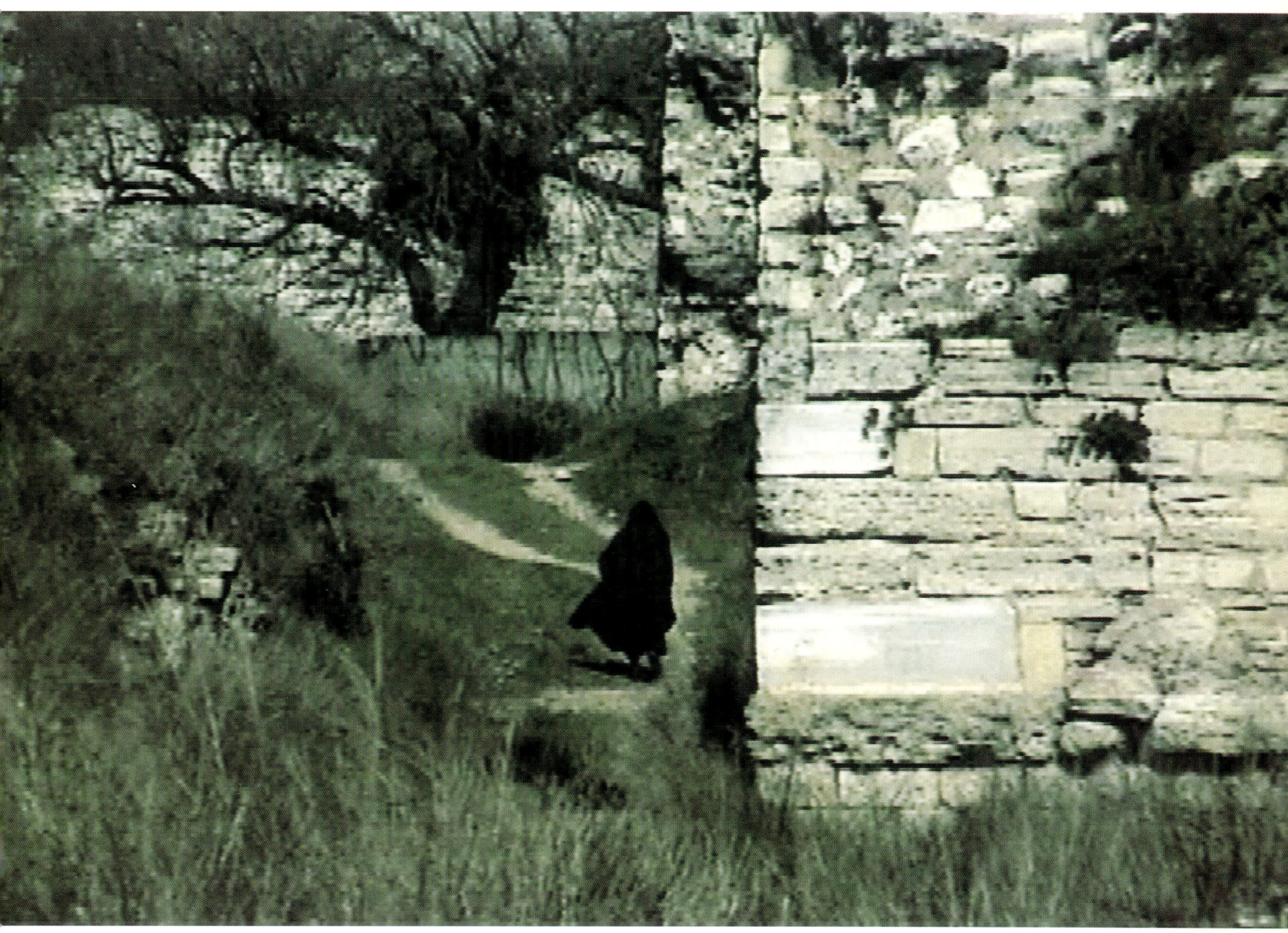

The Shadow under the Web (*L'ombra sotto la rete*), 1997

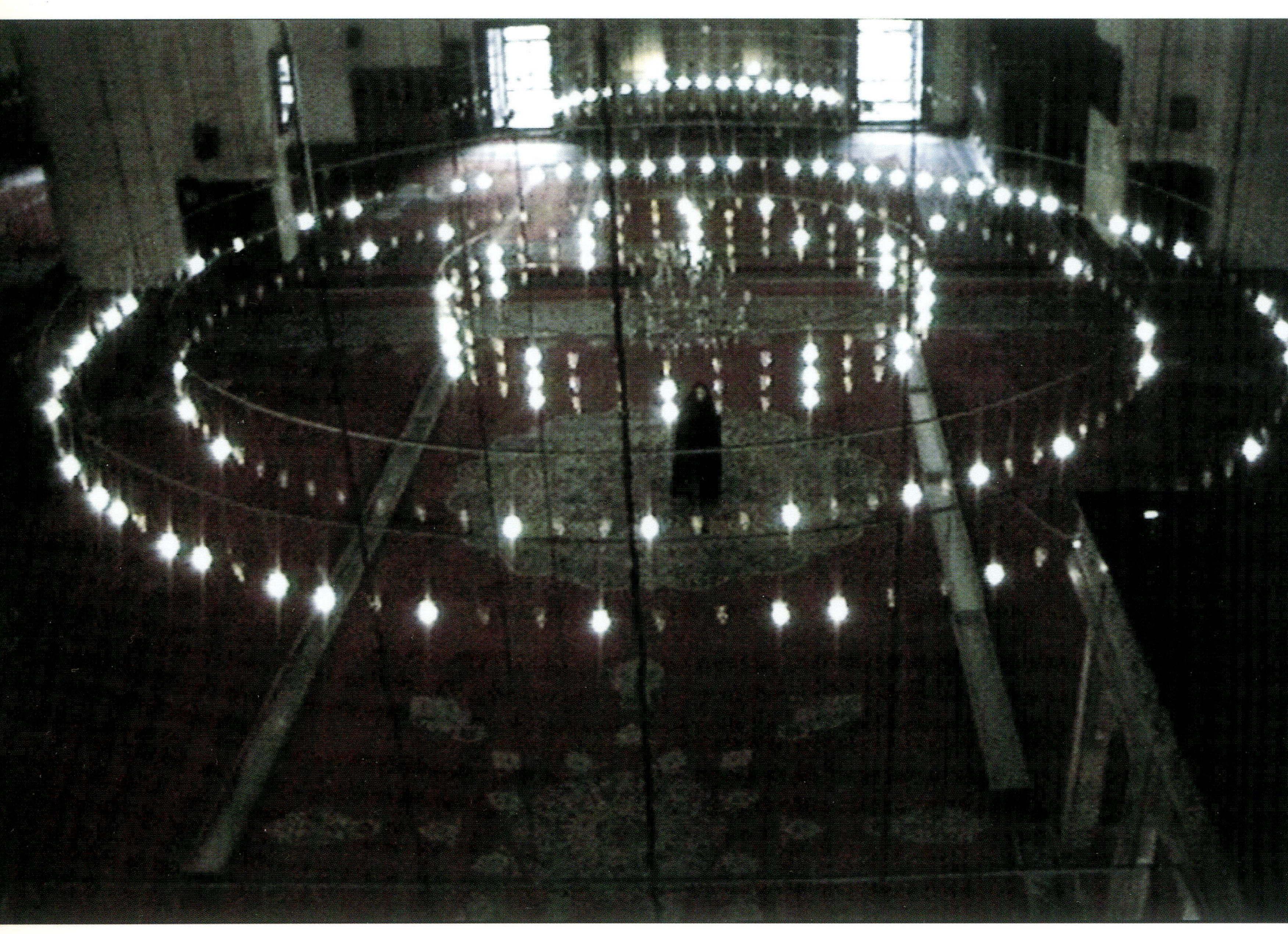

The Shadow under the Web (*L'ombra sotto la rete*), 1997

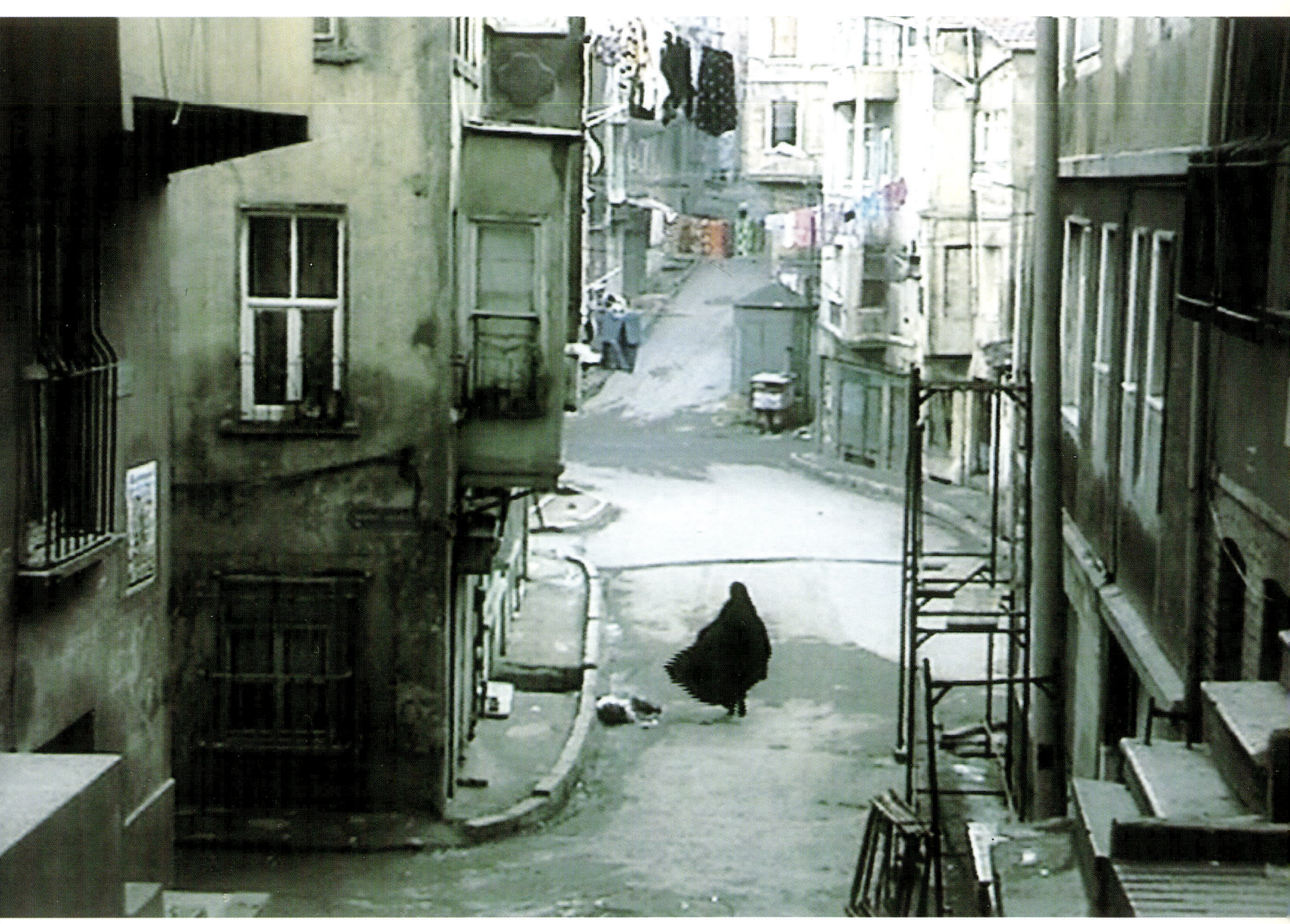

Turbulent (Turbolenta)
1998

Video-proiezione su due opposti schermi, bianco e nero, sonoro, 10' Regia: Shirin Neshat; direttore della fotografia: Ghasem Ebrahimian; attrice, cantante, compositrice: Sussan Deyhim; attore: Shoja Youssefi Azari; cantante doppiatore: Shahram Nazeri; musica per attore composta da Kambiz Roshan Ravan; poema di Jalal al-Din Rumi; produttore: Bahman Soltani; supervisore alla produzione: Mario Chioldi; fotografia di scena: Larry Barns; coordinamento di produzione: Tamalyn Miller, Azin Valin.

Turbulent è il primo film di una serie dedicata al tema dell'identità sessuale in rapporto alla struttura sociale dell'Iran islamico ed è basato sulla premessa che in Iran le donne non possono partecipare a eventi musicali pubblici. *Turbulent* è strutturato come una "tenzone" musicale tra un cantante, che si esibisce in una appassionata canzone d'amore il cui testo è tratto da Rumi, il grande mistico del XIII secolo, e una cantante, Sussan Deyhim, che a sua volta si esibisce in una composizione improvvisata. Il pubblico si trova fra i due schermi, come se assistesse a un duello. L'uomo canta di fronte a un teatro pieno, la donna a un auditorium completamente vuoto. L'uomo è soddisfatto dell'apprezzamento del suo pubblico, ma quando all'improvviso la voce di Deyhim si impone crea un livello di intensità emotiva tale che il cantante e il suo pubblico rimangono incantati a fissare lo schermo davanti a loro. Dal punto di vista concettuale e visivo, *Turbulent* è costruito intorno all'idea di "opposizioni" quali bianco/nero, maschile/femminile, teatro vuoto/teatro pieno, macchina fissa/macchina in rotazione, musica tradizionale/musica non tradizionale, dimensione collettiva/dimensione individuale, razionale/irrazionale. *Turbulent* segna l'inizio di una nuova fase creativa di Neshat che passa dalla fotografia e dalle installazioni video all'interesse per la realizzazione di film. Inoltre segna l'inizio della collaborazione con il suo team artistico iraniano che include la compositrice e cantante Sussan Deyhim, il direttore della fotografia Ghasem Ebrahimian, e il co-sceneggiatore e performer Shoja Youssefi Azari.

Video-projection on two opposite screens, B/W, Sound, 10 min. Director: Shirin Neshat; Director of Photography: Ghasem Ebrahimian; Female Performer, Vocalist, Composer: Sussan Deyhim; Male Performer: Shoja Youssefi Azari; Vocalist for Male Performer: Shahram Nazeri; Music for Male Performer Composed by Kambiz Roshan Ravan; Poetry by Jalal al-Din Rumi; Producer: Bahman Soltani; Production Supervisor: Mario Chioldi; Still Photography: Larry Barns; Production Coordinators: Tamalyn Miller, Azin Valin.

Turbulent *was the first of a series of films to focus on the issue of gender in relation to the social structure of Islamic Iran. Its main premise is the absence of women in relation to music in the public space.* Turbulent *takes the form of a musical duel between a male singer, performing a passionate love song with words by the great Thirteenth-century mystic Rumi and Sussan Deyhim, the female singer delivering her own eclectic composition. The audience stands in a space between the two screens, as if spectators at the duel. The man sings to a full house, the woman to an empty auditorium. As he rejoices through the passionate traditional performance, Deyhim's vocalization builds up to a level of emotional intensity that keeps the male singer and his audience spellbound and transfixed by the facing screen. Conceptually and visually,* Turbulent *is conceived around the notion of "opposites," through such contrasts as black/white, male/female, empty/full theater, stationary/rotating camera, traditional/nontraditional music, communal/solitary, and rational/irrational.* Turbulent *marks Neshat's major departure from photography and video installations toward film making and the beginning of her collaboration with her Iranian artistic team, including composer and singer Sussan Deyhim, director of photography Ghasem Ebrahimian, and co-writer and sometimes performer Shoja Youssefi Azari.*

Turbulent (Turbolenta), 1998

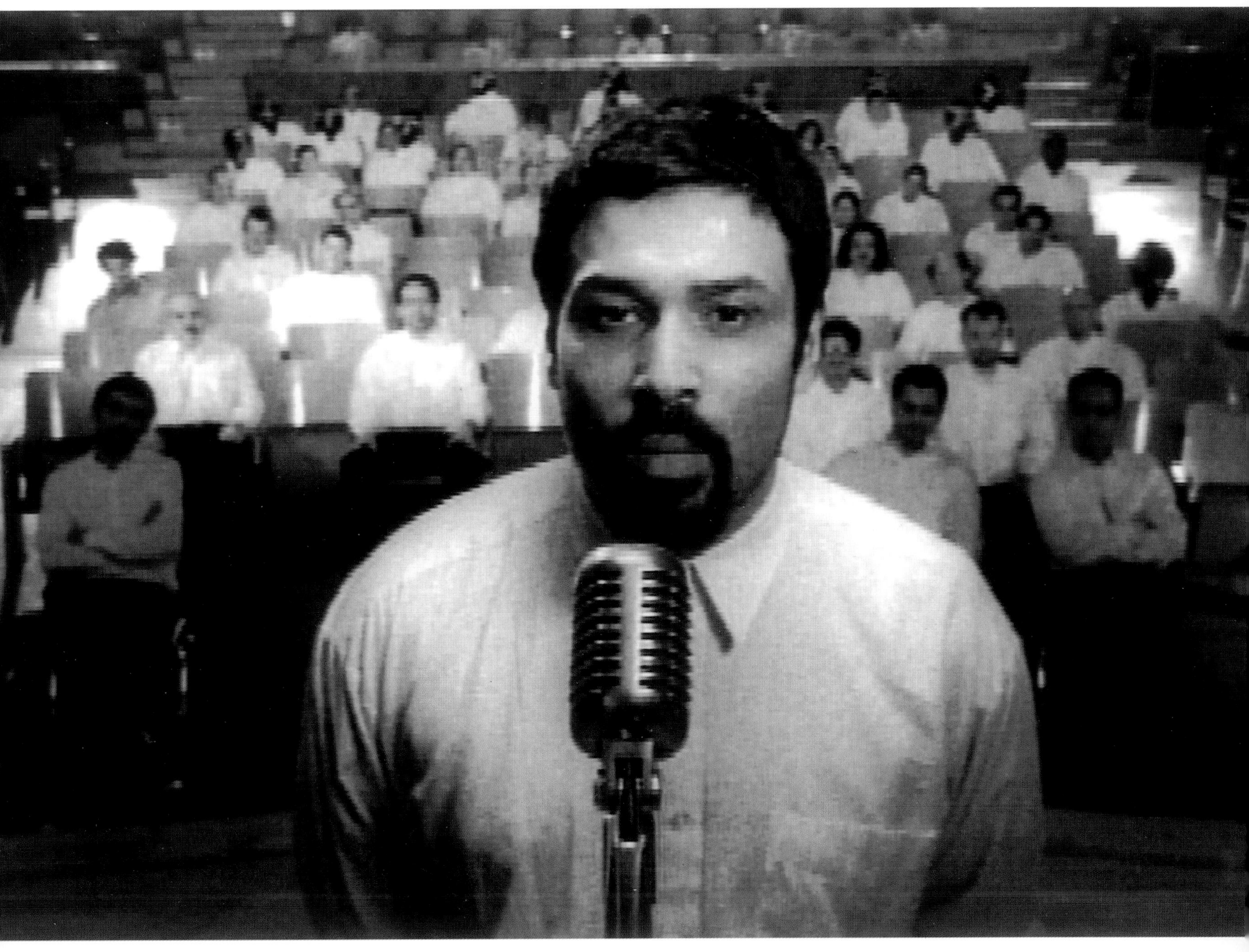

Turbulent (*Turbolenta*), 1998

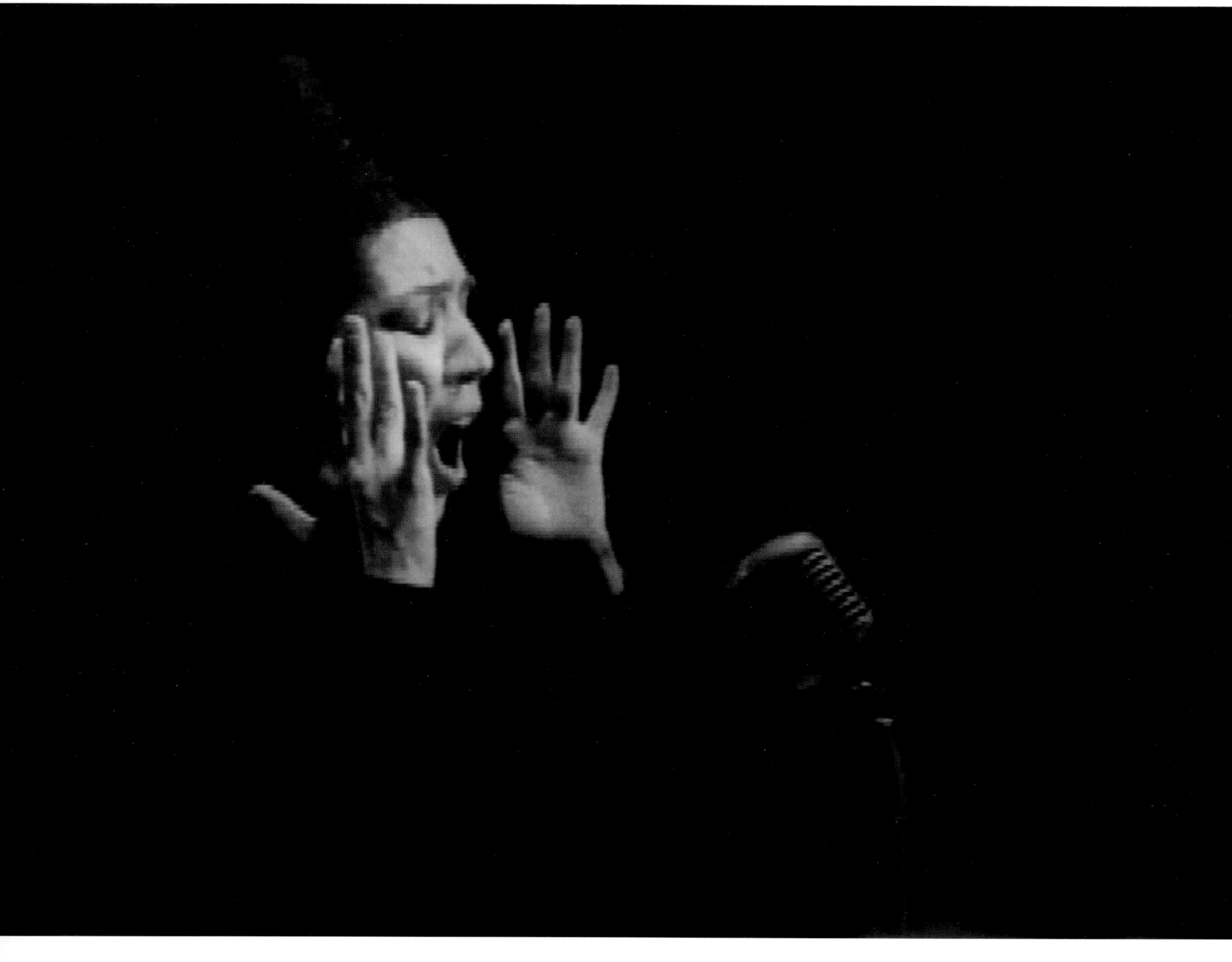

Turbulent (*Turbolenta*), 1998

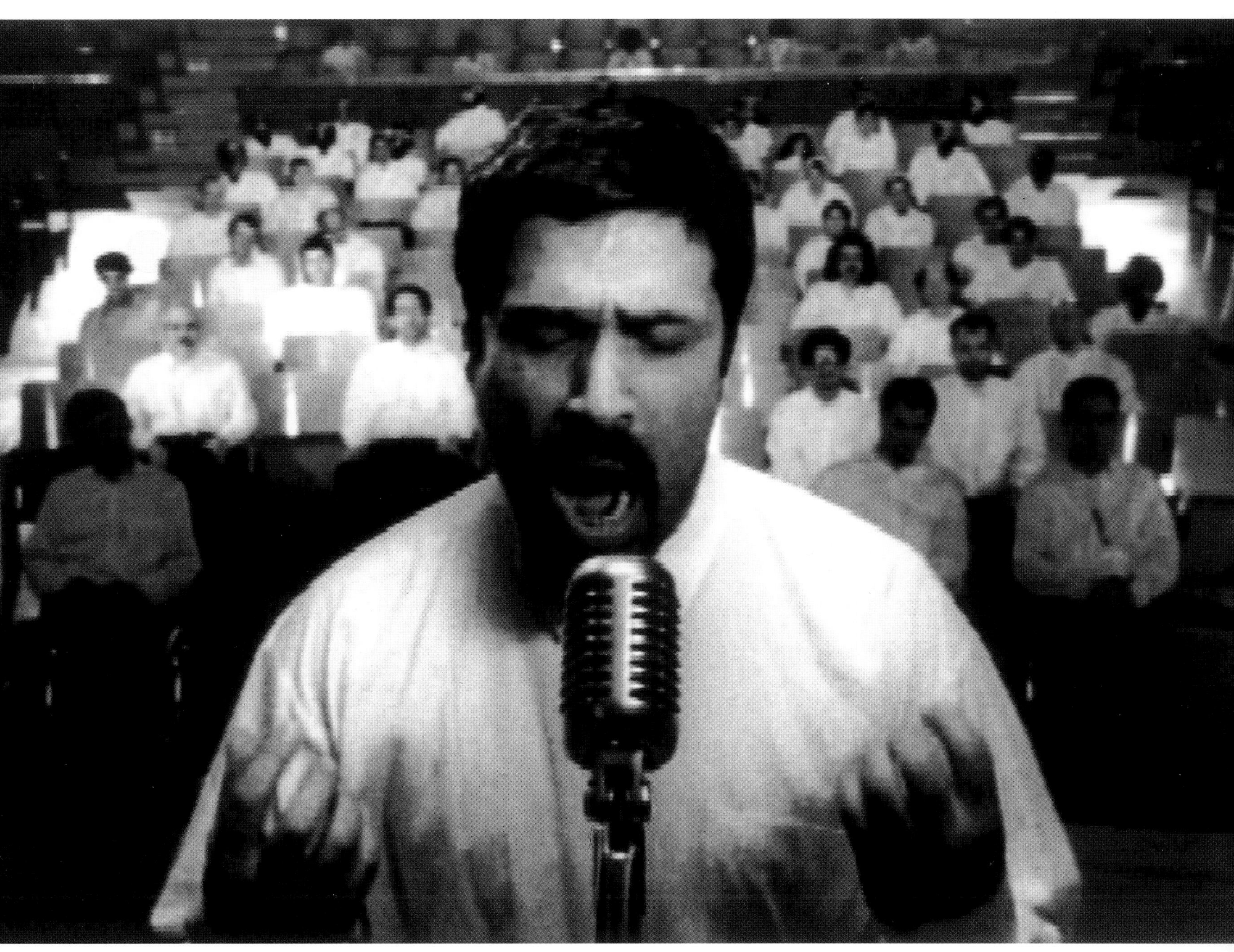

Turbulent (*Turbolenta*), 1998

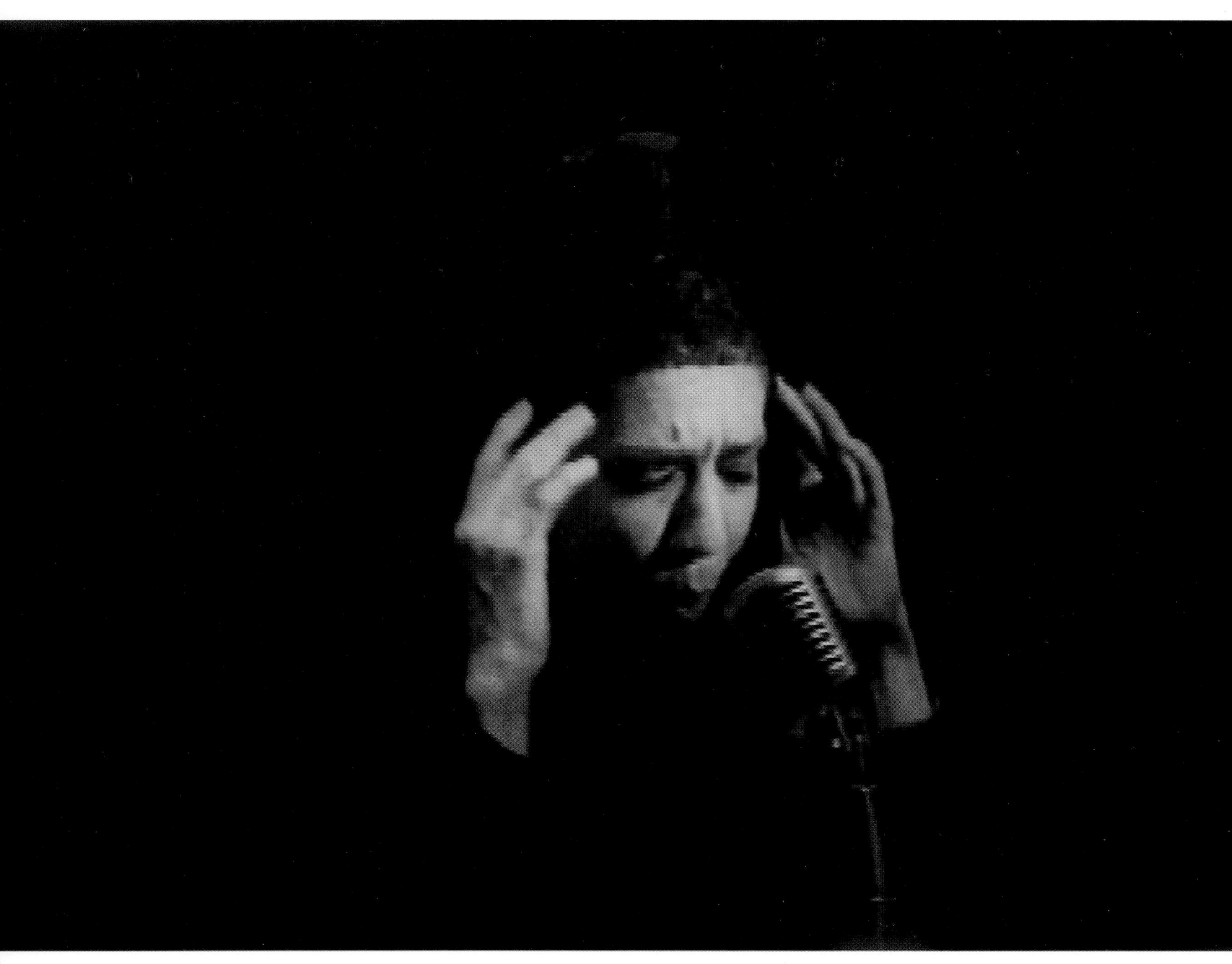

Turbulent (*Turbolenta*), 1998

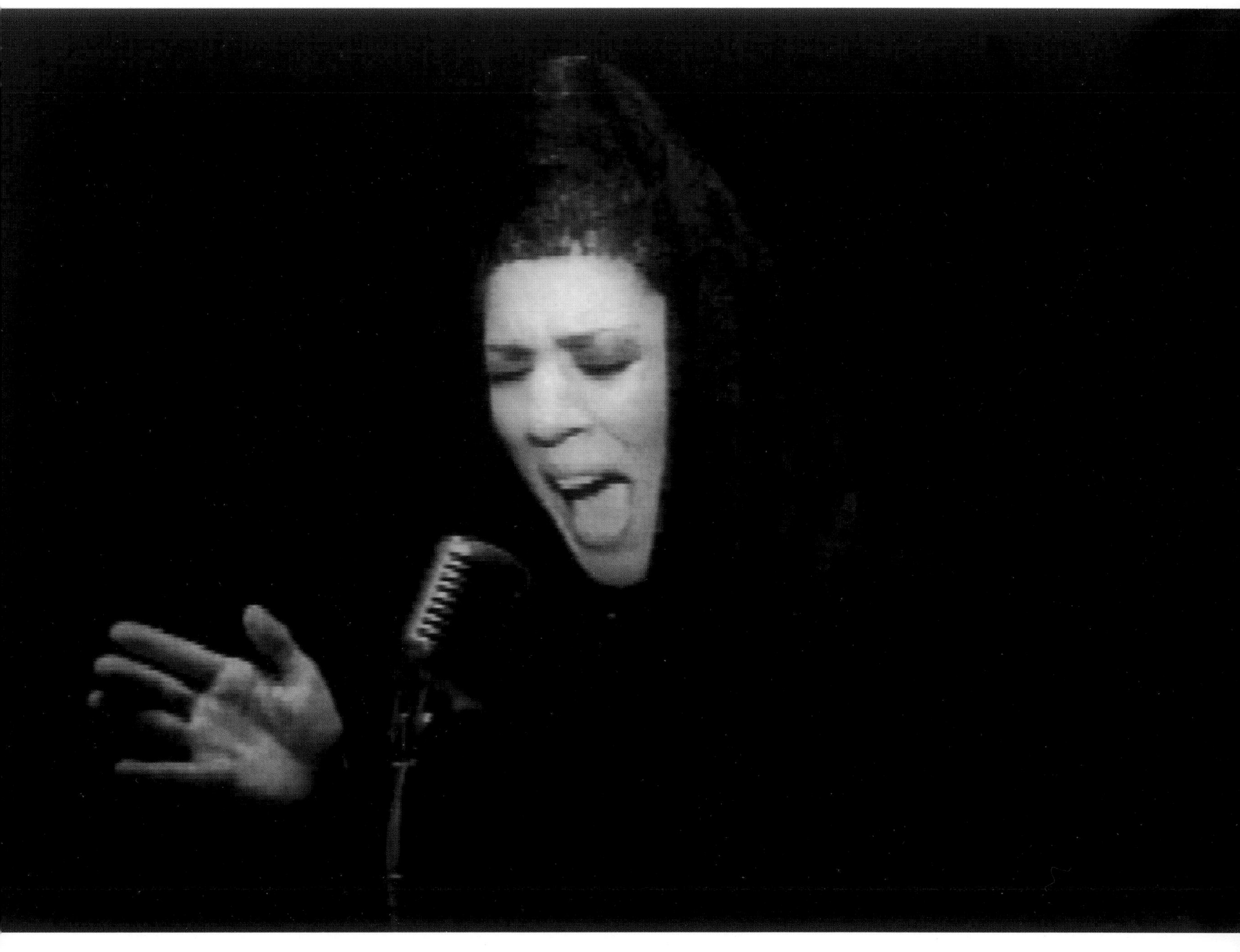

Turbulent Series (Ciclo Turbolenta), 1998

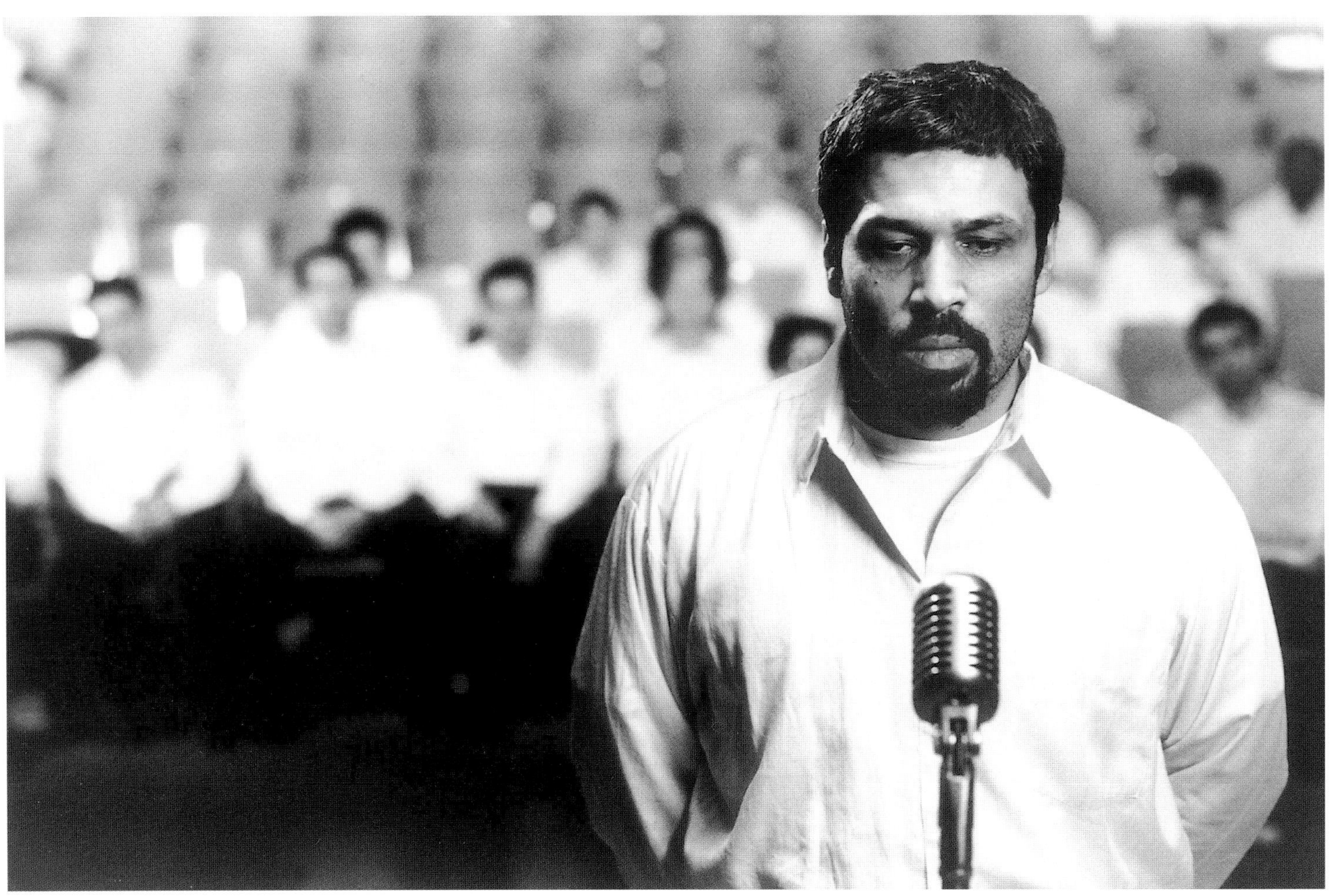

Turbulent Series (*Ciclo Turbolenta*), 1998

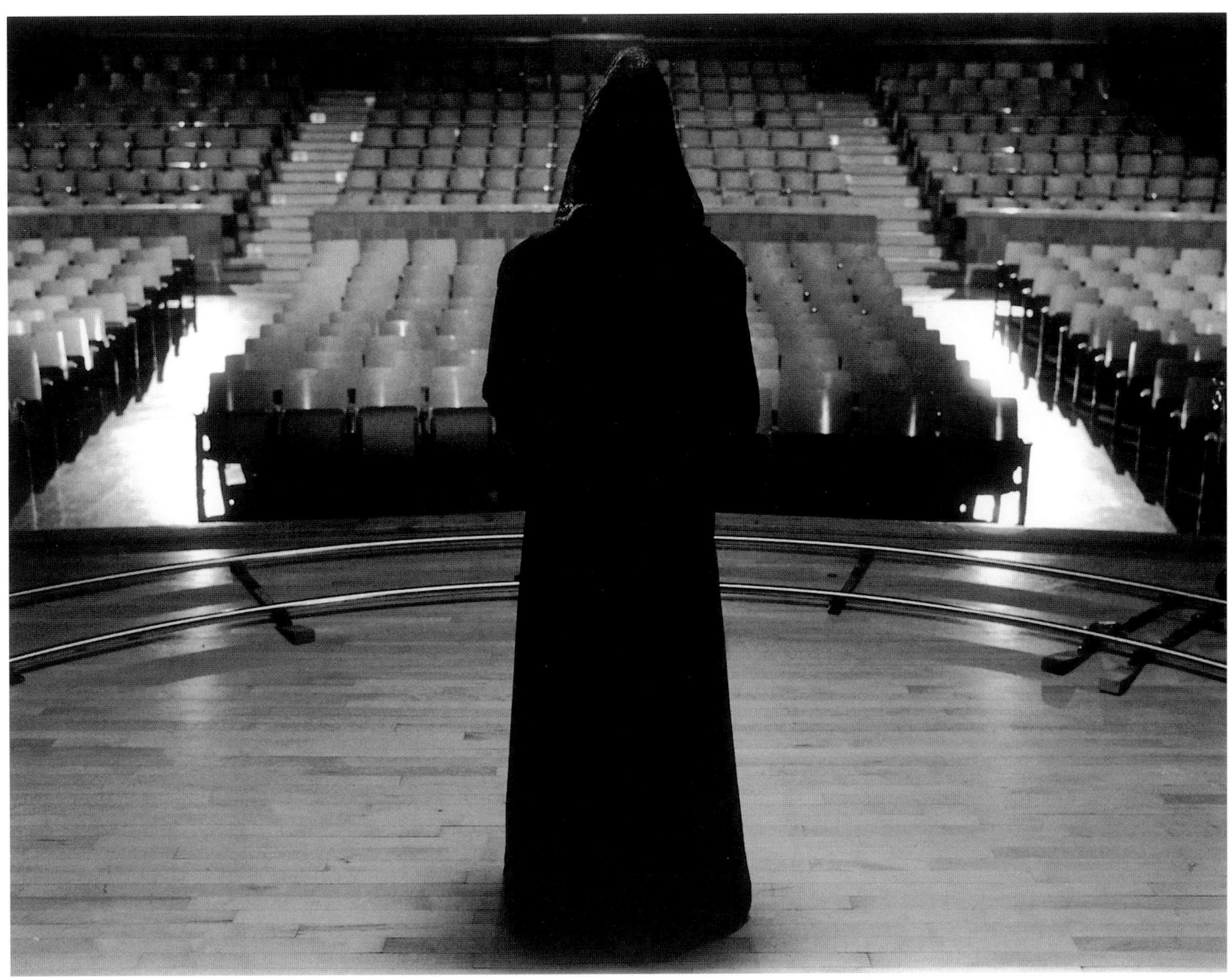

Rapture (Estasi)
1999

Video-proiezione su due opposti schermi, bianco e nero, sonoro, 13'
Regia: Shirin Neshat; direttore della fotografia: Ghasem Ebrahimian; musica ed effetti sonori: Sussan Deyhim; scritto da Shirin Neshat, Shoja Youssefi Azari; produzione: Hamid Farjad (Marocco), Bahman Soltani (USA); post-produzione: Shirin Neshat, Shoja Youssefi Azari, Bill Buckendorf; produzione: Jane Loveless (Marocco), Tamalyn Miller (USA); costumi: Noureddine Amir; fotografia di scena: Larry Barns; assistente cameraman: Mustapha Marjane; key grip e dolly: Abdelaziz Makramani; secondo grip: Abderahmane Fahim; aiuti registi: Mamoun Chentit, Zineb Charhourh, Fatima Bahmani, Mustapha Shia.
Sponsor: Galerie Jérôme de Noirmont, Paris-Zeitwenden. Rückblick und Ausblick, Stiftung für Kunst und Kultur e.V., Kunstmuseum Bonn/ Royal Air Maroc

Rapture è centrato sul tema dell'identità sessuale in relazione ai concetti di cultura e natura nei paesi islamici. Il pubblico si trova fra due schermi e deve continuamente spostare l'attenzione dall'uno all'altro per poter seguire un dialogo astratto tra un gruppo di uomini con la camicia bianca, che si trovano all'interno di una fortezza, e un gruppo di donne coperte dal velo nero in un paesaggio naturale. La fortezza è uno spazio maschile islamico che simboleggia concetti quali quelli di "apparato militare", "difesa", "confine" e "mura" a difesa dal nemico. Tuttavia, all'interno di questa configurazione spaziale, troviamo ironicamente degli uomini che indossano abiti da impiegati e sono dunque in forte contrasto con la funzione originaria dell'edificio. Le donne invece sono calate in un'atmosfera di relazione stranamente atemporale con la natura. All'inizio vengono riprese mentre pregano devotamente nel paesaggio spoglio del deserto. Ma poco dopo diventano più assertive e aggressive e le vediamo intente a spingere una pesante barca dalle colline verso il mare fino ad arrivare all'incredibile "fuga" di alcune di esse sulla barca verso una destinazione indefinita. Questa partenza può significare metaforicamente sia una suicidio sia una liberazione, comunque rappresenta innegabilmente un atto di coraggio e autodeterminazione. *Rapture* può essere interpretato in molti modi diversi ma determina in ogni caso un effetto subliminale emotivo su ogni pubblico, sia occidentale che orientale. Il tono epico e senza tempo della narrazione e la sua essenza mistica riportano alla memoria la storia delle antiche donne troiane e la condizione delle sante mistiche dell'Islam.

Video-projection on two opposite screens, B/W, Sound, 13 min.
Director: Shirin Neshat; Director of Photography: Ghasem Ebrahimian; Music and Sound Design: Sussan Deyhim; Written by: Shirin Neshat, Shoja Youssefi Azari; Producer: Hamid Farjad (Morocco), Bahman Soltani (USA); Editors: Shirin Neshat, Shoja Youssefi Azari, Bill Buckendorf; Production Managers: Jane Loveless (Morocco), Tamalyn Miller (USA); Costume Designer: Noureddine Amir; Still Photography: Larry Barns; Camera Assistant: Mustapha Marjane; Key Grip and Dolly: Abdelaziz Makramani; Second Grip: Abderahmane Fahim; Assistants to Director: Mamoun Chentit, Zineb Charhourh, Fatima Bahmani, Mustapha Shia.
Sponsored by Galerie Jérôme de Noirmont, Paris-Zeitwenden. Rückblick und Ausblick, Stiftung für Kunst und Kultur e.V., Kunstmuseum Bonn/ Royal Air Maroc

Rapture *focuses on the subject of gender in relation to culture and nature in Islamic cultures. Here the audience is again made to shift its attention between two facing projected screens to follow an abstract dialogue between a group of white-shirted men situated along a fortress, and black veiled women within the natural landscape. The fortress here represents a typical male Islamic space reiterating ideas of "military," "defense," "boundary," and "walls" against the enemy. However, the irony lies in how within such a spatial configuration we witness men dressed in administrative outfit which contradict the original function of the space. Women on the other hand are depicted in a timeless and odd juxtaposition against nature. First seen submissively praying in the bare environment of the desert, later in the more aggressive and assertive action of pushing a heavy boat from the hills toward the sea, and eventually leading to the remarkable "escape" of several women on the boat toward an unidentifiable destination at sea. Whether this departure metaphorically signifies the act of "suicide" or "liberation" it undeniably suggests the idea of courage and self-determination.* Rapture *can be interpreted from many different angles, yet what is critical is its overall subliminal and emotional effect on the Western and Eastern audiences equally. Its timeless epic narration and mystical quality unravels to the consciousness the plight of the Trojan women as well as that of women mystic saints of Islam.*

Rapture (Estasi), 1999

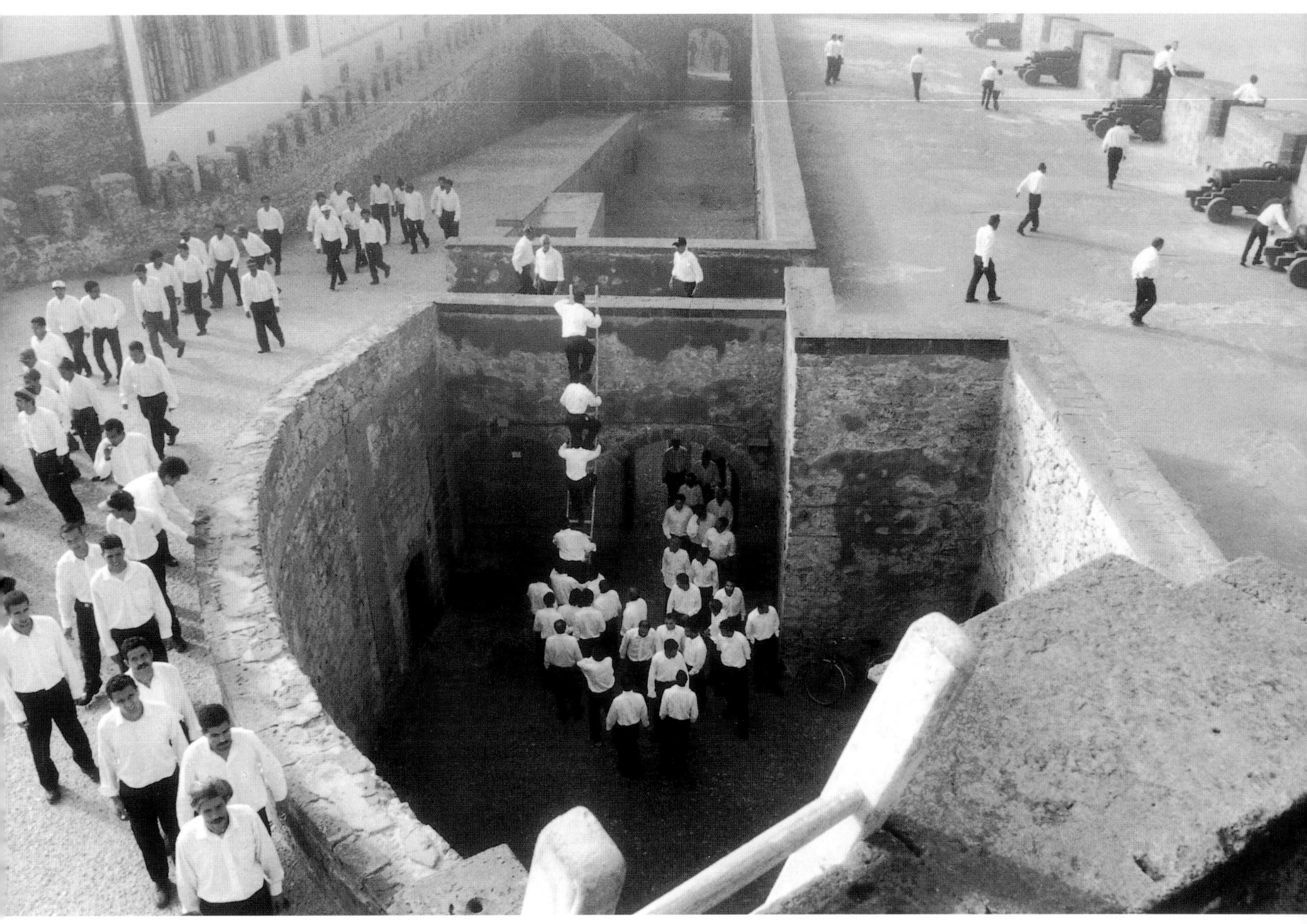

Rapture (*Estasi*), 1999

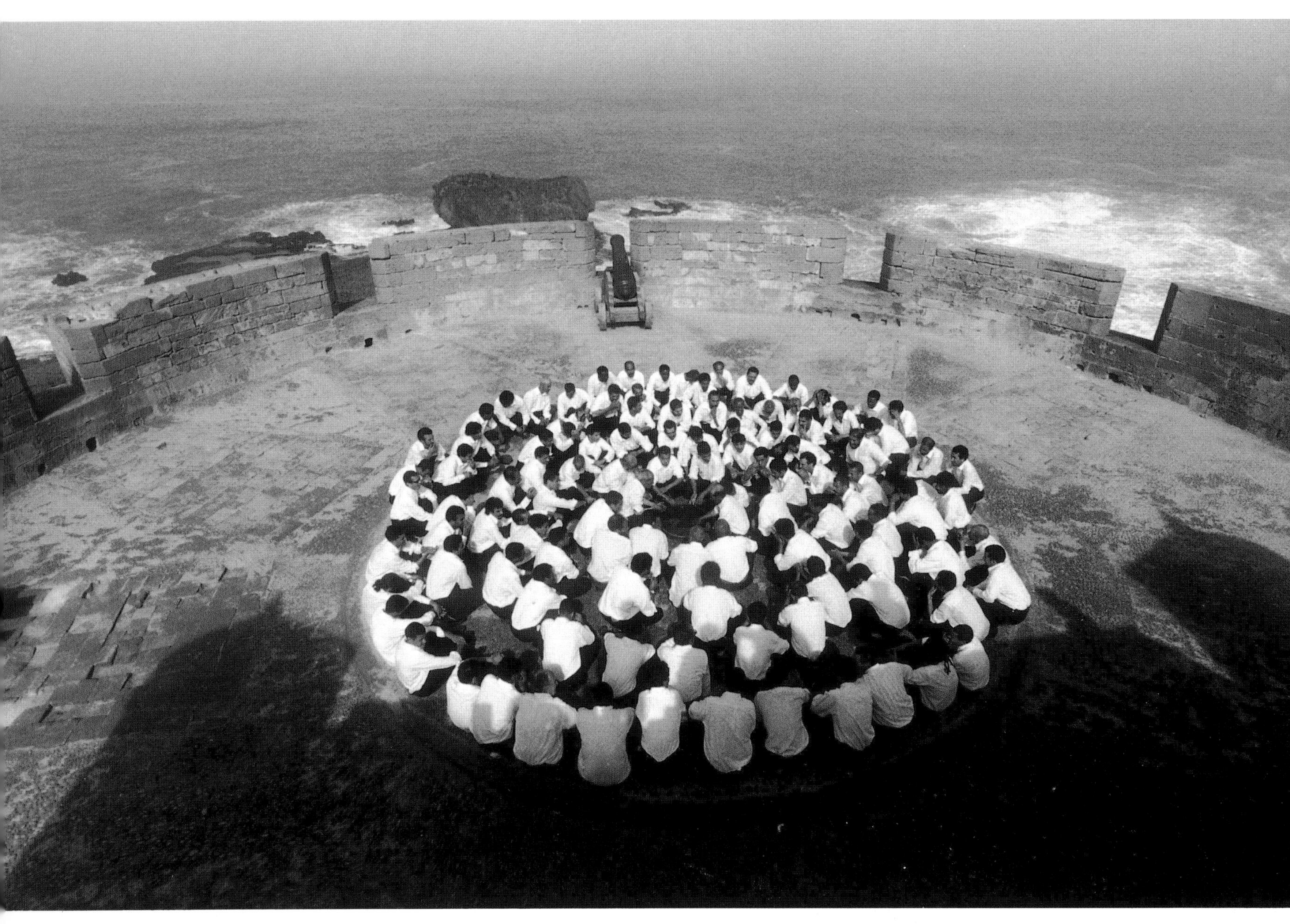

Rapture (Estasi), 1999

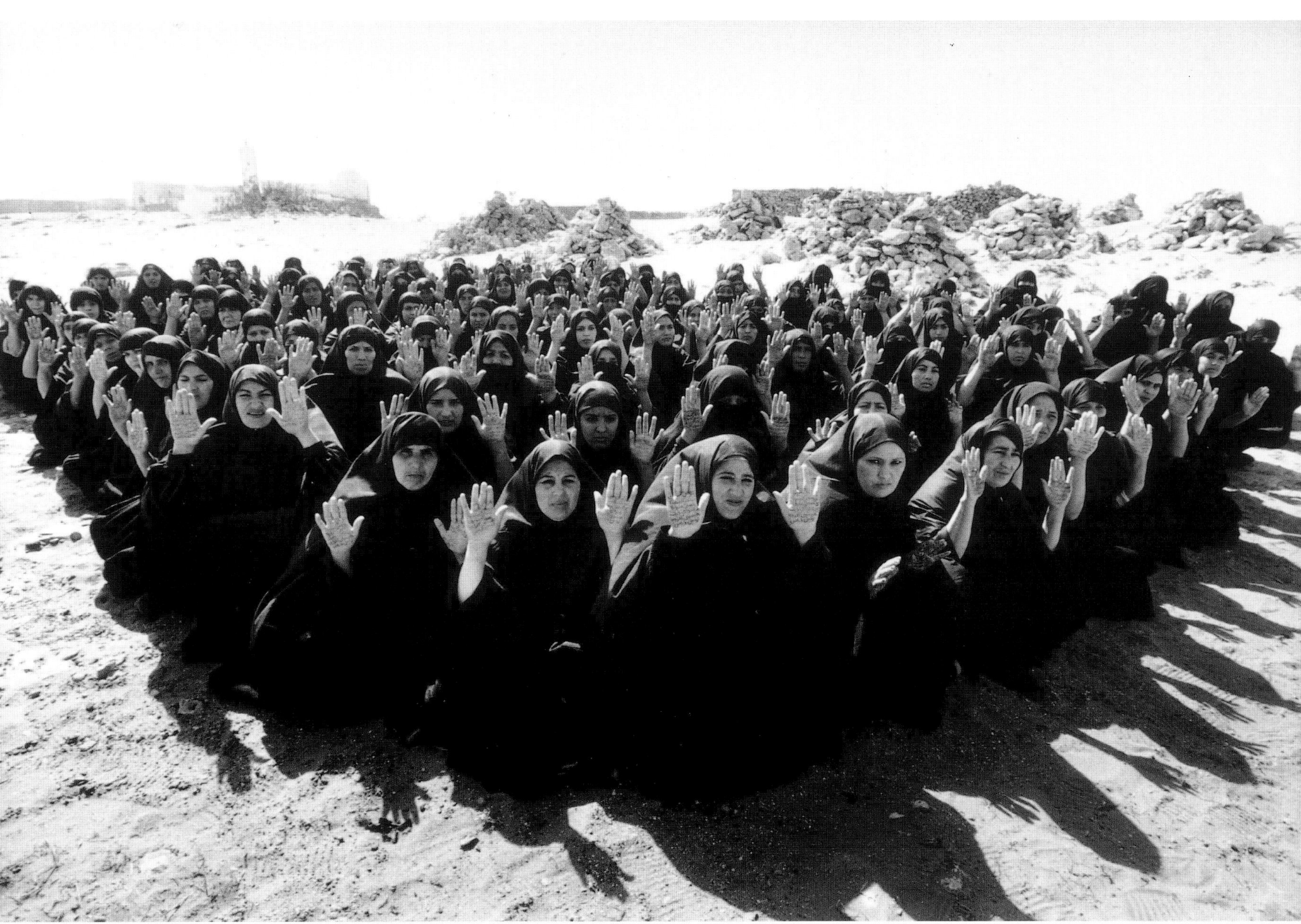

Rapture (Estasi), 1999

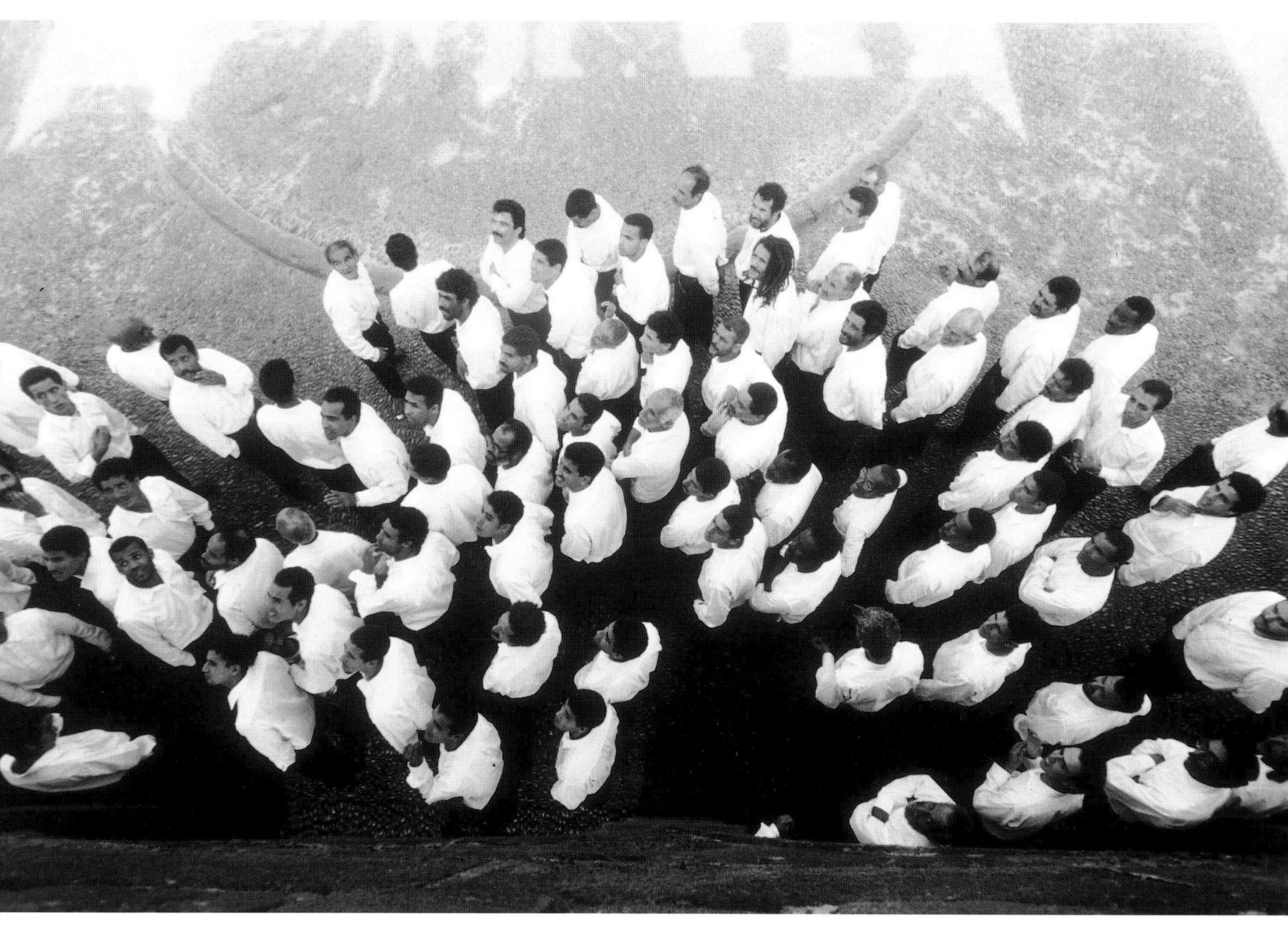

Rapture (Estasi), 1999

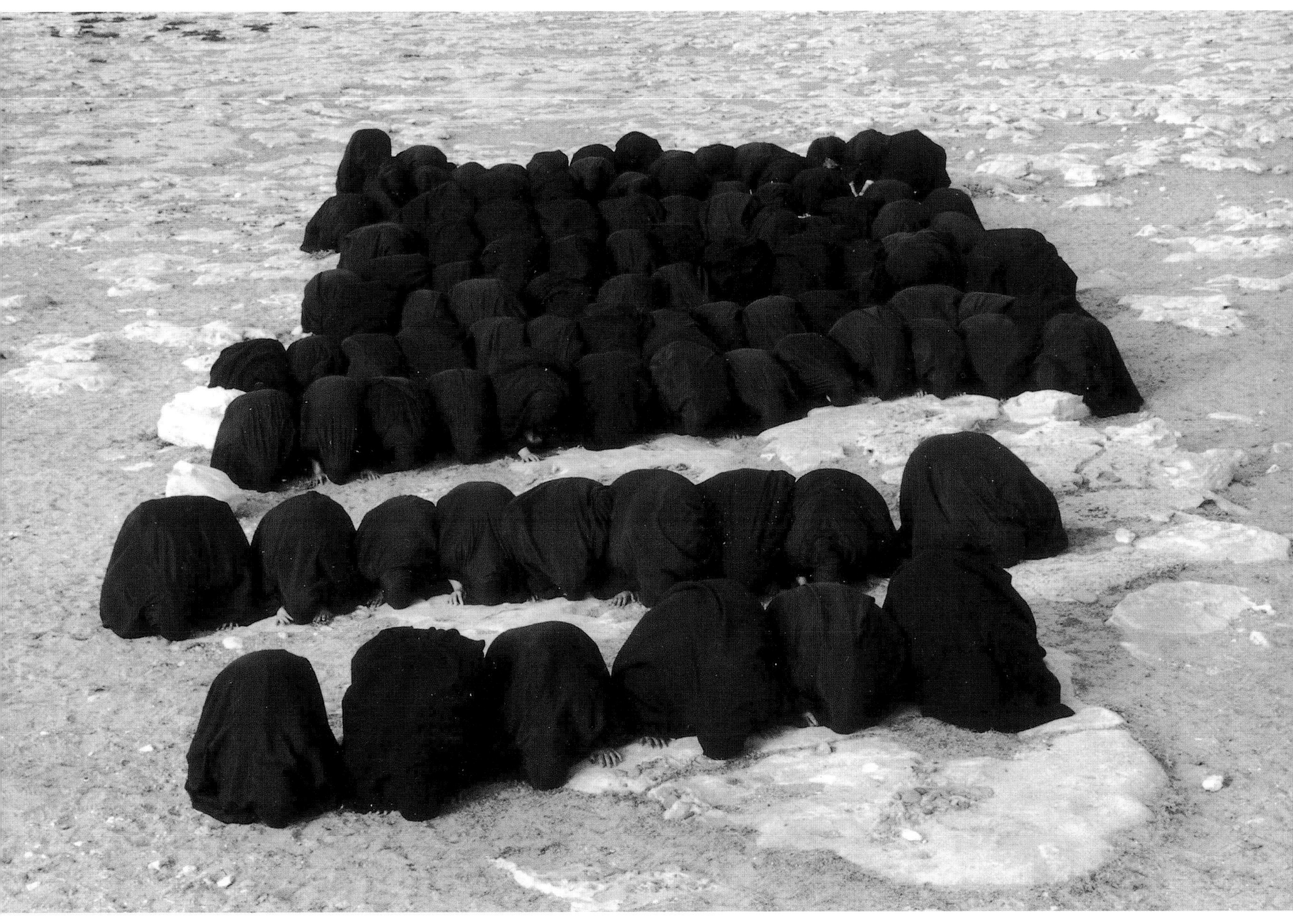

Rapture (*Estasi*), 1999

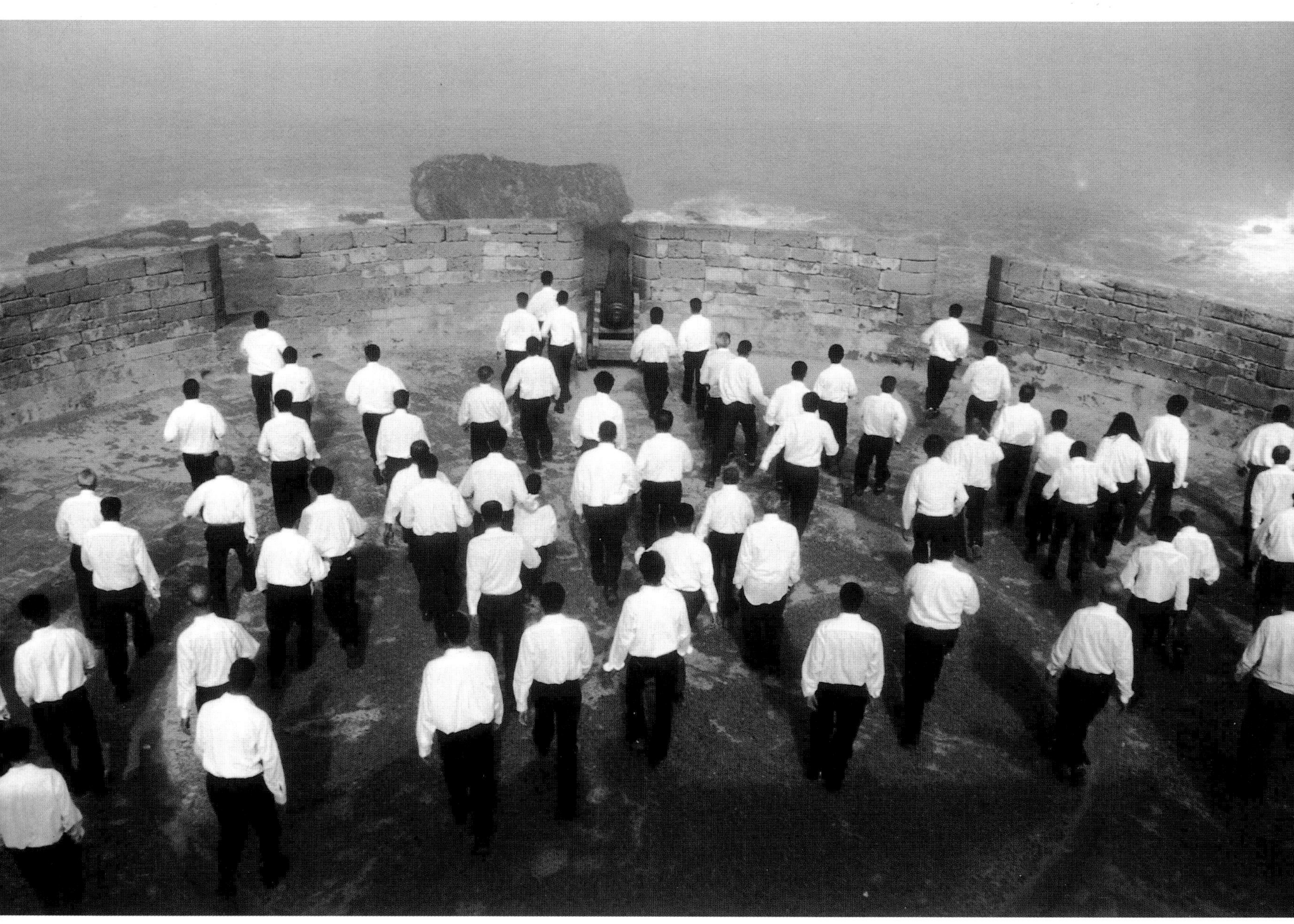

Rapture (Estasi), 1999

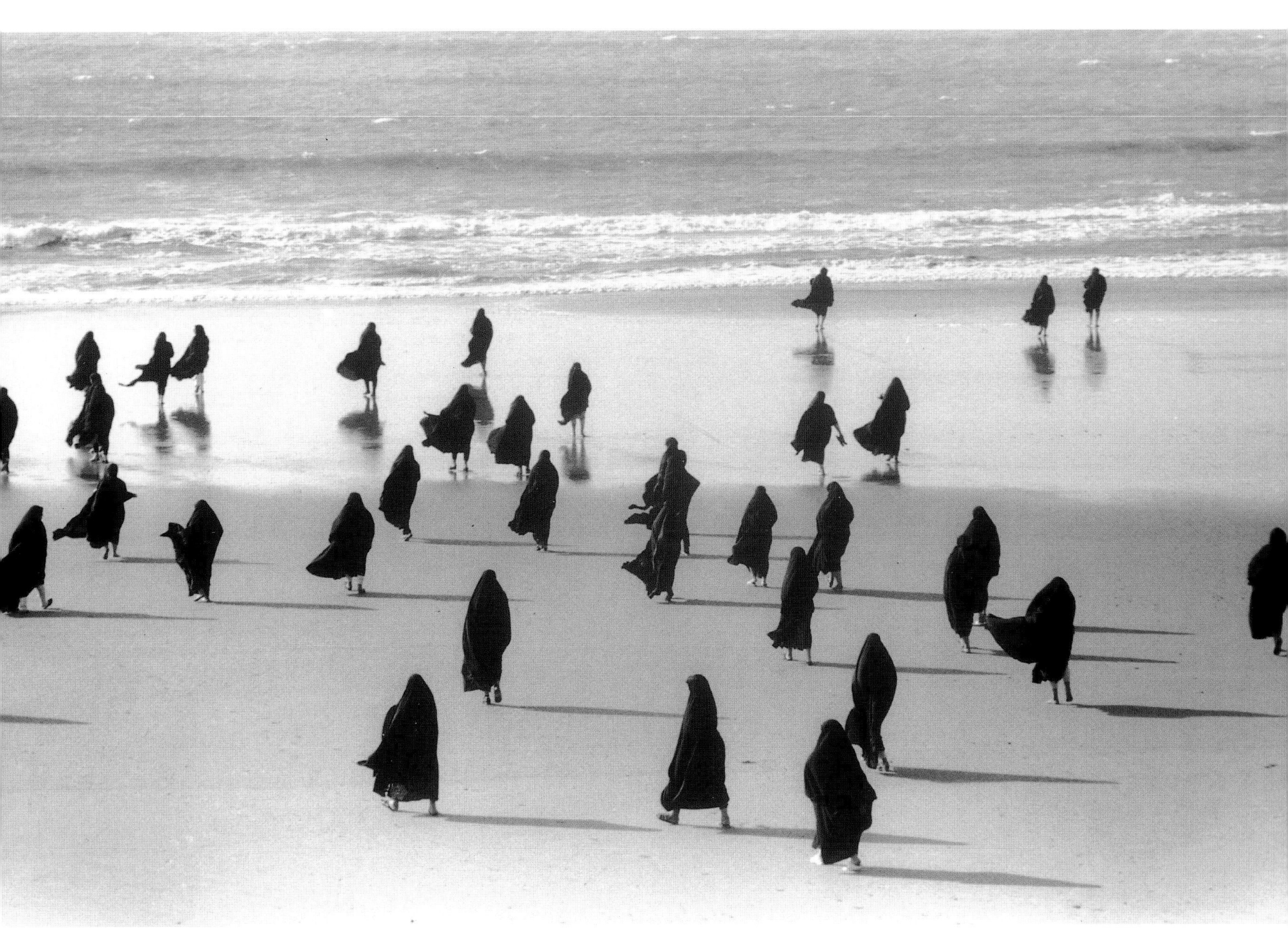

Rapture (*Estasi*), 1999

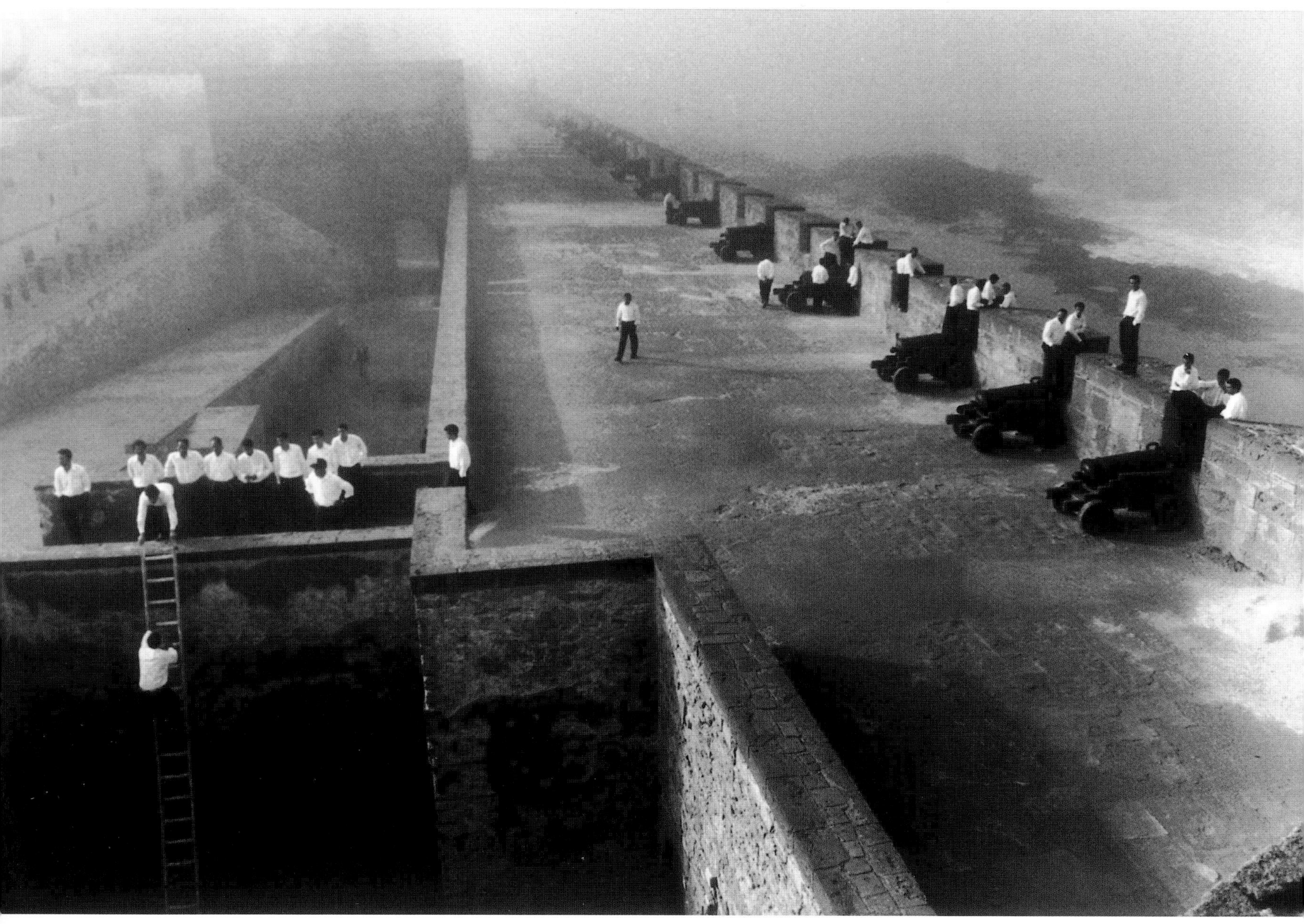

Rapture (Estasi), 1999

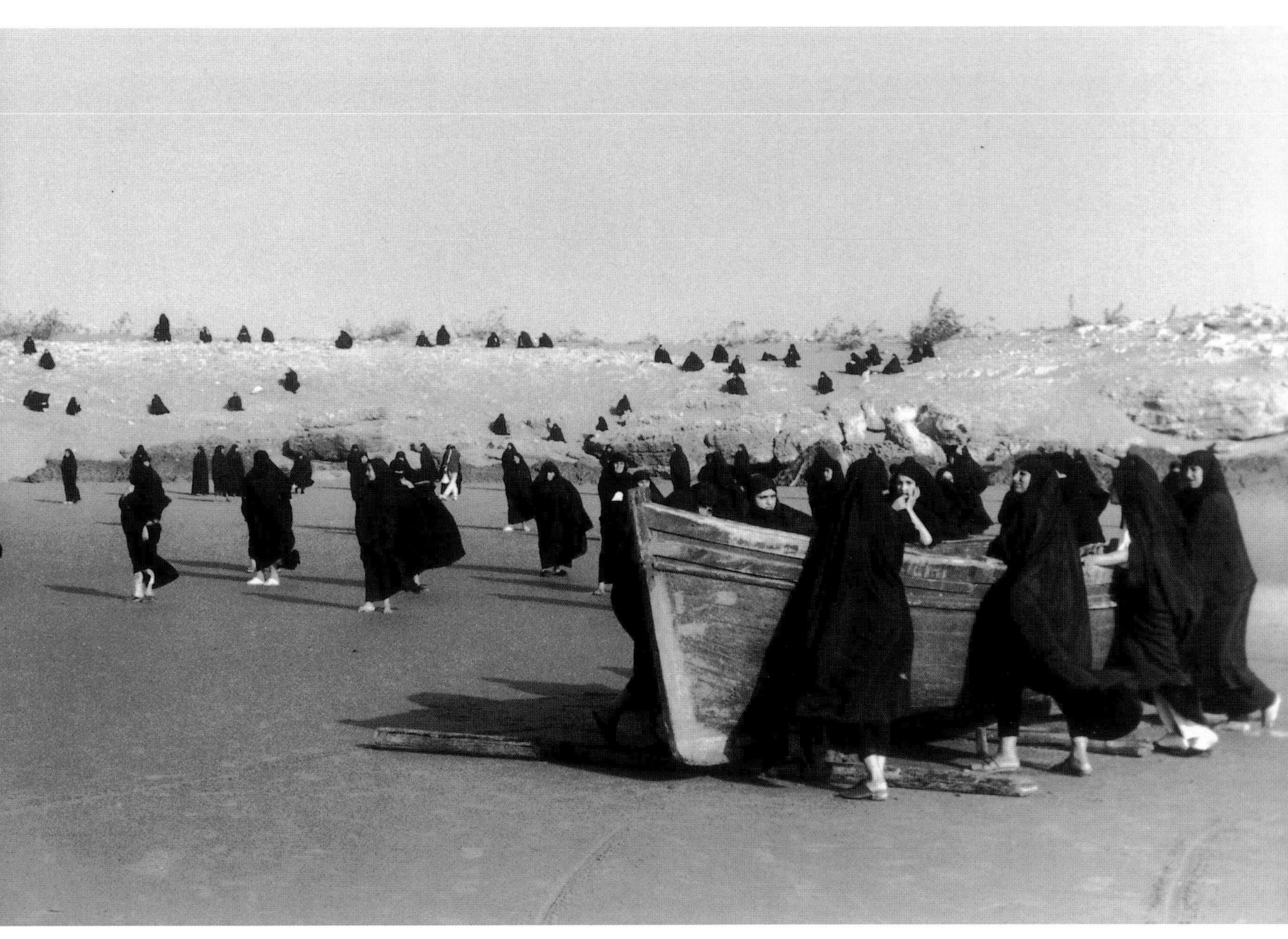

Rapture (*Estasi*), 1999

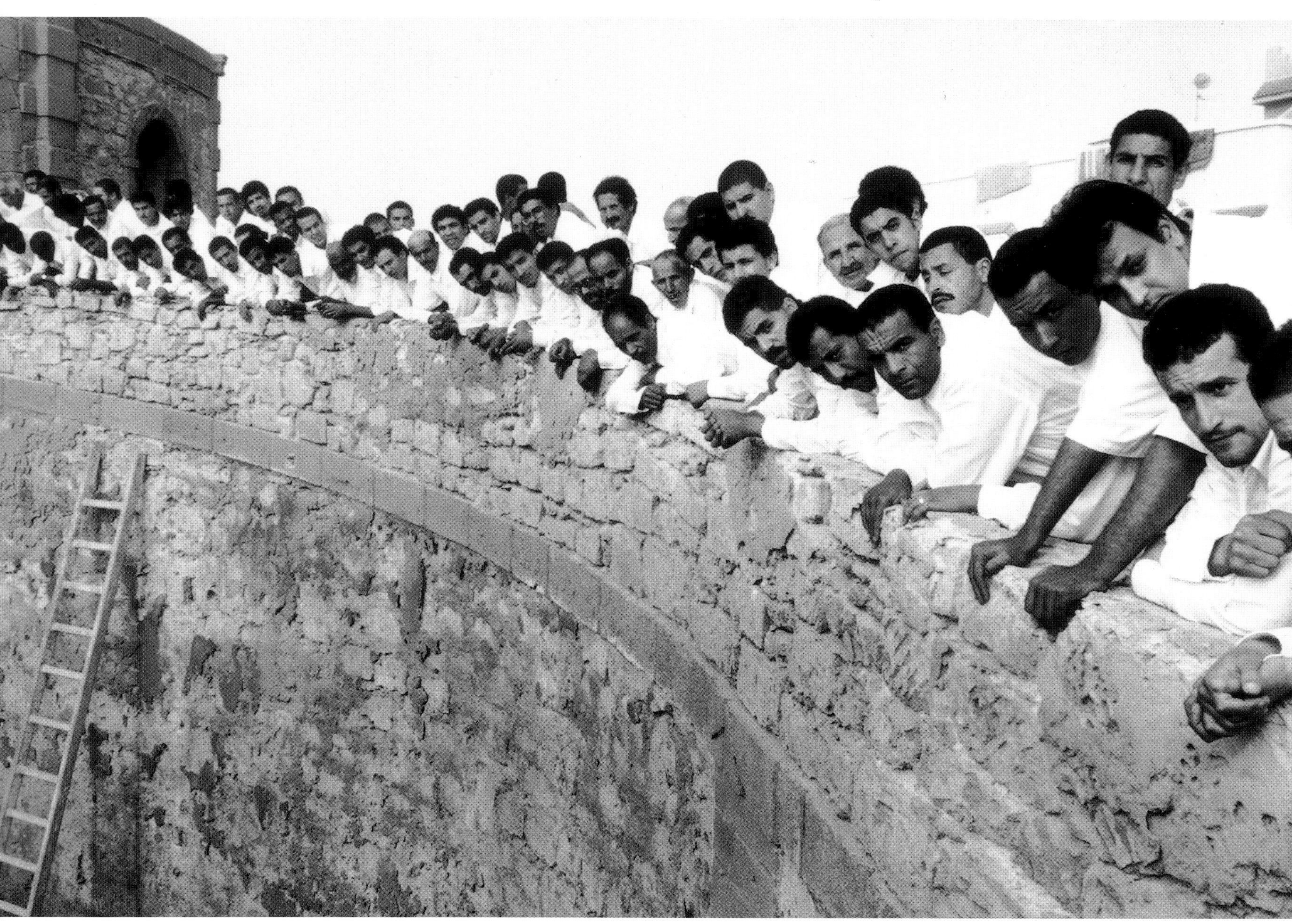

Rapture (Estasi), 1999

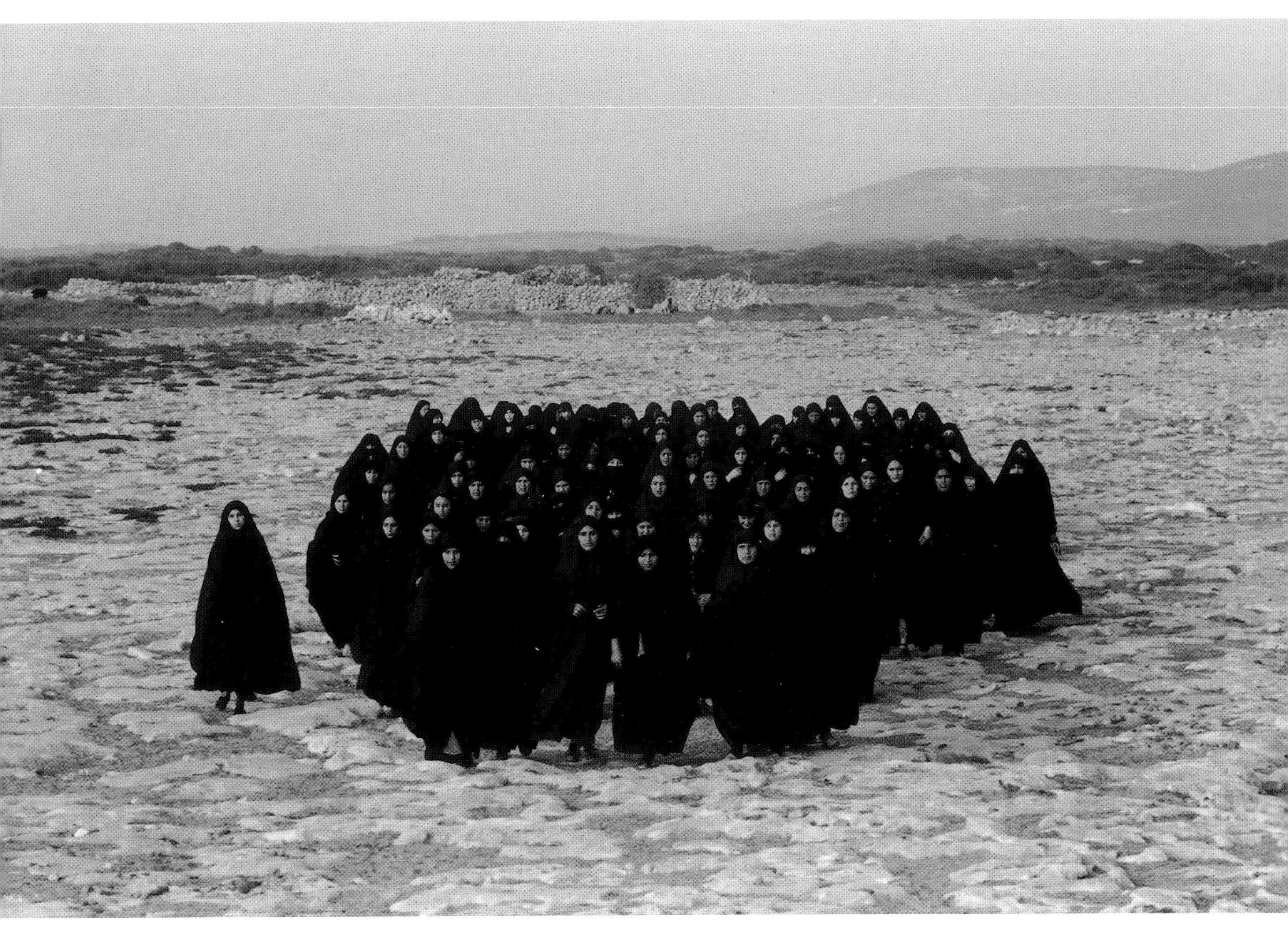

Rapture Series (Ciclo Estasi), 1999

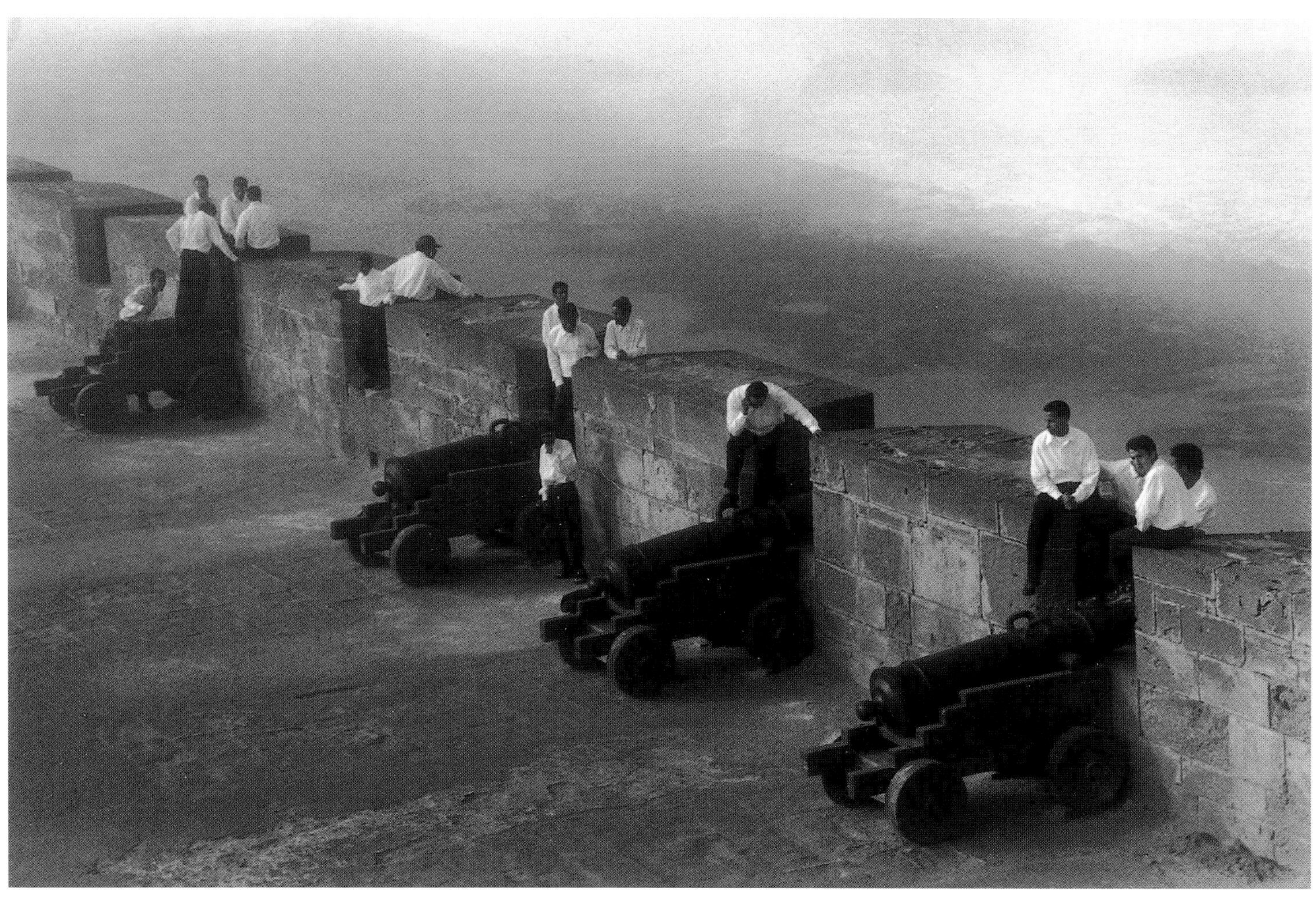

Rapture Series (*Ciclo Estasi*), 1999

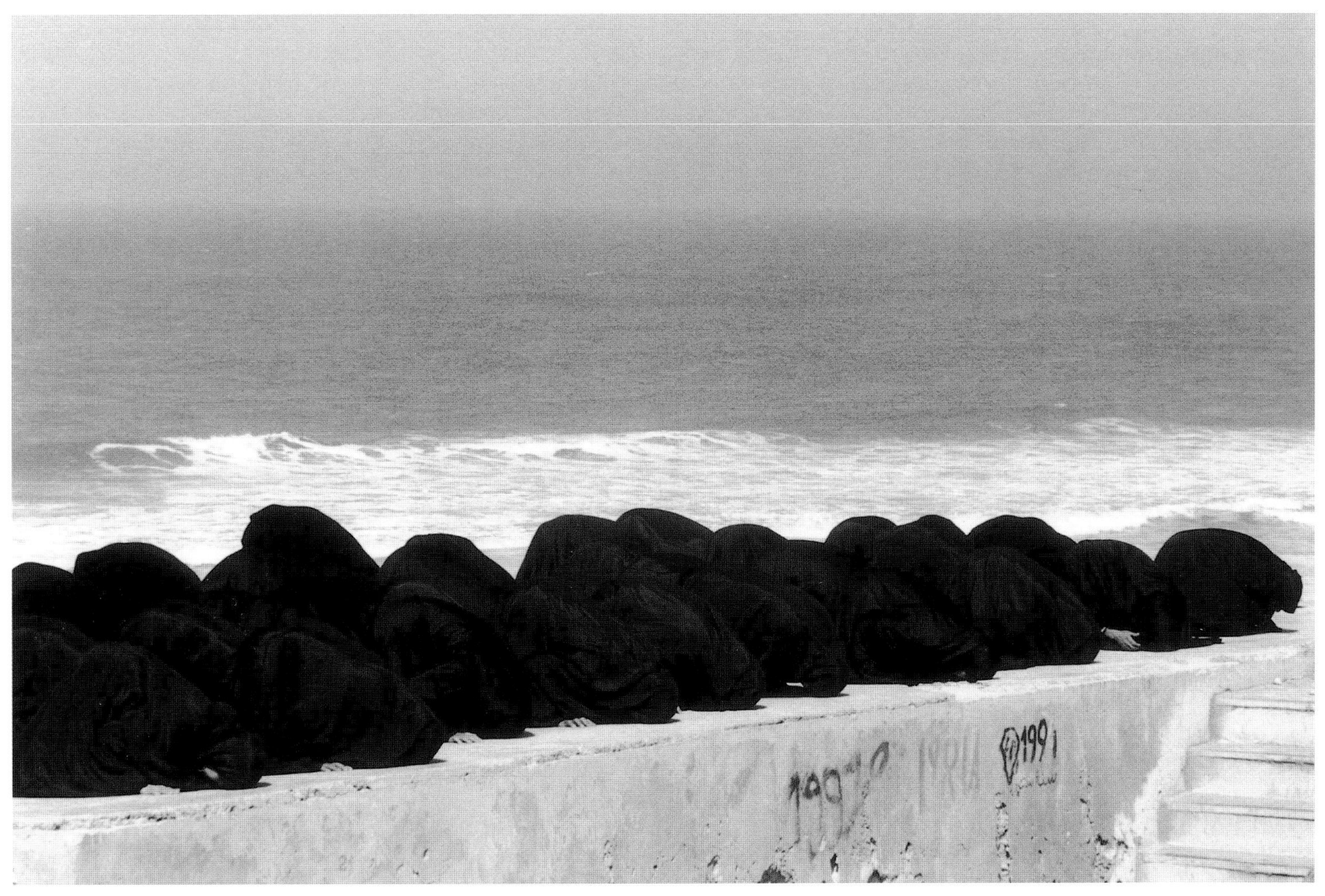

Soliloquy (Soliloquio)
1999

Film in 16 mm trasferito in video-proiezione su due opposti schermi, colore, sonoro, 17' 30"
Regia: Shirin Neshat; direttore della fotografia: Ghasem Ebrahimian; musica ed effetti sonori: Sussan Deyhim; scritto da: Shirin Neshat, Shoja Youssefi Azari; produzione: Barbara Gladstone; produttore delegato: Hamid Fardjad; post-produzione: Shirin Neshat, Shoja Youssefi Azari, Bill Buckendorf; direttore artistico: Shahram Karimi; costumi: Noureddine Amirm; manager di produzione: Ali Erol (Turchia); Jesse Scolaro e Allen Bain (USA) ; fotografia di scena: Larry Barns.
Commissionato da The Bohen Foundation, New York

Dal punto di vista tematico, *Soliloquy* ritorna alla problematica dell'identità dell'esule. Ancora una volta, e forse si tratta dell'ultima, Neshat è protagonista e soggetto della propria indagine. In *Soliloquy* la vediamo sulla soglia fra due culture, occidentale/orientale, moderna/tradizionale e individuale/comunitaria: appare tormentata dall'una e esclusa dall'altra. Filmata in Turchia e negli Stati Uniti, l'opera presta particolare attenzione all'architettura in quanto elemento chiave nella rappresentazione di una cultura e della sua struttura storica e ideologica. In un contesto postmoderno frammentato in cui la percezione dei limiti e dei confini si è rapidamente disintegrata attraverso i mass media, l'economia e la possibilità di viaggiare, la natura ossessiva ed elusiva della memoria conferisce all'esperienza una grande importanza. Ma alla base di *Soliloquy* vi è soprattutto la tragica perdita di un bambino e la nomade ricerca emotiva e spirituale di un risarcimento. In questo frangente l'Islam e il Cristianesimo hanno uguali possibilità di compensare la perdita, ma alla fine falliscono entrambi. Ancora una volta l'opera si risolve nella fuga, nel rifiuto di essere legati a una dimora fissa e di accettare la sicurezza di un territorio familiare con le sue convenzioni che, irrigidendosi, diventano dogma e ortodossia.

16mm film transferred to video-projection on two opposite Screens, Color, Sound, 17:30 min.
Director: Shirin Neshat; Director of Photography: Ghasem Ebrahimian; Music and Sound Design: Sussan Deyhim; Written by: Shirin Neshat, Shoja Youssefi Azari; Producer: Barbara Gladstone; Line Producer: Hamid Fardjad; Editors: Shirin Neshat, Shoja Youssefi Azari, Bill Buckendorf; Art Director: Shahram Karimi; Costume Designer: Noureddine Amir; Production Manager: Ali Erol (Turkey); Jesse Scolaro and Allen Bain (USA); Still Photography: Larry Barns.
Comissioned by The Bohen Foundation, New York

Thematically Neshat returns to the problematic of the exilic identity in Soliloquy. *Here again, perhaps for the last time, Neshat is the protagonist and the subject matter of her own inquiry. In* Soliloquy *we see her standing at the threshold of two cultures, West/East, modern/traditional, and individualistic/communal, where she appears tormented in one and excluded from the other. Shot in Turkey and in the United States, there is a careful treatment of architecture as it becomes a dominant tool in representating each culture and its historical and ideological structure. The haunting, elusive nature of memory makes the experience relevant to that of a fragmented postmodern life where the perception of boundaries and borders are rapidly collapsing through media, trade, and travel. But at the heart of* Soliloquy *stands the tragic loss of a child and the nomadic emotional and spiritual search for reparation. At this juncture, Islam and Christianity stand an equal chance, but in the end, both fail at offering homage. Again flight is the resolution: the refusal to be homebound, the refusal to accept the safety of familiar territory with its underlying assumptions that harden into dogma and orthodoxy.*

Soliloquy Series (*Ciclo Soliloquio*), 2000

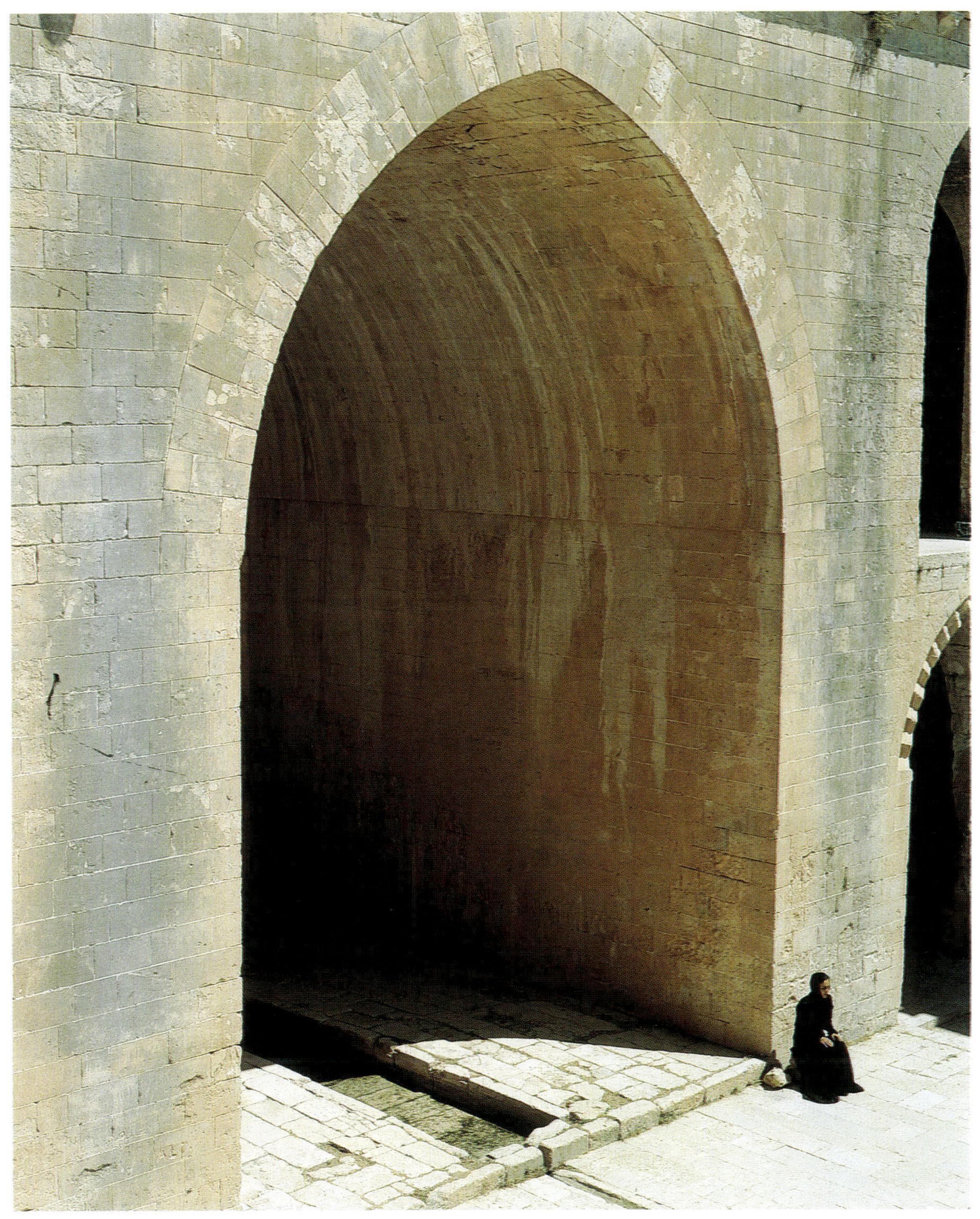

Soliloquy Series (*Ciclo Soliloquio*), 1999

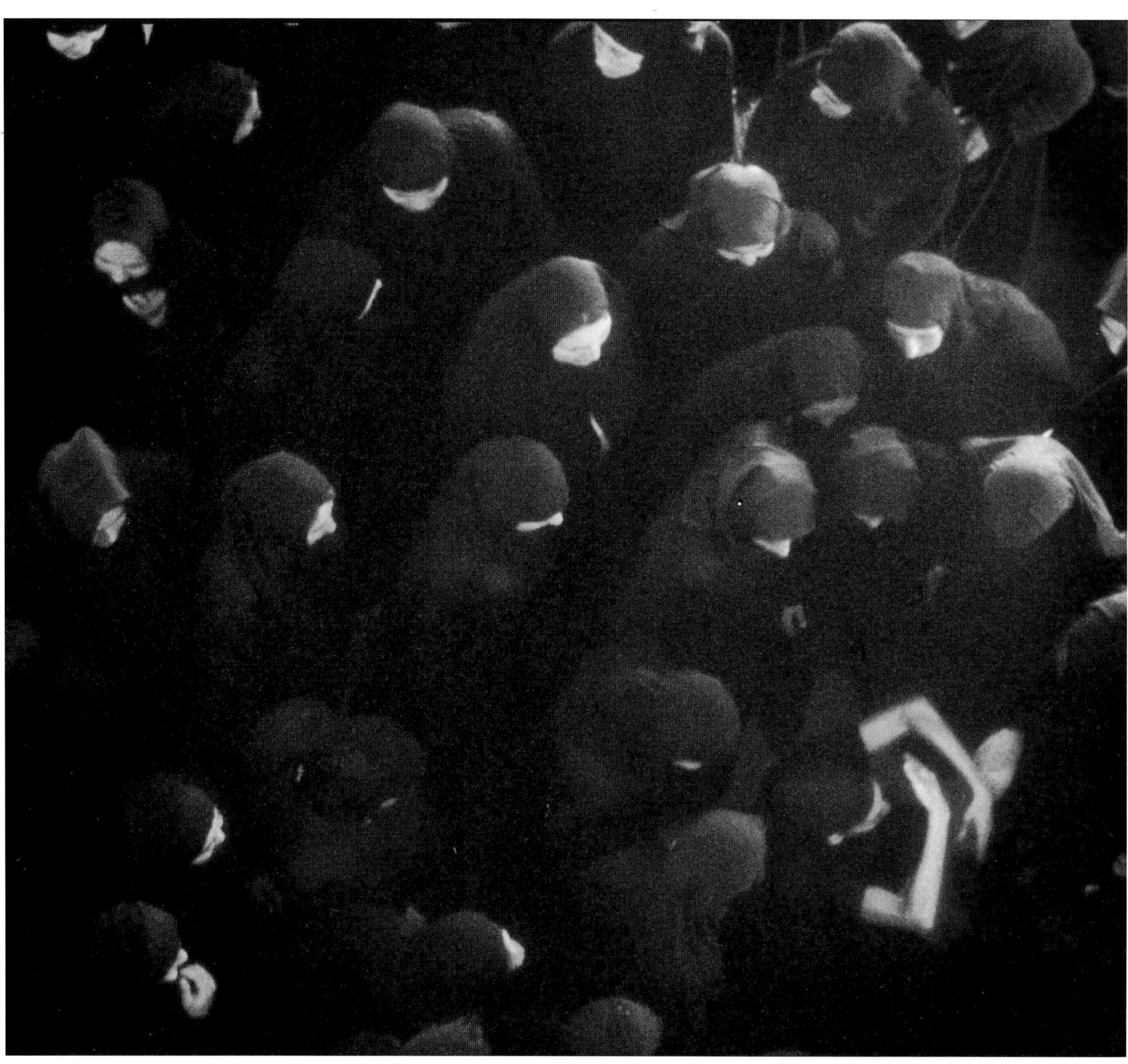

Soliloquy Series (*Ciclo Soliloquio*), 1999

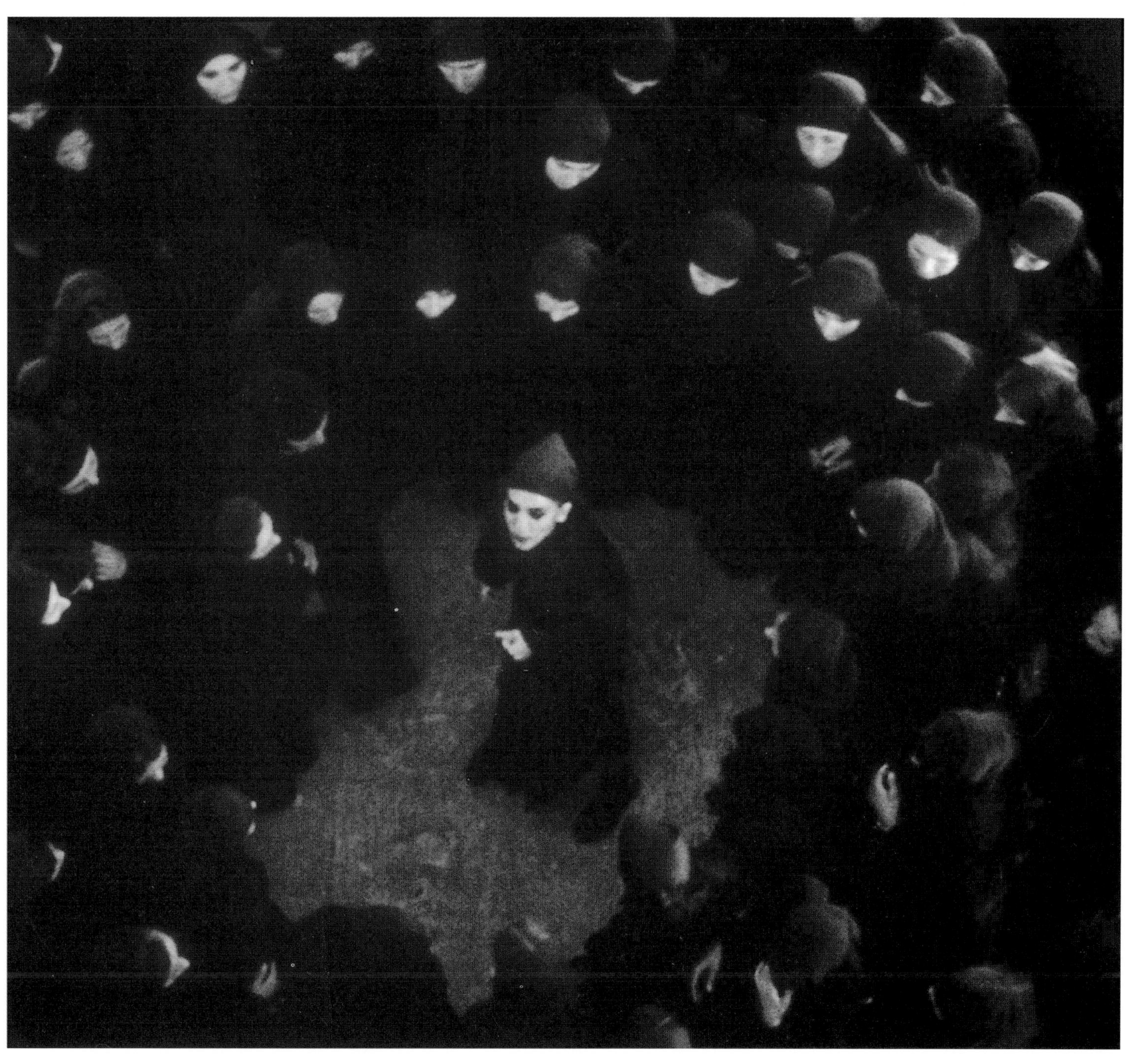

Soliloquy Series (*Ciclo Soliloquio*), 2000

p. 126-127
Soliloquy (*Soliloquio*), 1999

p. 128-129
Soliloquy (*Soliloquio*) 1999

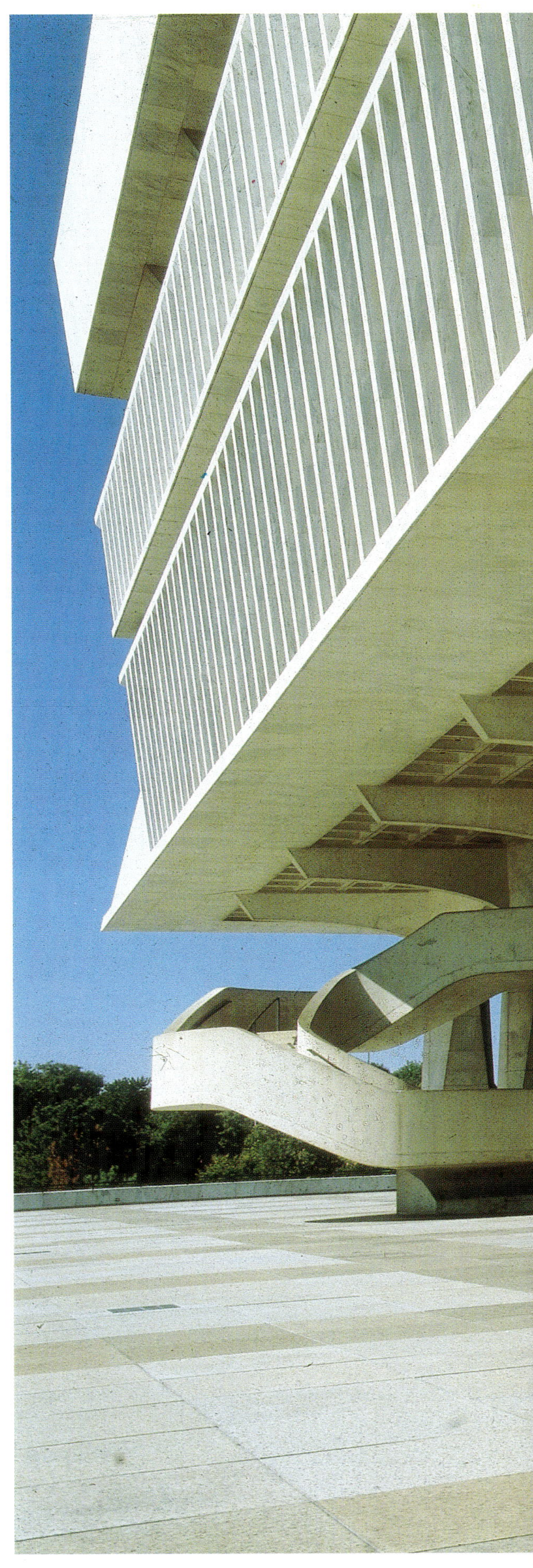

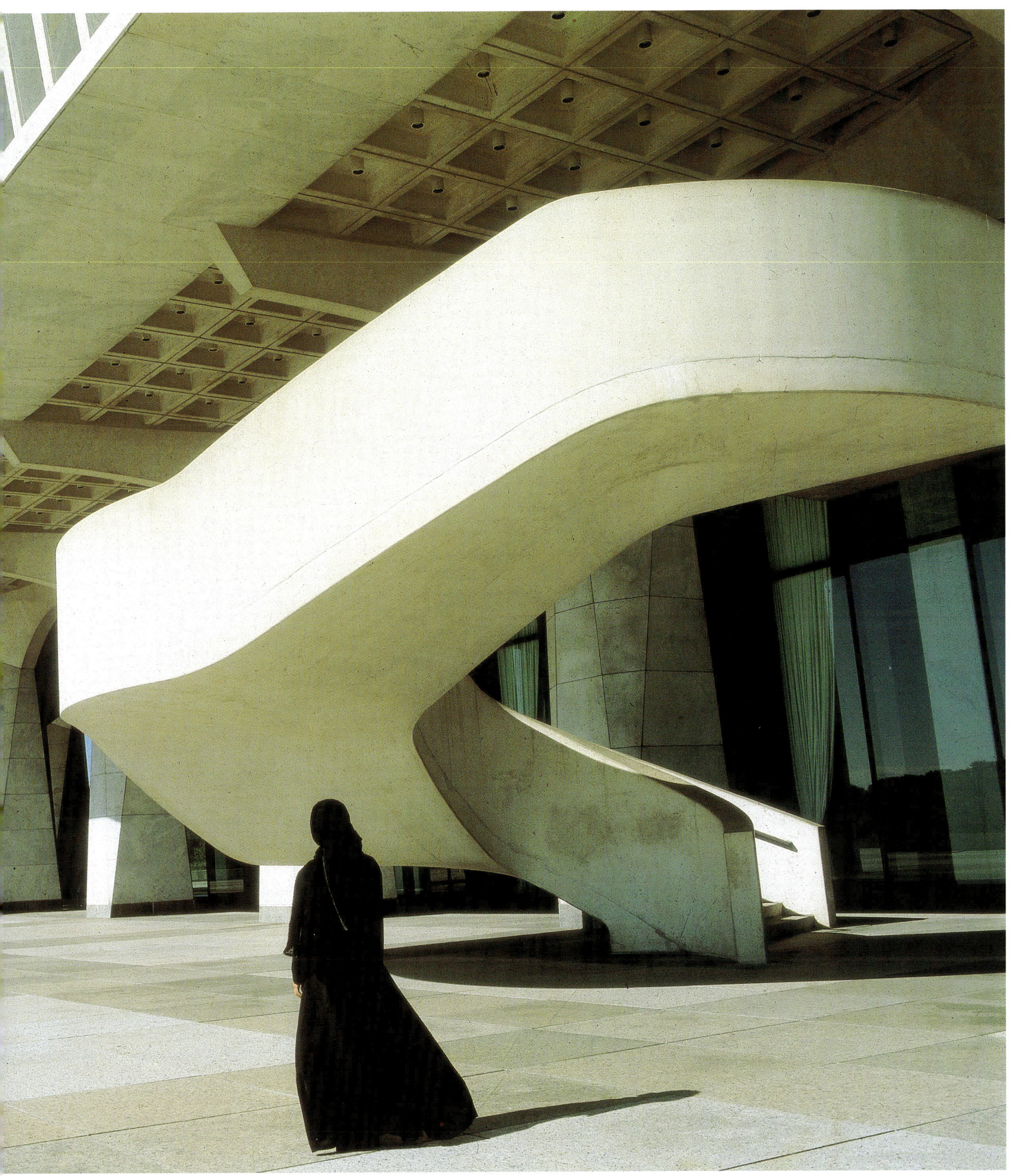

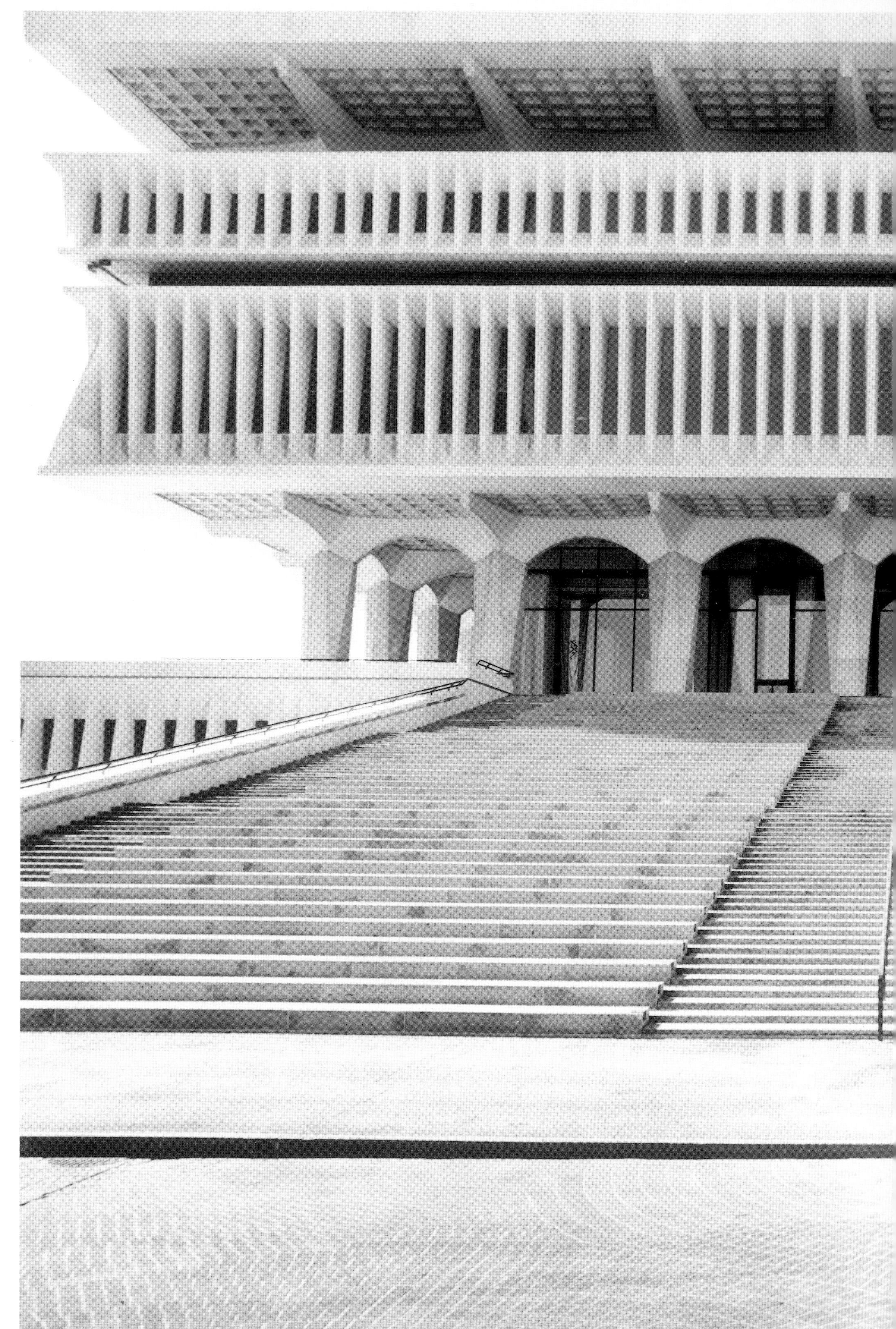

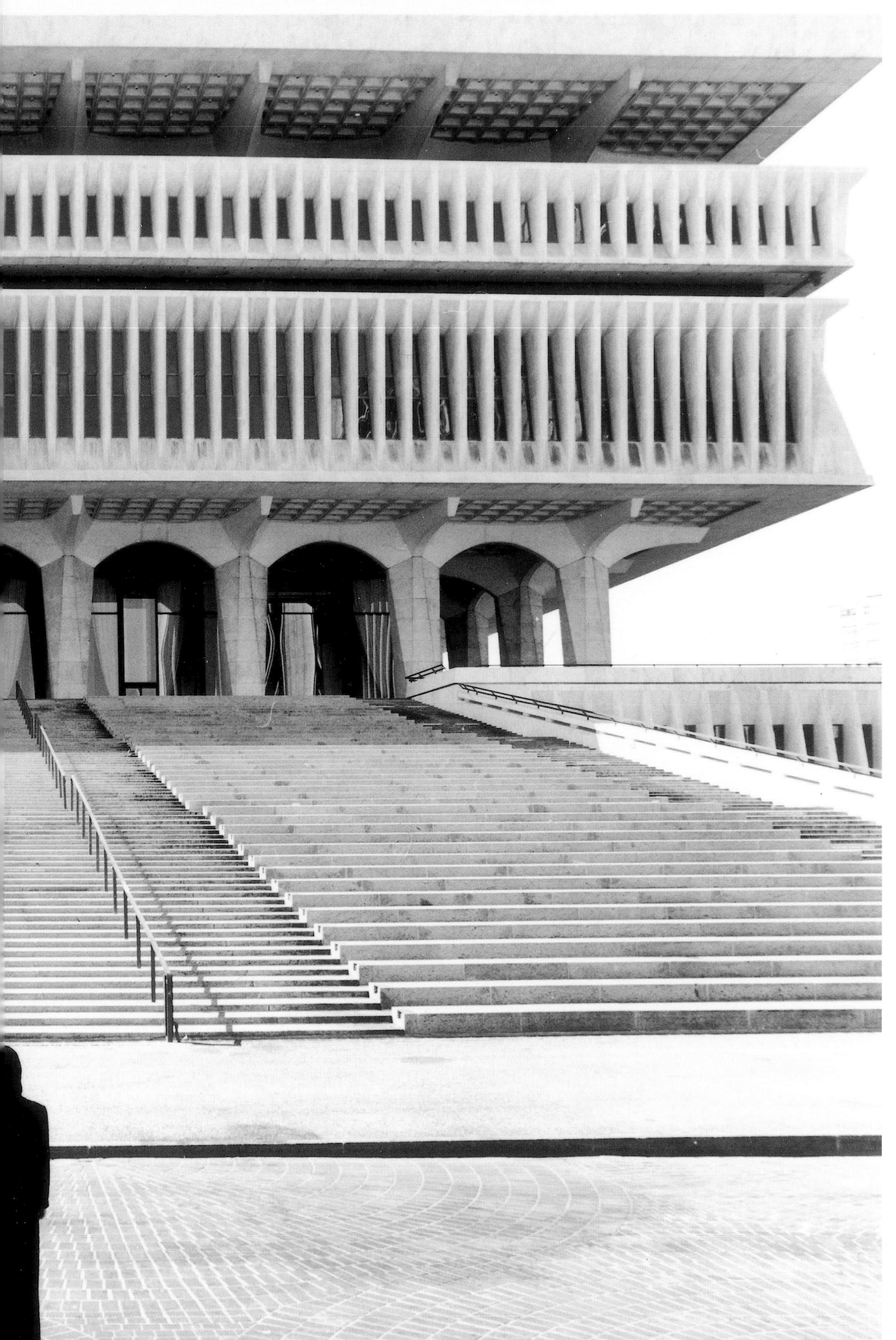

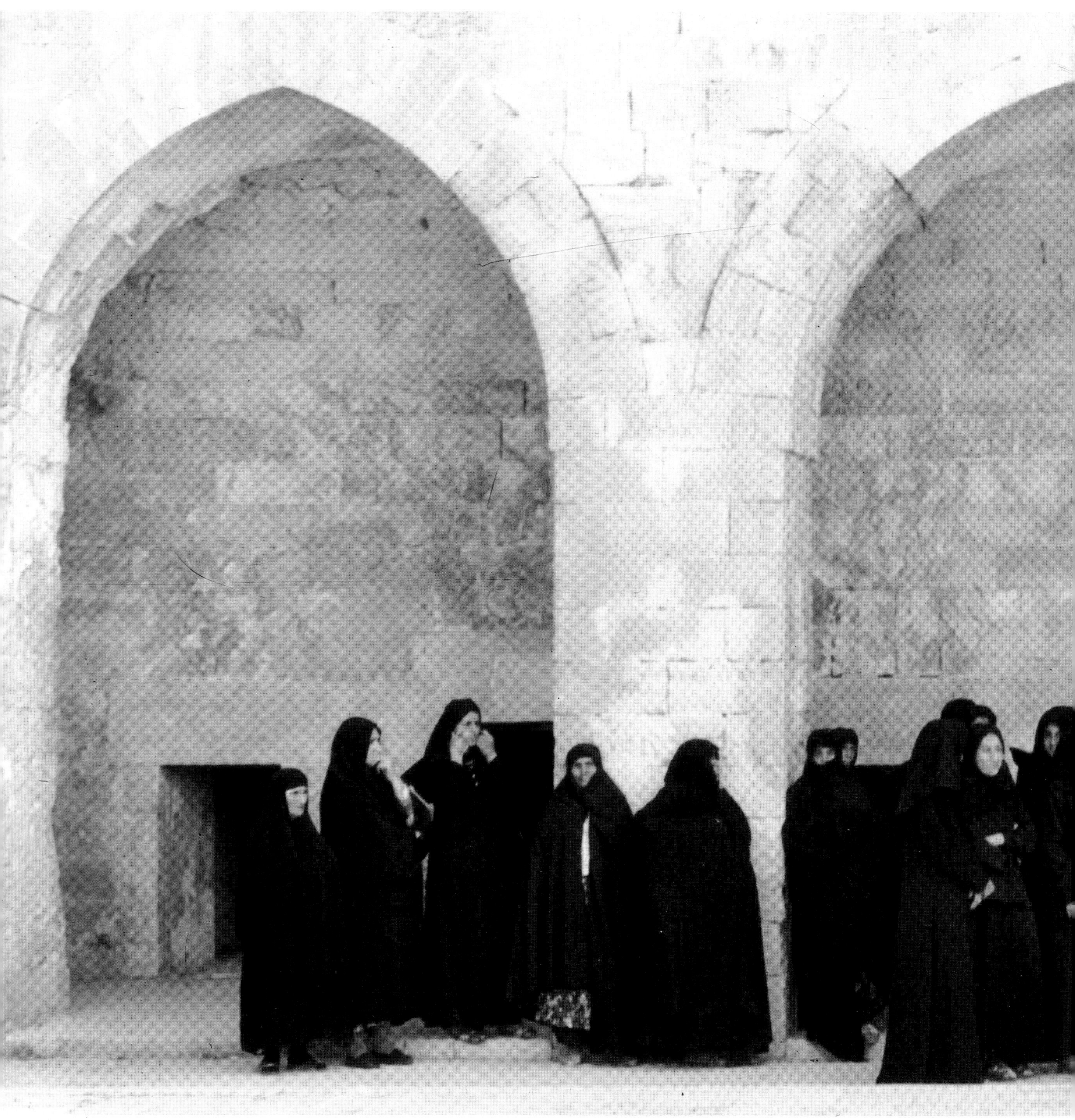

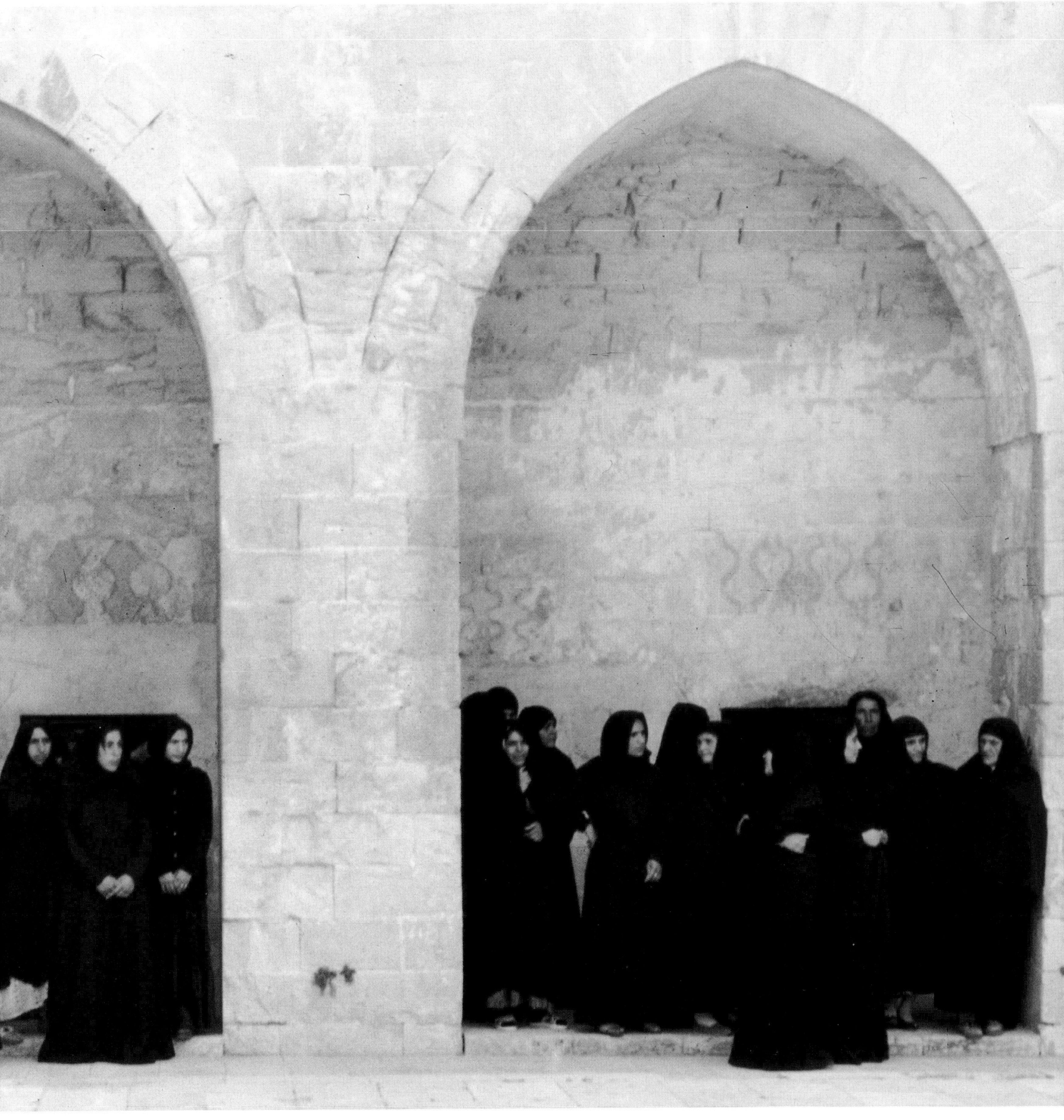

Soliloquy (Soliloquio) 1999

p. 132
Soliloquy (Soliloquio) 1999

p. 133
Soliloquy (Soliloquio) 1999

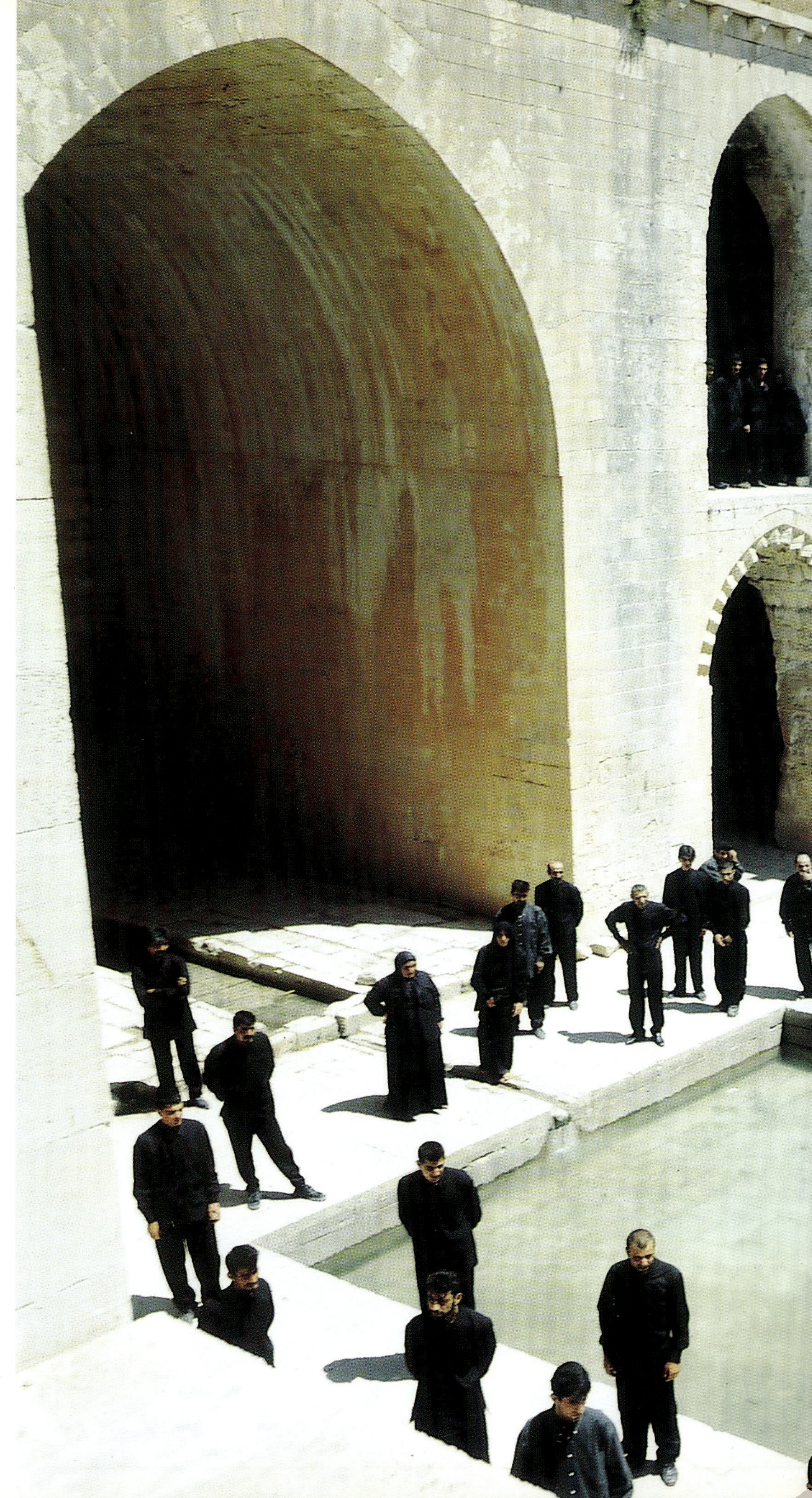

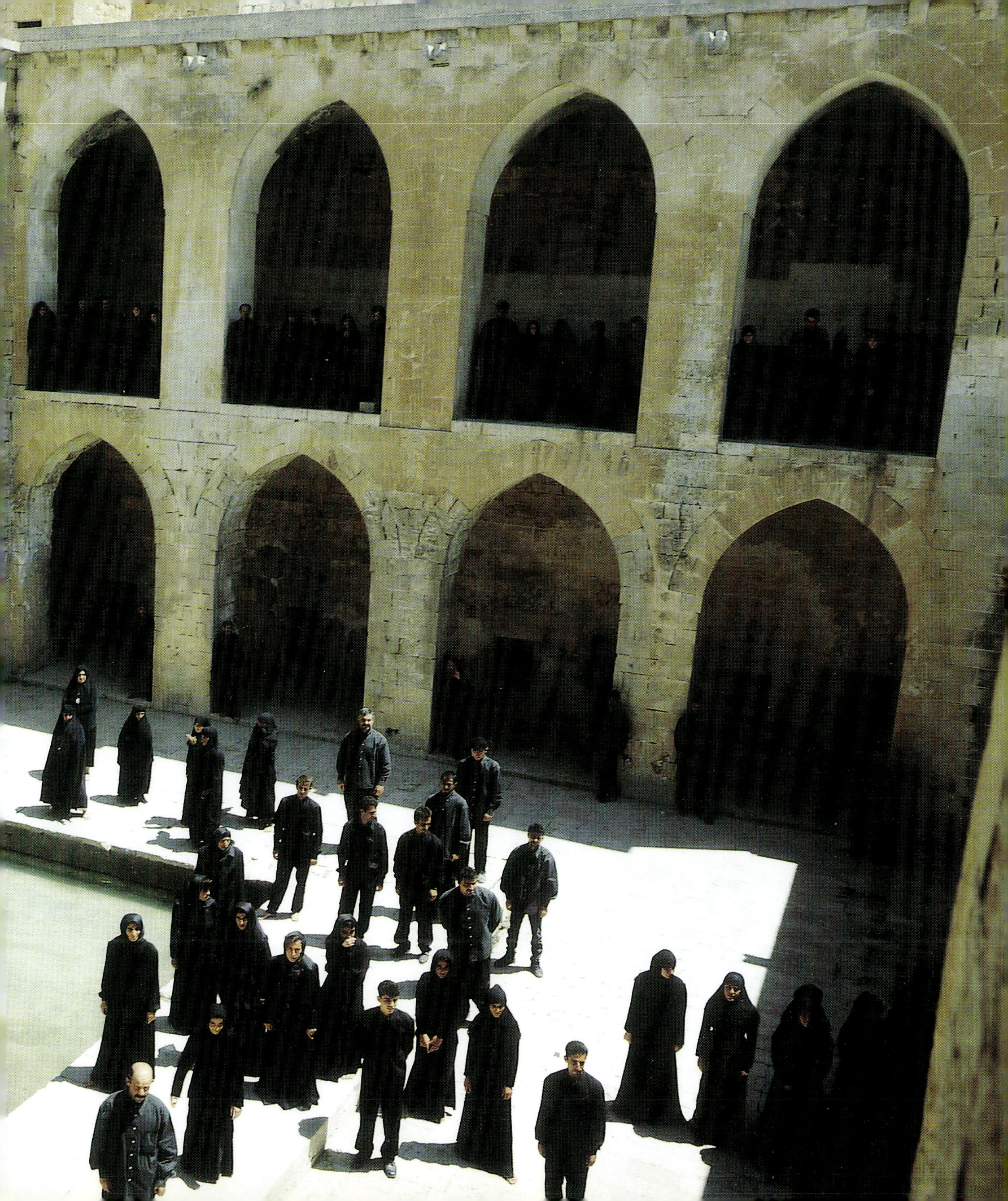

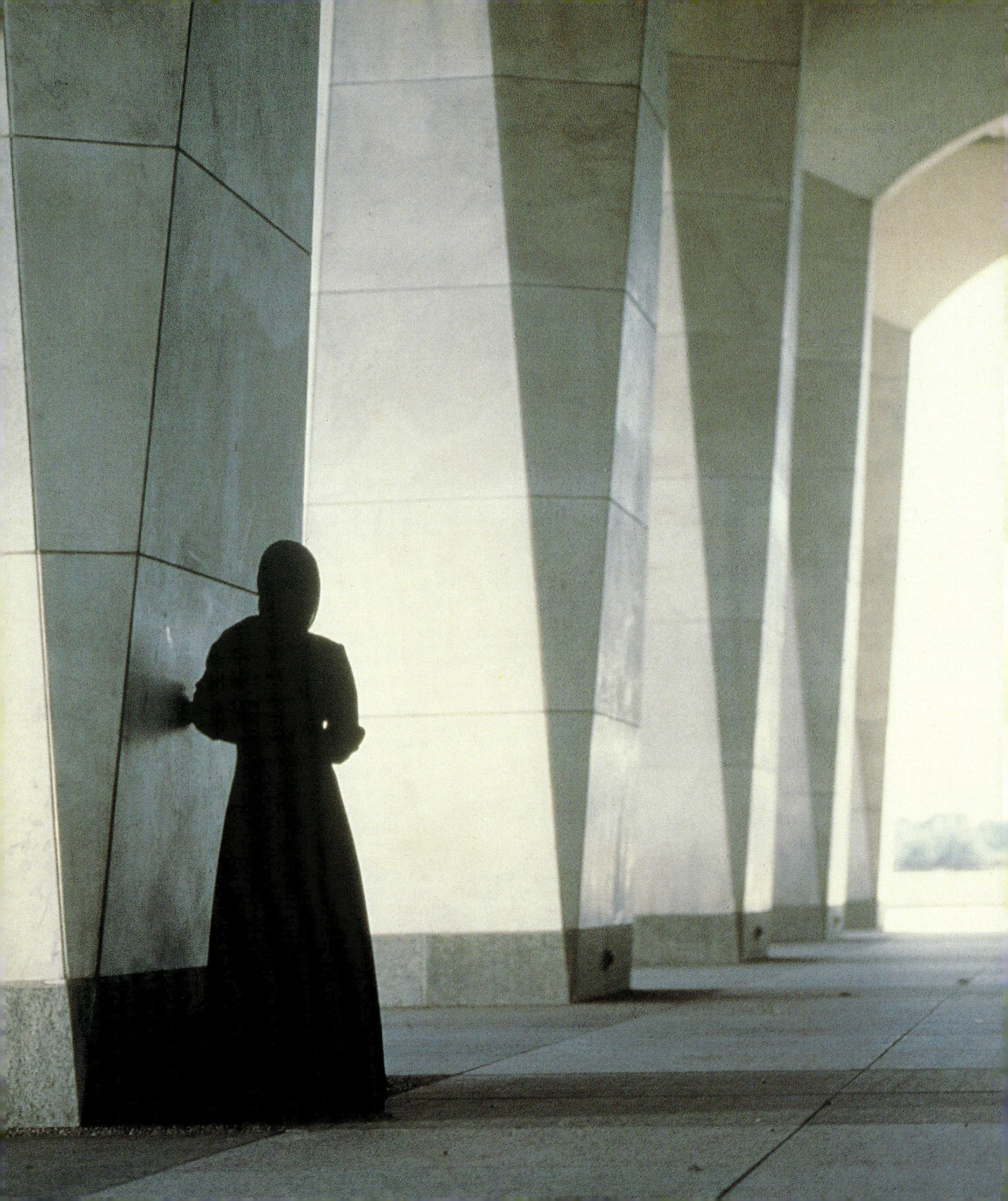

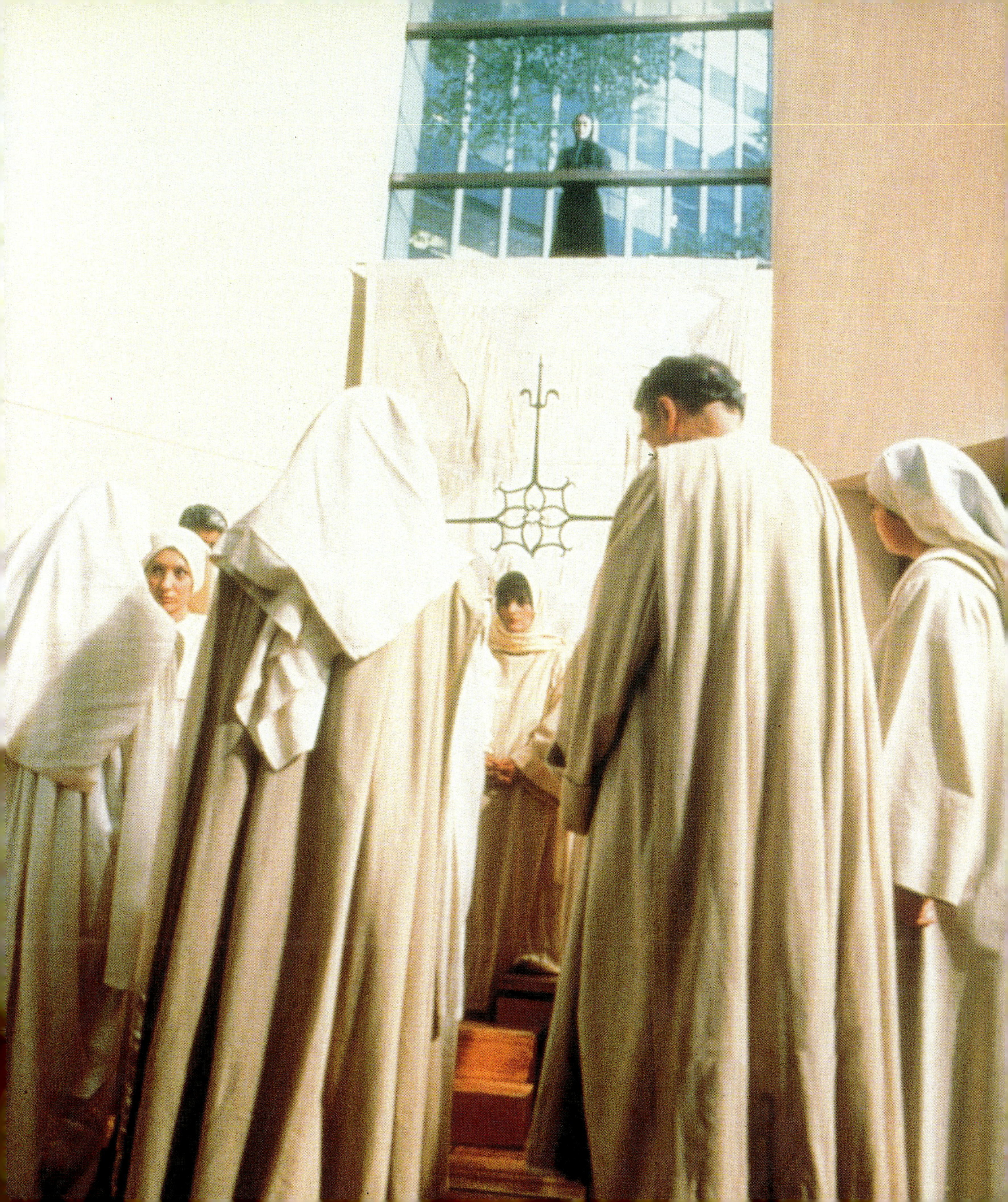

Fervor (Fervore)
2000

Video-proiezione su due schermi affiancati, bianco e nero, sonoro, 10'
Regia: Shirin Neshat; direttore della fotografia: Ghasen Ebrahimian; musica ed effetti sonori: Sussan Deyhim; scritto da Shirin Neshat, Shoja Youssefi Azari; post-produzione: Shirin Neshat, Shoja Youssefi Azari, Bill Buckendorf; attrice: Mitra Ghansari; attori: Houshang Touzie, Mohammad Ghafari; produzione: Barbara Gladstone; produttore delegato: Hamis Farja; direttore artistico: Shahram Karimi; costumi: Noureddine Amir; fotografo di scena: Larry Barns; suono: Tarik Benbrahim; aiuto regista: Mamoun Chentit; manager di produzione: Abdelnabi Benzi; assistente operatore: Mustapha Marjane; key grip: Abdelghami Rifki; grip: Abdelaziz Makrami; secondo grip: Driss Marzak; capo elettricista: Hassan Abou; drivers: Brahim Zarouali, Jaunes Zouini.
Commissionato da Wexner Center for the Arts at the Ohio State University per interessamento di Wexner Center Residency Award Program, con i fondi di The Wexner Center Foundation, Columbus, Ohio. Con il contributo di Peter Norton Family Foundation, Santa Monica, California e di National Endowment for the Arts.

Fervor chiude un capitolo sull'analisi delle relazioni tra i sessi. Mentre *Turbulent* e *Rapture* affrontavano il problema del conflitto fra maschile e femminile all'interno della struttura sociale islamica, *Fervor*, l'ultima installazione della trilogia, esplora invece i punti in comune tra i sessi, e il modo in cui i tabù sessuali siano stati profondamente interiorizzati tanto dagli uomini che dalle donne e abbiano prodotto conflitti tra la natura umana e i codici sociali, culturali e religiosi. Le video-proiezioni simultanee su schermi adiacenti enfatizzano la forza dell'attrazione e del desiderio in una storia virtuale d'amore. La narrazione si sviluppa dapprima intorno a un breve incontro tra un uomo e una donna in un luogo isolato, all'aperto. Questo incontro fa scaturire un'intensa tensione erotica ma non crea alcun tipo di contatto. In seguito, i due si vedono di nuovo per caso, ma questa volta in un contesto completamente diverso, durante un'affollata cerimonia pubblica in cui uomini e donne sono divisi da una tenda. La natura della cerimonia rimane ambigua ma può ricordare a un tempo un evento politico, religioso o teatrale. In piedi, su un palco, un uomo barbuto si rivolge al pubblico. Questa figura carismatica tiene un discorso,

segue a pagina 170

Video-projection on two screens side by side, B/W, Sound, 10 min.
Direction: Shirin Neshat; Director of Photography: Ghasen Ebrahimian; Music and Sound Design, Sussan Deyhim; Written by: Shirin Neshat, Shoja Youssefi Azari; Editors: Shirin Neshat, Shoja Youssefi Azari, Bill Buckendorf; Actress: Mitra Ghansari; Actors: Houshang Touzie, Mohammad Ghafari; Line Producer: Hamis Farja; Producer: Barbara Gladstone; Art Director: Shahram Karimi; Costume Designer: Noureddine Amir; Still Photography: Larry Barns; Sound: Tarik Benbrahim; Assistant Director: Mamoun Chentit; Production manager: Abdelnabi Benzi; Camera Assistant: Mustapha Marjane; Key Grip: Abdelghami Rifki; Grip: Abdelaziz Makrami; Second Grip: Driss Marzak; Gaffer: Hassan Abou; Drivers: Brahim Zarouali, Jaunes Zouini.
Commissioned by the Wexner Center for the Arts at the Ohio State University trough the Wexner Center Residency Award Program, funded by The Wexner Center Foundation, Columbus, Ohio. Additional support provided by the Peter Norton Family Foundation, Santa Monica, California and the National Endowment for the Arts.

Fervor *closes a chapter on the inquiry into gender relations. If* Turbulent *and* Rapture *addressed the male and female contrast in relation to Islamic social structure, the last film installation in the trilogy,* Fervor, *focuses instead on commonalties between the sexes, and how sexual taboos have been so deeply internalized by both men and women, and conflicted by human nature versus social, cultural and religious codes. The simultaneous adjacent projections emphasize the bonding force of attraction and desire in an abstract love story. The narrative evolves first around a brief encounter between a man and a woman passing each other in an isolated open landscape. Here in passing, an intense sexual tension occurs, but no contact is made. Later, the two encounter each other again by chance, yet within a totally opposite context, a large public event where men and women are divided by a curtain. The nature of this event remains ambiguous: it simultaneosly resembles a political, theatrical and religious event. There is a bearded man standing on a platform addressing the public. This charismatic character is delivering a speech, a moral lesson about the "sin" implied by "desires." He tells the story of Youssef and Zolikha from the Koran, in which Zolikha is overcome by passion and tries to seduce a man named Youssef. The speaker exemplifies the narrative to insist on his message of Muslims' resistance against such temptations. As the speech becomes more and more intense and aggressive in tone, the man and the woman's*

continues on page 170

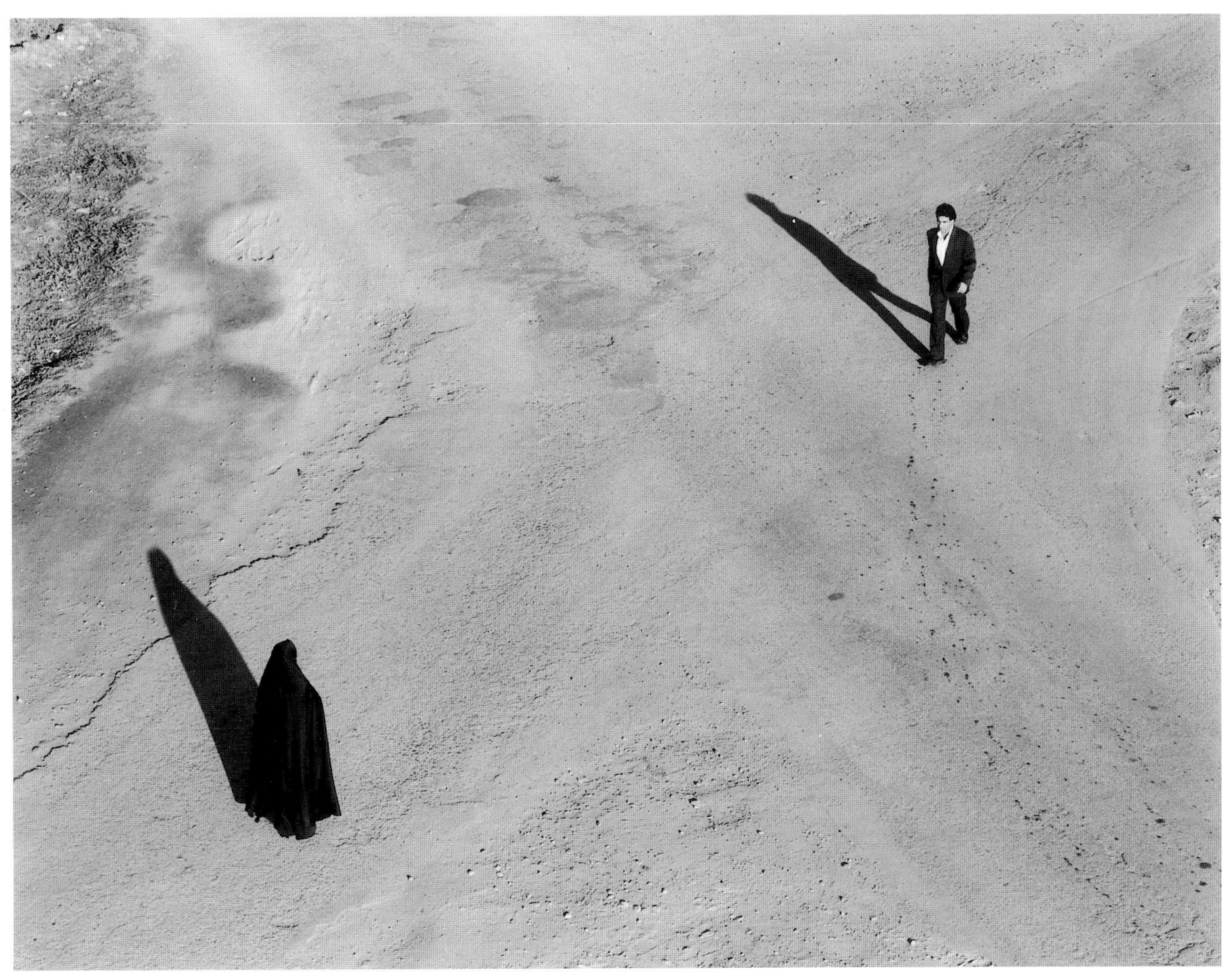

Fervor Series (*Ciclo Fervore*), 2000

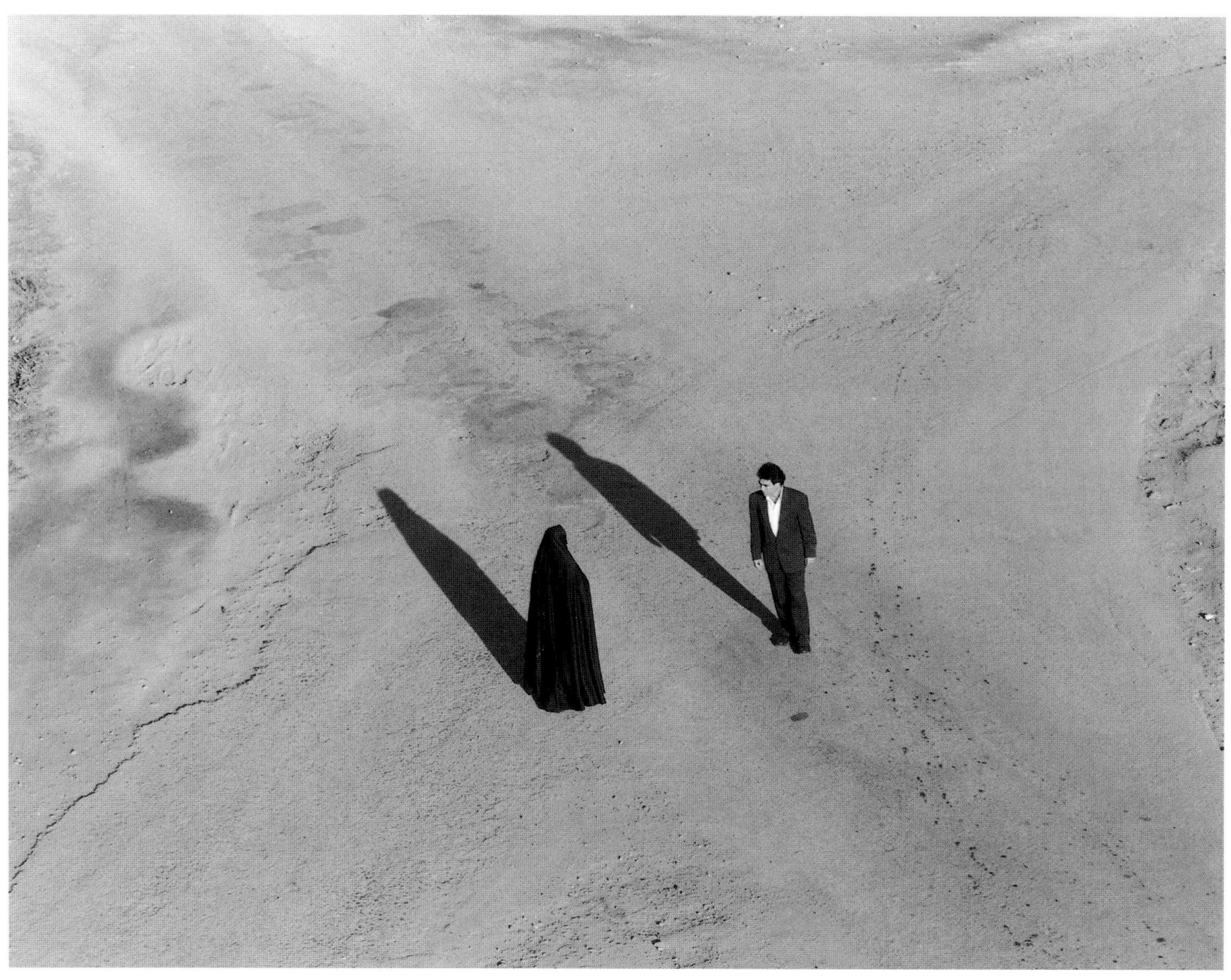

Fervor Series (*Ciclo Fervore*), 2000

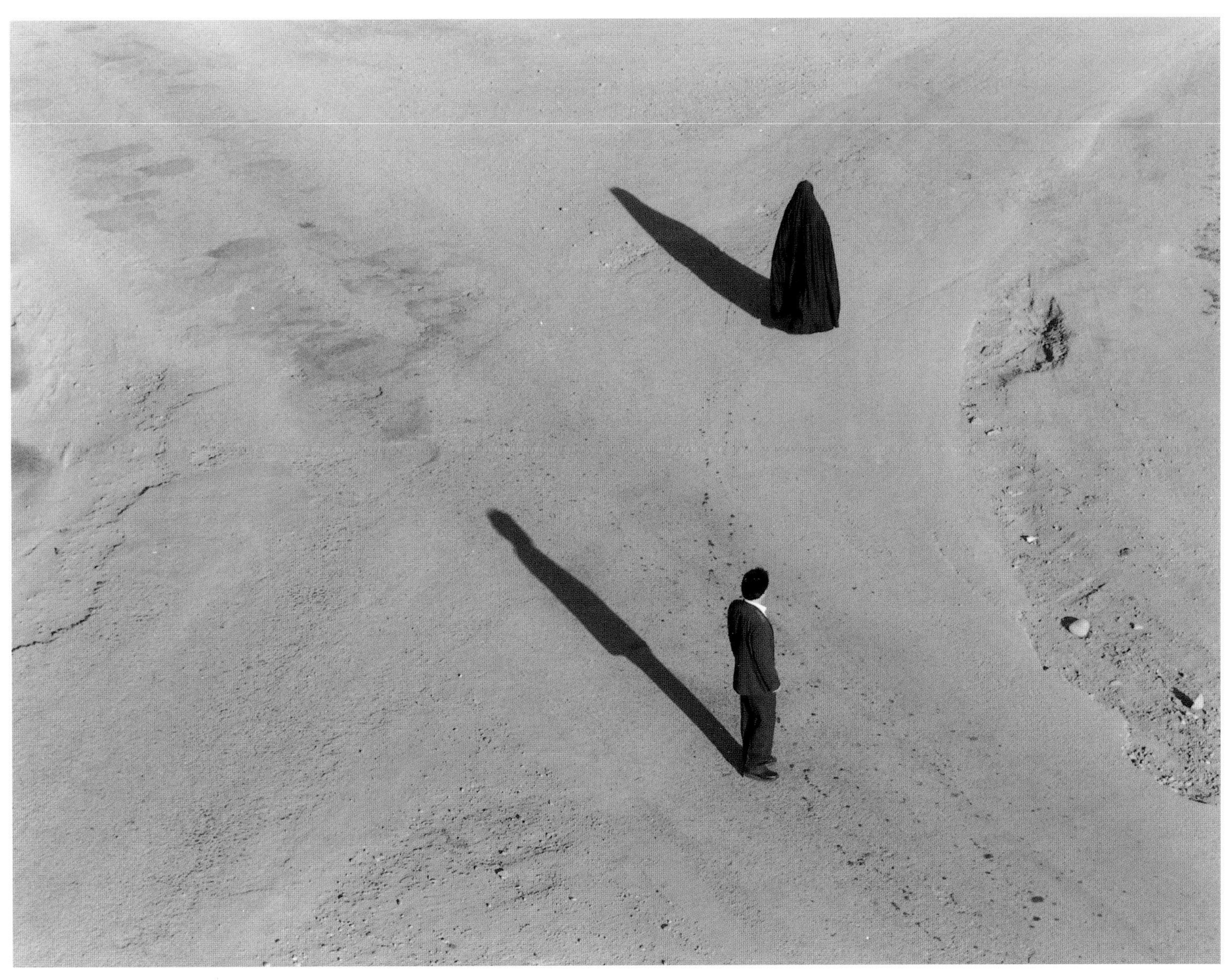

Fervor (*Fervore*), 2000

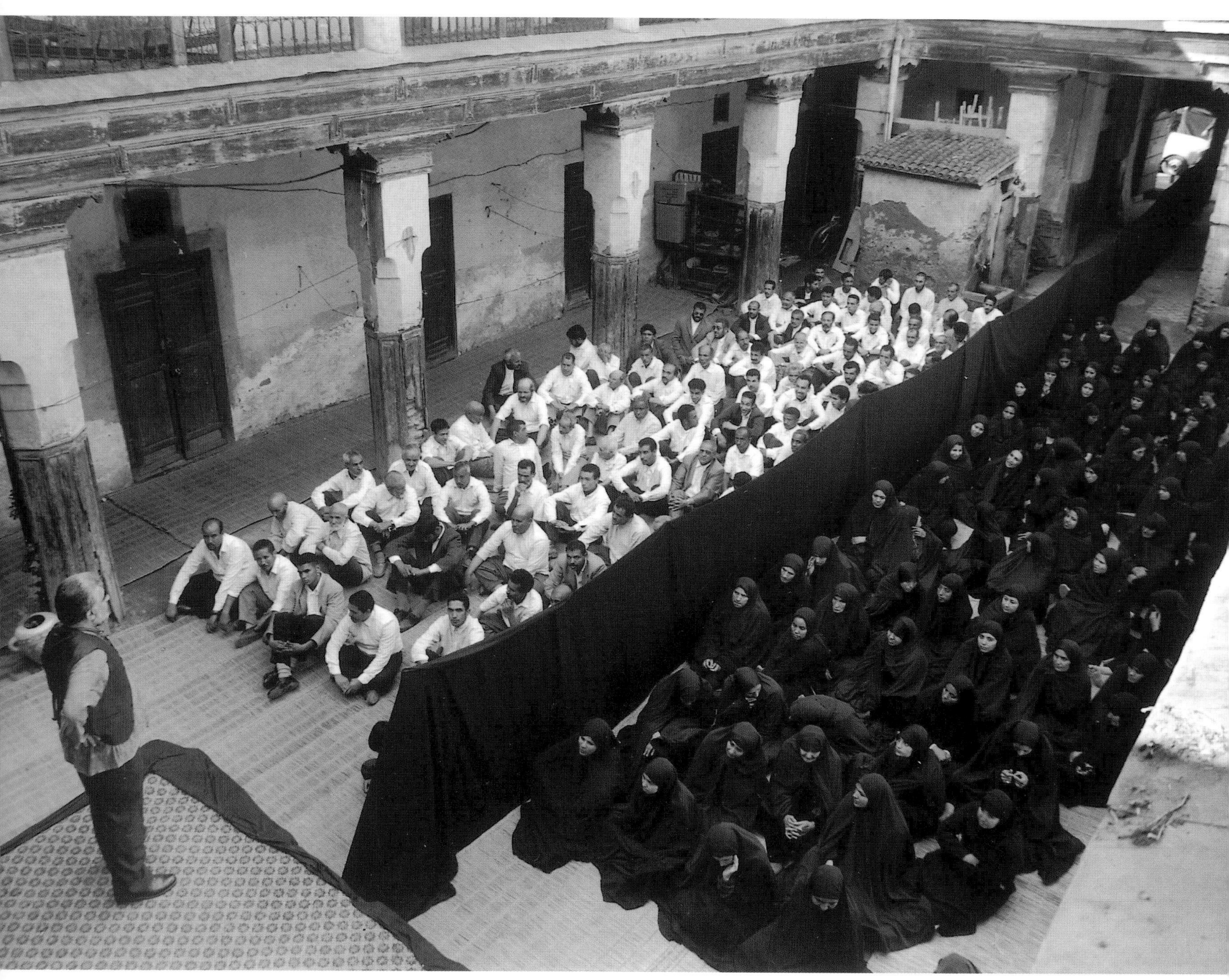

Fervor (Fervore), 2000

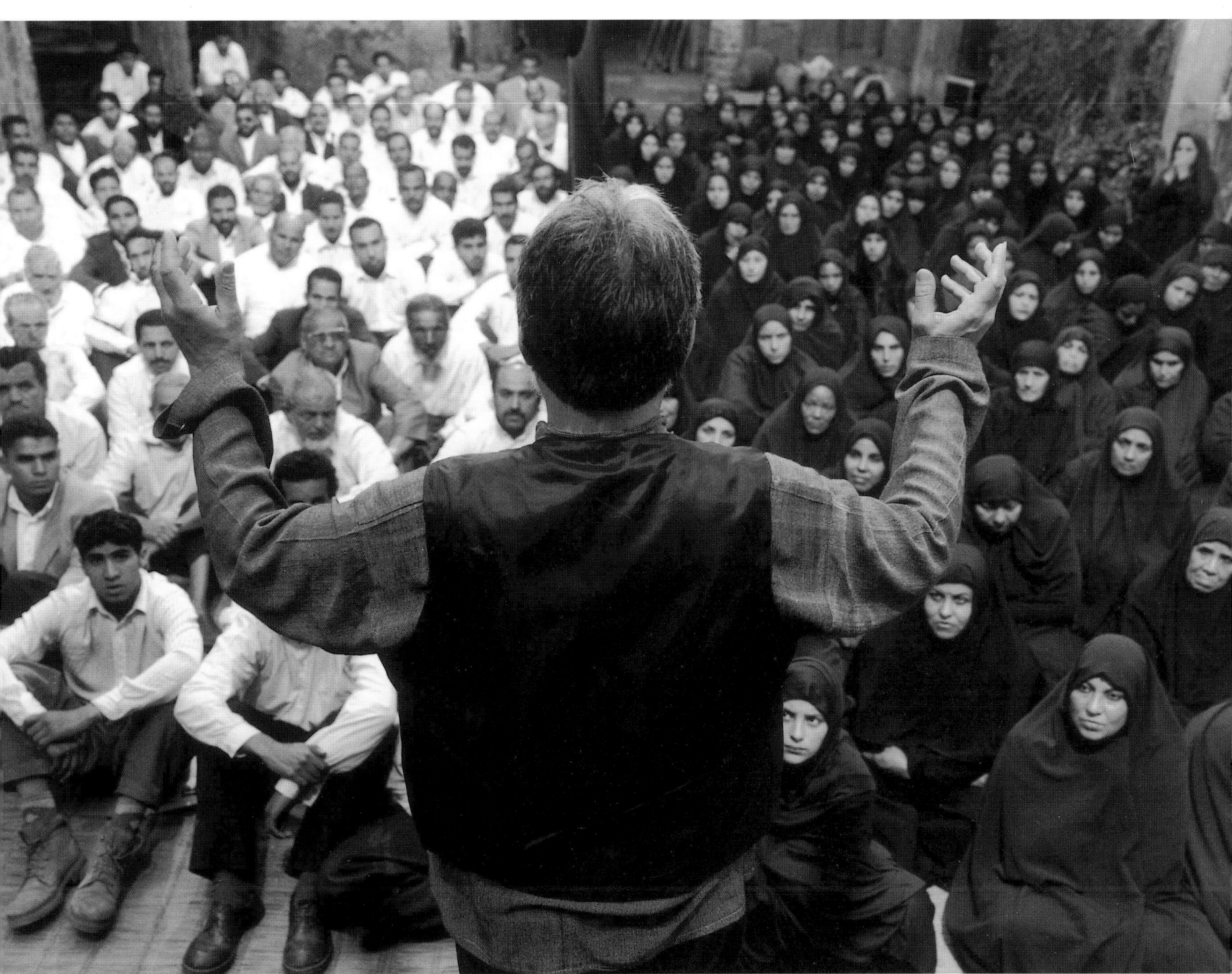

Fervor (*Fervore*), 2000

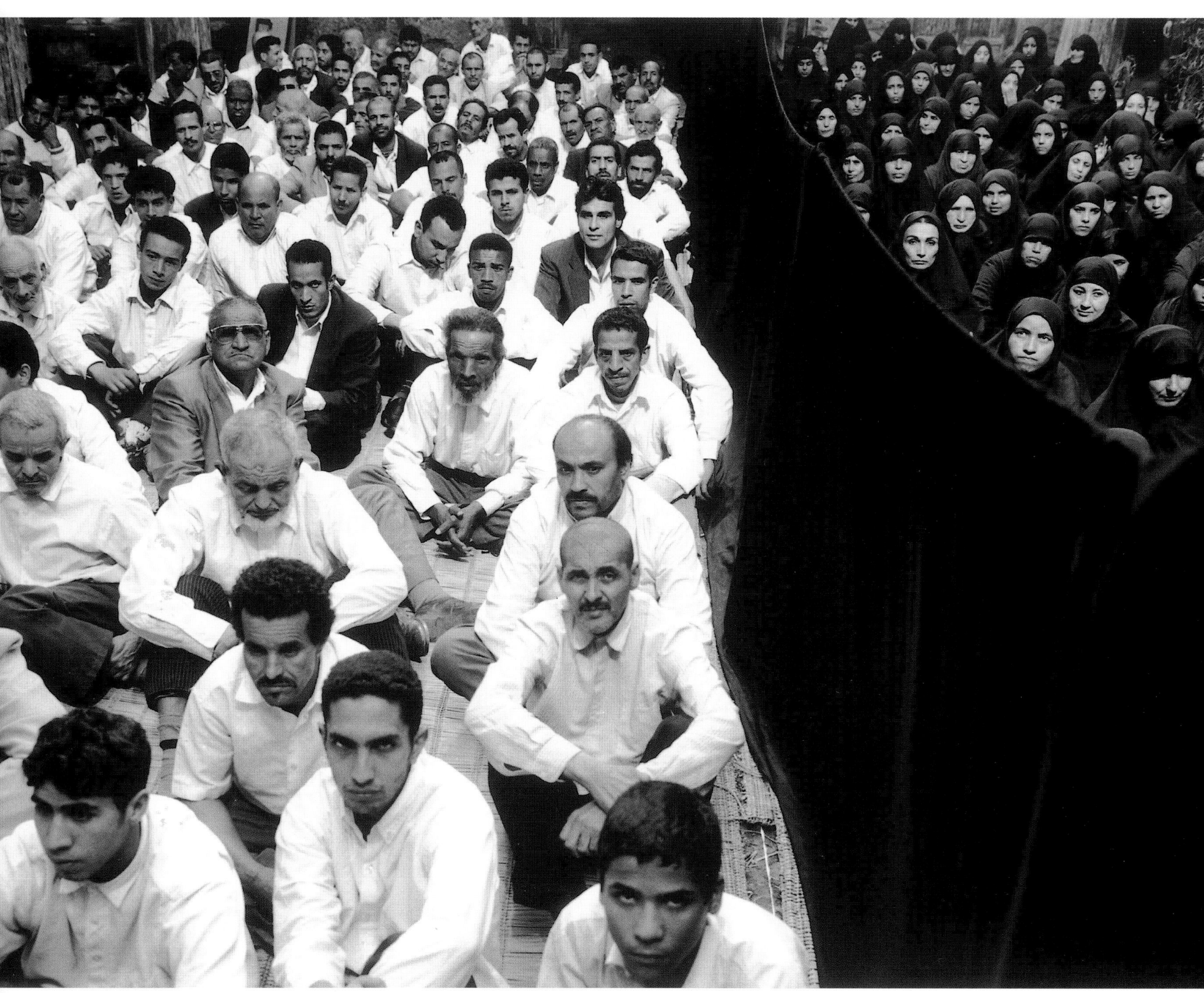

Fervor (*Fervore*), 2000

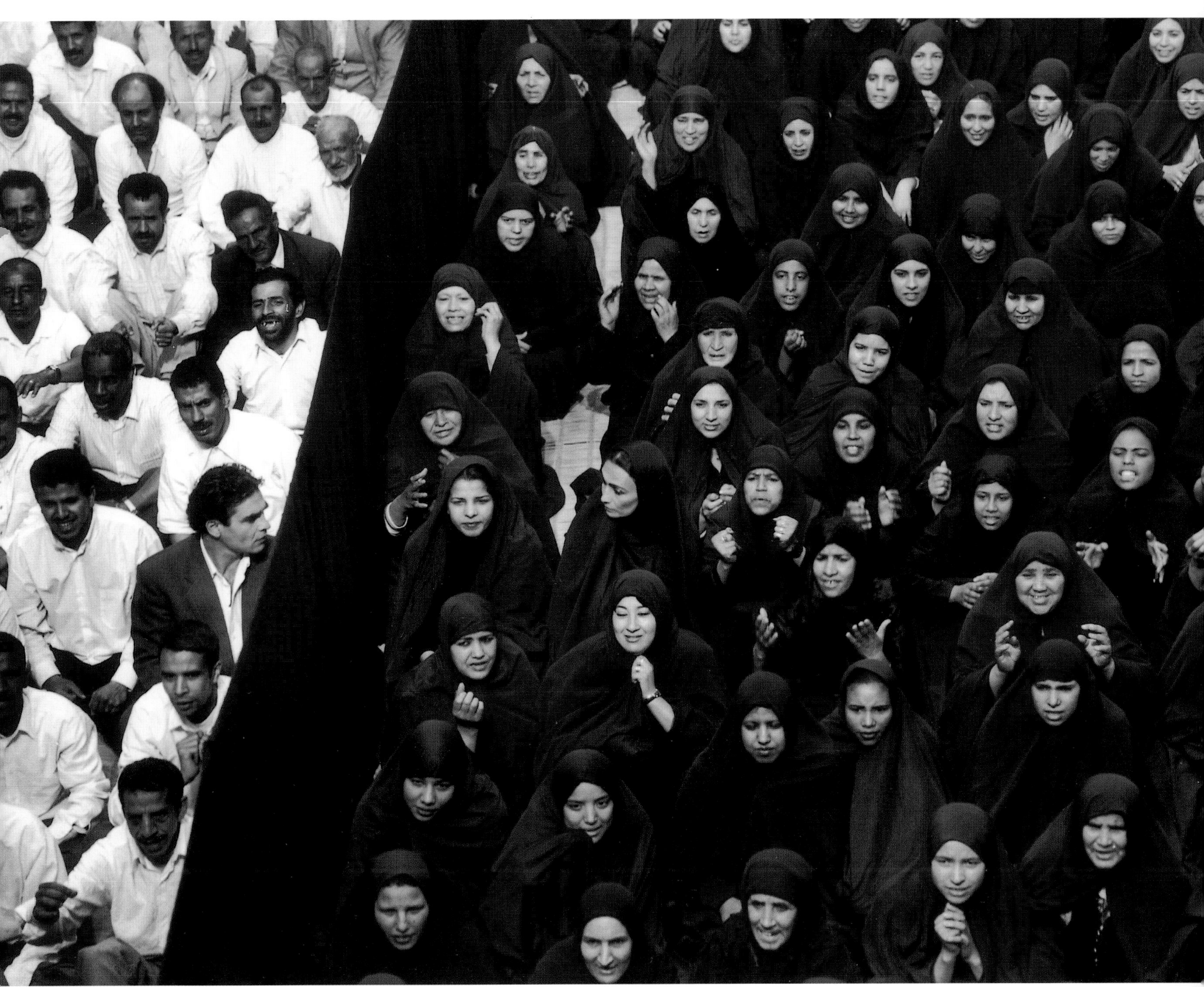

Fervor (Fervore), 2000

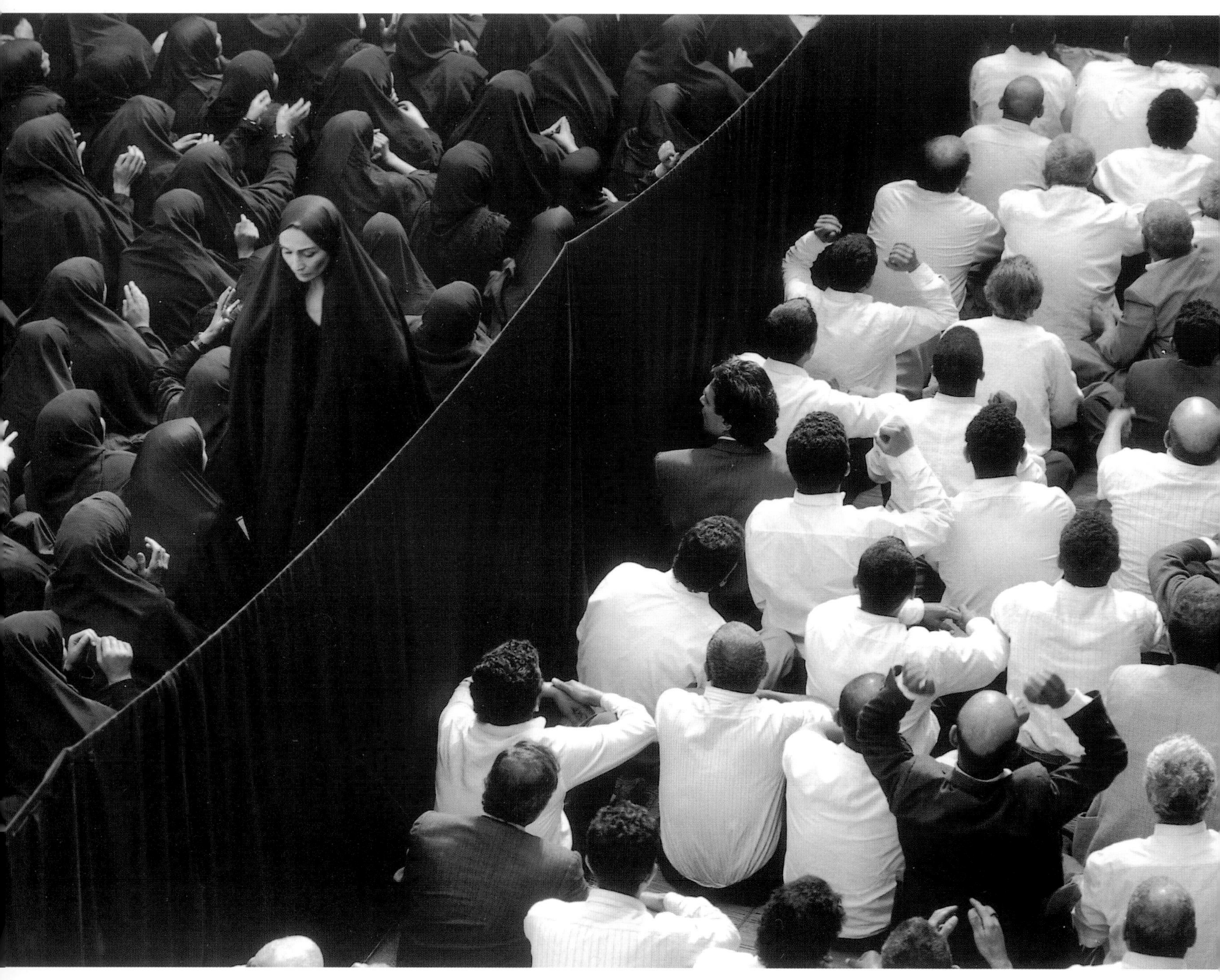

Fervor (*Fervore*), 2000

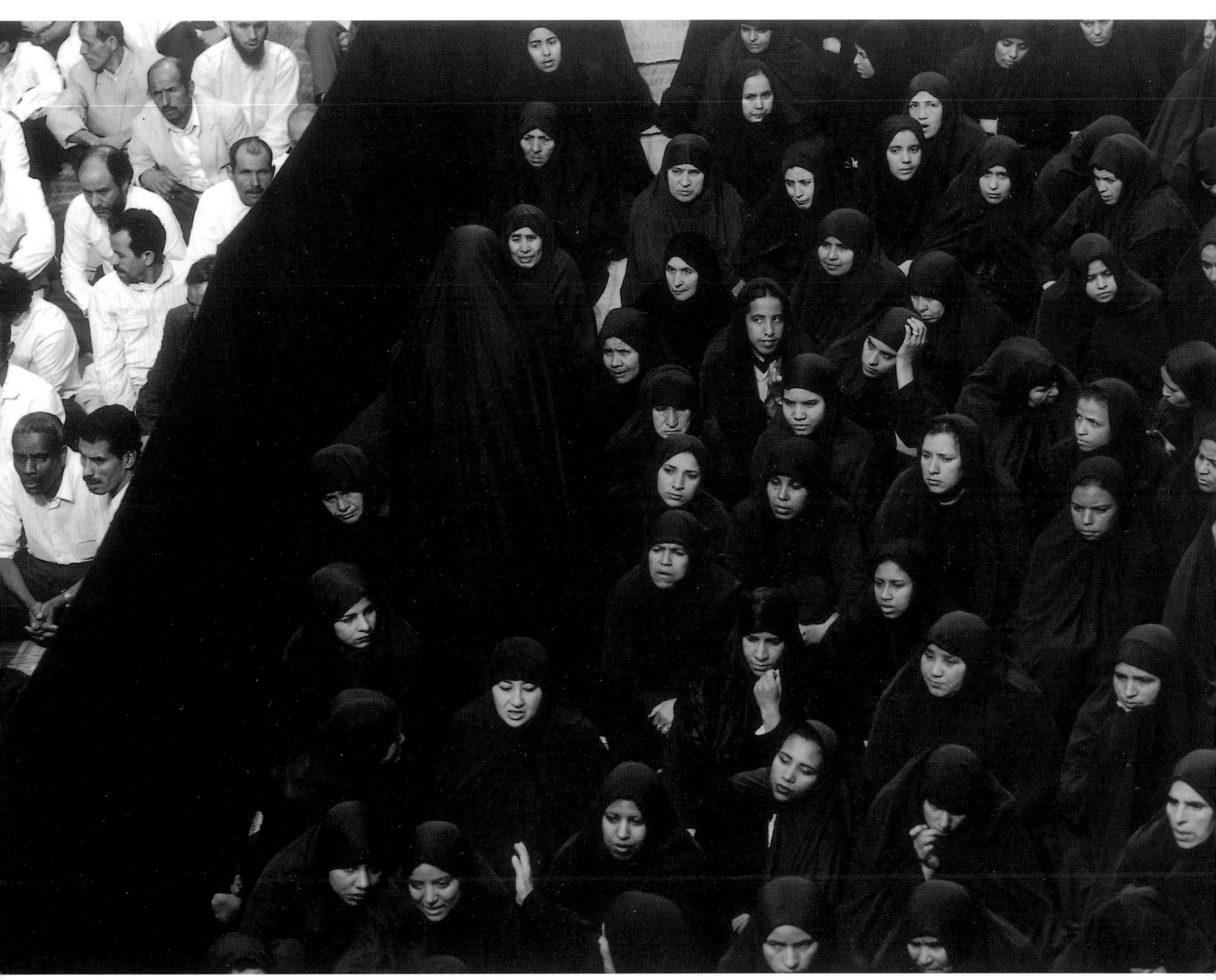

Pulse (Pulsazione)
2001

Film in 16 mm., bianco e nero, sonoro, 8' 30", traferito su DVD
Soggetto e regia: Shirin Neshat; direttore della fotografia: Ghasem Ebrahimian; musica: Sussan Deyhim; attrice: Shohreh Aghdashloo; soggetto elaborato con Shoja Azari Youssefi; produzione: Barbara Gladstone; produttore delegato: Hamid Fardjad; direzione artistica: Shahram Karimi; costumi: Noureddine Amir; post-produzione: Andrew Sterling; fotografo di scena: Larry Barns; assistente al fotografo di scena: Grumij Fouad; aiuto regia: Mamoun Chentit; manager di produzione: Jane Loveless; assistente di produzione: Mustapha Sbias; suono: David Ryan.

In *Pulse*, per la prima volta Neshat porta il suo pubblico all'interno degli spazi chiusi e privati di una donna musulmana. Per enfatizzare questo tema, l'artista utilizza un unico schermo e un approccio minimalista. Il film è costituito da un'unica ripresa di otto minuti e mezzo. Entriamo in uno spazio soavemente carico di romanticismo e sensualità. Il ritmo della musica che ascoltiamo guida un gentile movimento di macchina che penetra nella stanza, si sposta su un letto vuoto e solitario e alla fine si posa sulle curve voluttuose del corpo di una donna seduta vicino a una radio. La voce angelica di Sussan Deyhim emessa dalla radio permea la stanza, dapprima in duetto con un uomo e poi con la protagonista del film. Il testo della canzone, tratto dal poeta mistico del XIII secolo Rumi, parla dell'imprigionamento degli esseri umani legati alla vita materiale terrena. La videocamera si avvicina sempre di più e ci sembra di poter toccare il profondo desiderio della donna e di prendere parte alla sua solitudine, una sorta di brama spirituale. Quando la canzone finisce, la videocamera arretra fino ad uscire dalla stanza e raggiungere il vuoto: non rimane altro che la pulsazione che rimbomba e risuona all'interno del nostro corpo.

16 mm Film, B/W, Sound, 8:30 min., transferred to DVD
Concept and Direction: Shirin Neshat; Director of Photography: Ghasem Ebrahimian; Music: Sussan Deyhim; Actress: Shohreh Aghdashloo; Concept developed with: Shoja Azari Youssefi; Producer: Barbara Gladstone; Line Producer: Hamid Fardjad; Art Director: Shahram Karimi; Costume Designer: Noureddine Amir; Editor: Andrew Sterling; Still Photographer: Larry Barns; Still Photographer's Assistant: Grumij Fouad; Assistant Director: Mamoun Chentit; Production Manager: Jane Loveless; Production Assistant: Mustapha Sbia; Sound: David Ryan.

In Pulse, *Neshat for the first time leads her audience into the closed quarters and private space of a Muslim woman. To underscore the theme, she adopts a single screen format and a minimalist approach. The entire eight-and-a-half minute film is shot in a single take. We enter a space that is lightly charged with romanticism and sensuality. The rhythmic music leads the gentle movement of the camera penetrating the room, moving over a solitary empty bed and finally resting on the voluptuous curvature of a woman's body sitting next to a radio. The angelic voice of Sussan Deyhim emanates from the radio, permeating the room, first in a duet with a man and then with the female protagonist. The lyrics from the Thierteenth century mystic poet Rumi speak of the imprisonment of humanity through its attachment to material earthly life and the self. As the camera moves closer and closer, we touch the woman's soulful longing and yearning and share in her solitude, a spiritual pining. With the song's end, the camera backs out of the room into the void, and what remains is a pulse reverberating and echoing within our physical bodies.*

Pulse Series (*Ciclo Pulsazione*), 2001

p. 146-147
Pulse (*Pulsazione*), 2001

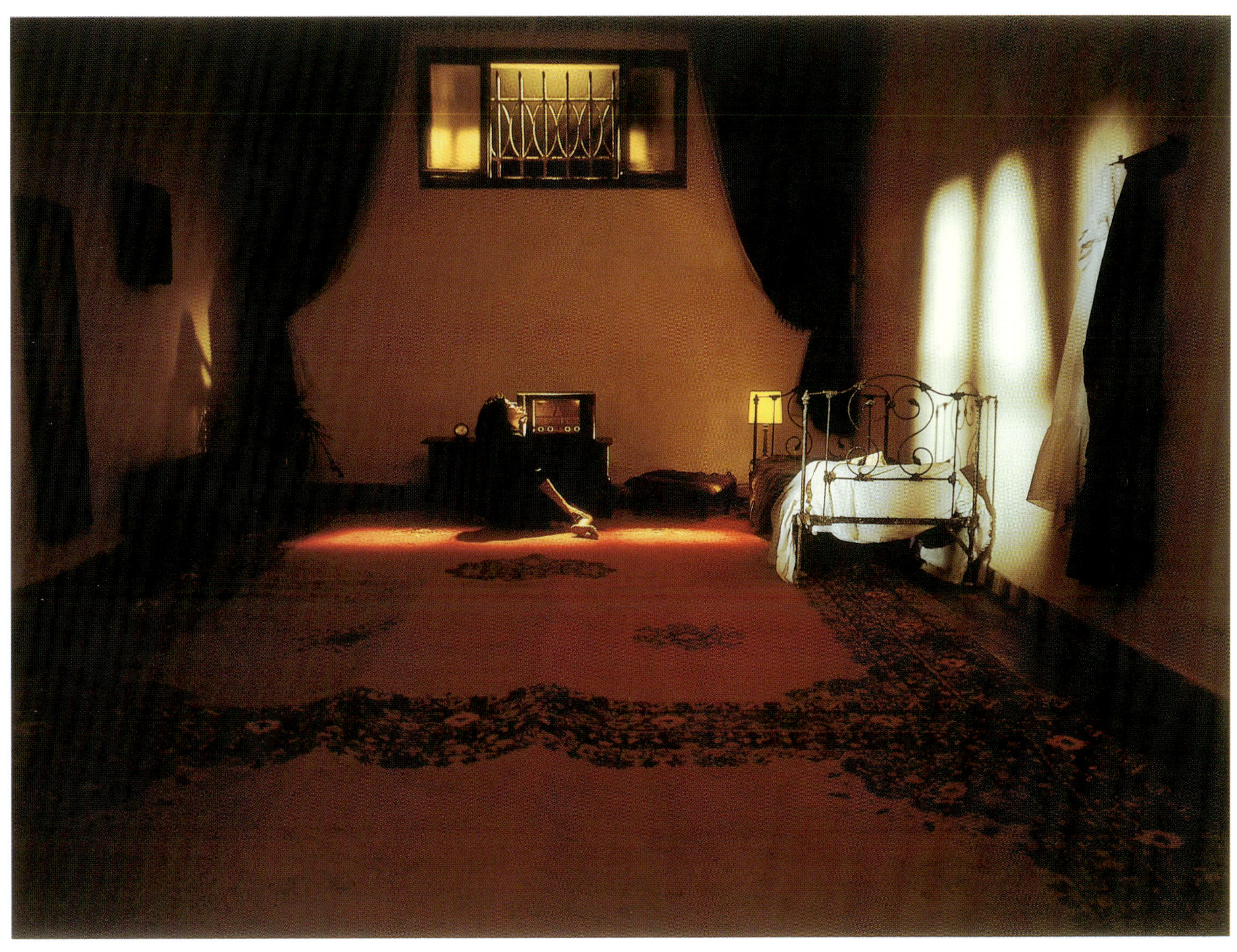

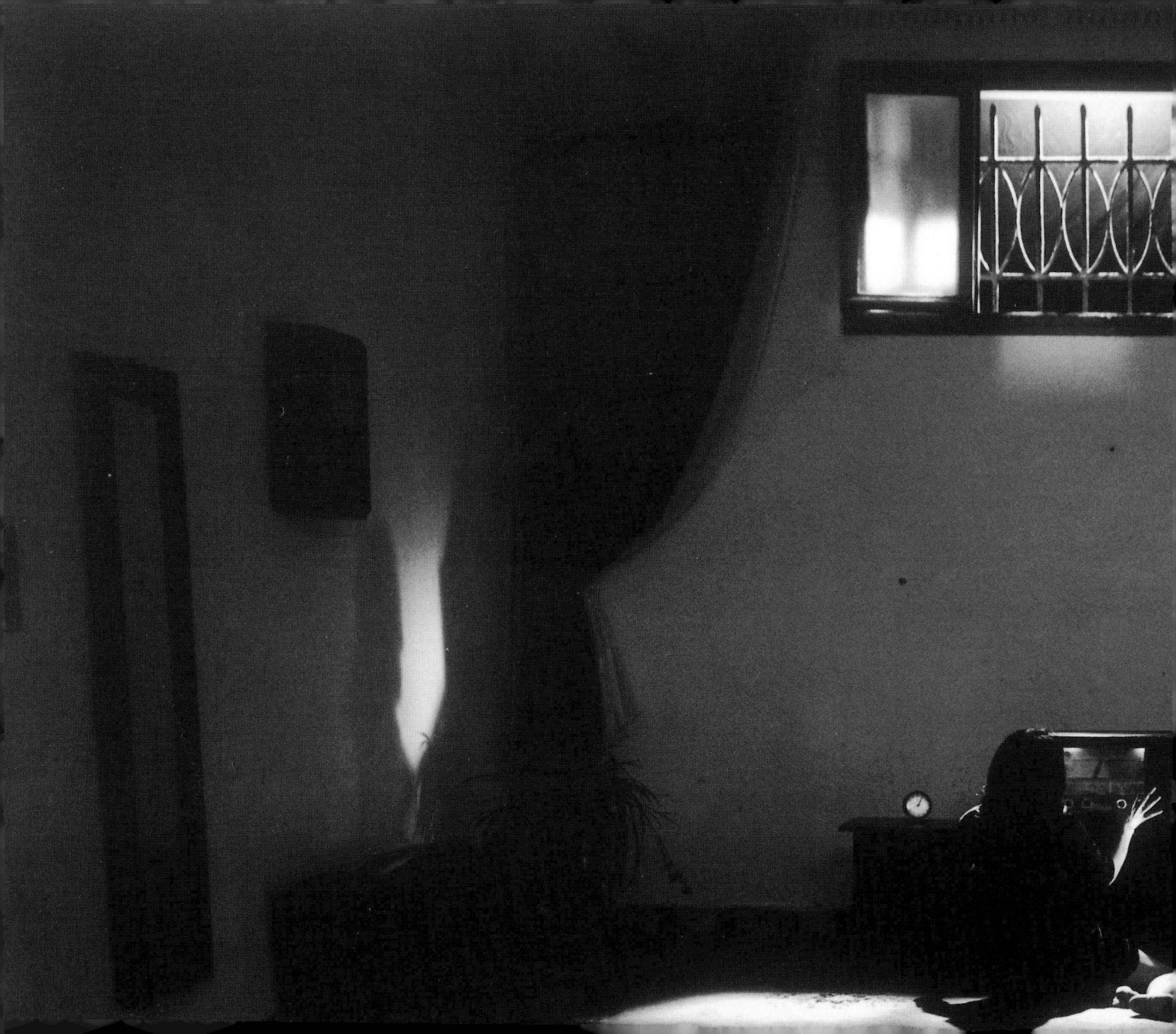

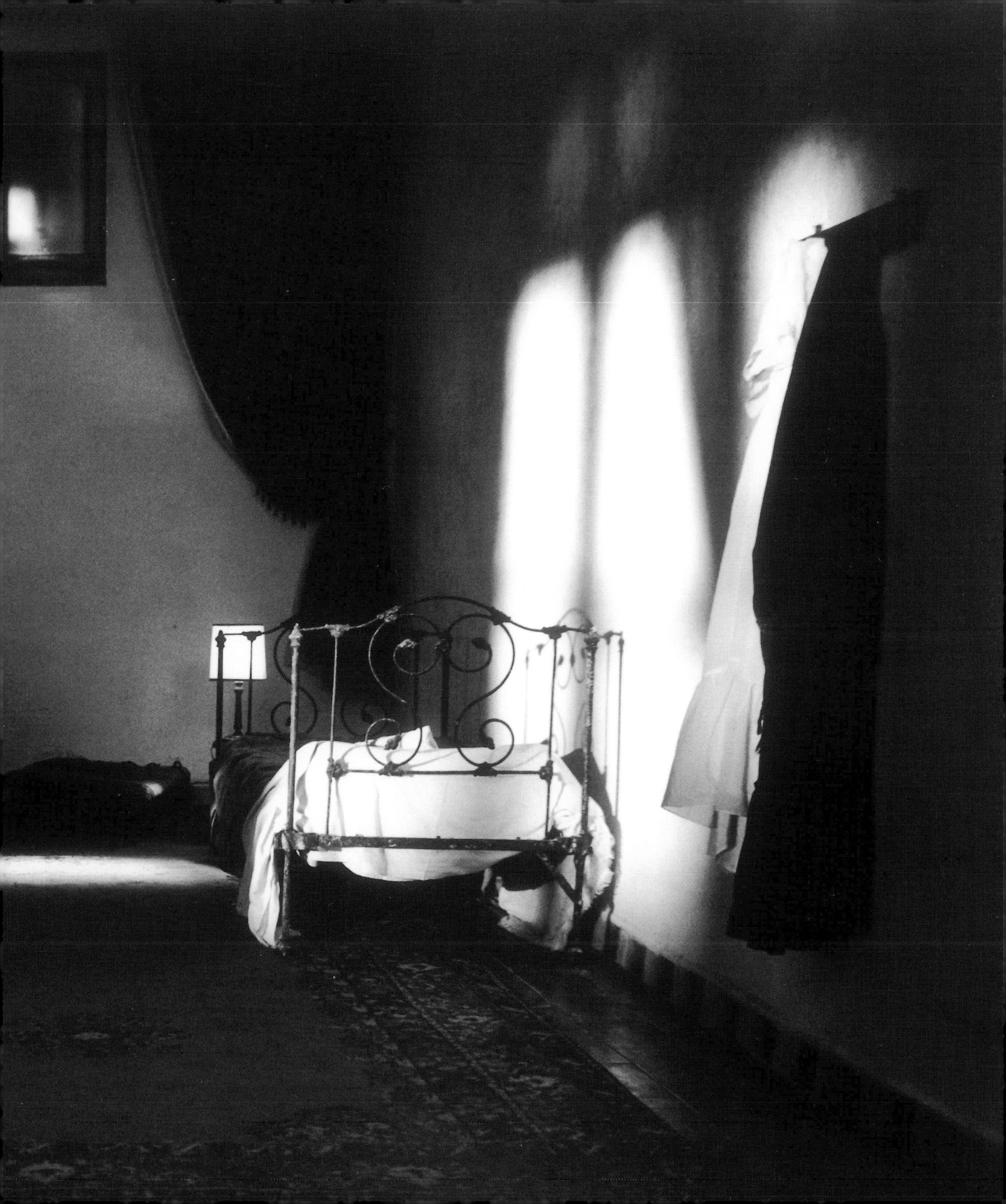

Possessed (Posseduta)
2001

Film in 16 e 35 mm, bianco e nero, sonoro, 9' 30", trasferito su DVD
Soggetto e regia: Shirin Neshat; direttore della fotografia: Ghasem Ebrahimian; musica: Sussan Deyhim; attrice: Shohreh Aghdashloo; soggetto elaborato con: Shoja Azari Youssefi; produzione: Barbara Gladstone; produttore delegato: Hamid Fardjad; direzione artistica: Shahram Karimi; costumi: Noureddine Amir; post-produzione: Andrew Sterling; fotografo di scena: Larry Barns; assistente al fotografo di scena: Grumij Fouad; cast: uomini e donne di Essaouira, Marocco; aiuto regista: Mamoun Chentit; manager di produzione: Jane Loveless; assistente di produzione: Mustapha Sbia; suono: David Ryan.

Possessed esplora l'annoso problema di cosa significhi essere pazzi. Nelle prime due riprese la protagonista viene presentata come una schizofrenica che oscilla tra il mondo fantastico della levitazione/liberazione e l'angoscia della reclusione/realtà. Sebbene abbia trasgredito la legge canonica della teocrazia islamica comparendo in pubblico senza *Hejab*, finché rimane imprigionata nel suo mondo solitario di follia nessuno si accorge della sua presenza. Tuttavia, quando sale alcuni scalini fino ad una zona sopraelevata viene improvvisamente notata. Una folla di persone si raduna intorno a lei e il suo comportamento si fa sempre più stravagante e bizzarro finché non raggiunge il culmine estremo: la donna emette urla di terrore che fanno rabbrividire e turbano la folla. A questo punto si verifica una sorta di inversione: l'elemento schizoide si impossessa della folla che si divide in fazioni diverse e discute sulla legittimità del comportamento della protagonista, mentre questa si rifugia nella sua fantasia privata. In tutte le culture, la follia rappresenta una rottura dell'ordine socialmente costituito; segna l'arrivo del caos, la fuga verso il lato oscuro della razionalità. È anche un atto di volontà, una decisione di allontanarsi dalla norma per raggiungere veramente un livello di libertà individuale in quanto, a differenza del conformismo, la follia rappresenta una dimensione di tormentata solitudine. *Possessed* presenta dunque il confine tra questa dualità e va oltre le problematiche localmente e culturalmente determinate inserendosi in un dialogo globale sulla componente schizoide dell'umanità in generale.

16 and 35 mm Film, B/W, Sound, 9:30 min., transferred to DVD
Concept and Direction: Shirin Neshat; Director of Photography: Ghasem Ebrahimian; Music: Sussan Deyhim; Actress: Shohreh Aghdashloo; Concept developed with: Shoja Azari Youssefi; Producer: Barbara Gladstone; Line Producer: Hamid Fardjad; Art Director: Shahram Karimi; Costume Designer: Noureddine Amir; Editor: Andrew Sterling; Still Photography: Larry Barns; Still Photographer's Assistant: Grumij Fouad; Cast: Men and Woman from Essaouira, Morocco; Assistant Director: Mamoun Chentit; Production Manager: Jane Loveless; Production Assistant: Mustapha Sbia; Sound: David Ryan.

Possessed *explores the age-old question of what constitutes madness. With the first two shots, Neshat establishes her protagonist as a schizoid personality, swinging back and forth between the fantastic world of levitation/release, and the angst of confinement/reality. Although she has broken the canonical rule of Islamic theocracy by appearing in public without the* Hejab, *her presence goes unnoticed as long as she is lost in her solitary world of madness. However, she is noticed immediately when she climbs the steps and ascends to a platform. A crowd gathers around her as her behavior grows more erratic and bizarre, culminating in shrieks of terror, which send a shudder of anxiety through the crowd. A transpositional effect takes place as the schizoid is transmuted to the crowd. While they become deeply divided and dispute over her acceptance, the protagonist woman withdraws into her private fantasy. In any culture, madness represents a breakdown of socially constructed order; it is the arrival of chaos, the flight to the dark side of rationality. It is also an act of volition, a decision to depart from the norm and truly reach a level of individual freedom as, in contrast to conformity, madness is self-agonizing and solitary. Thus* Possessed *presents such dualities, but goes beyond local and culturally specific concerns and enters a global dialogue about the schizoid of humanity at large.*

Possessed (Posseduta), 2001

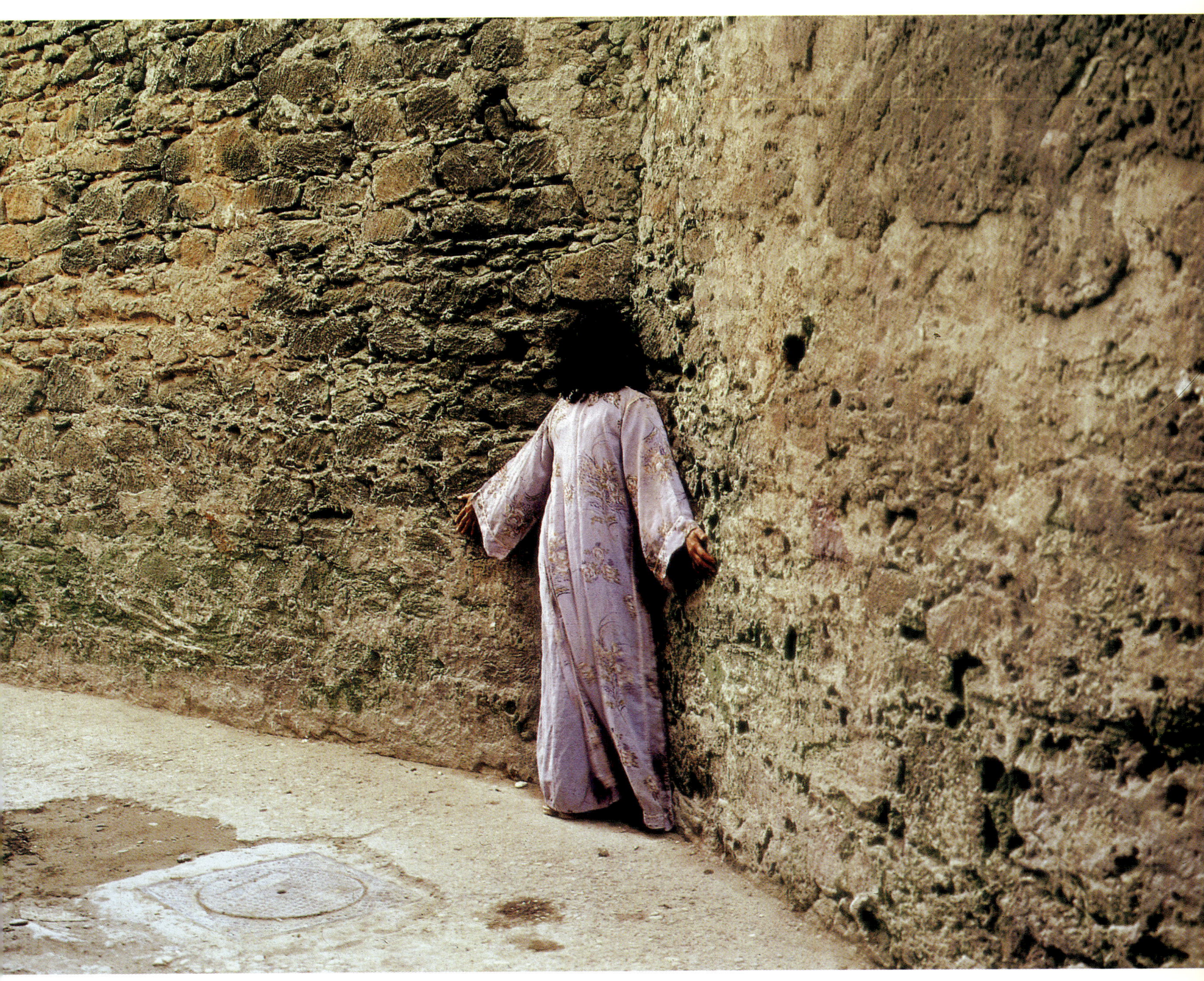

Possessed (*Posseduta*), 2001

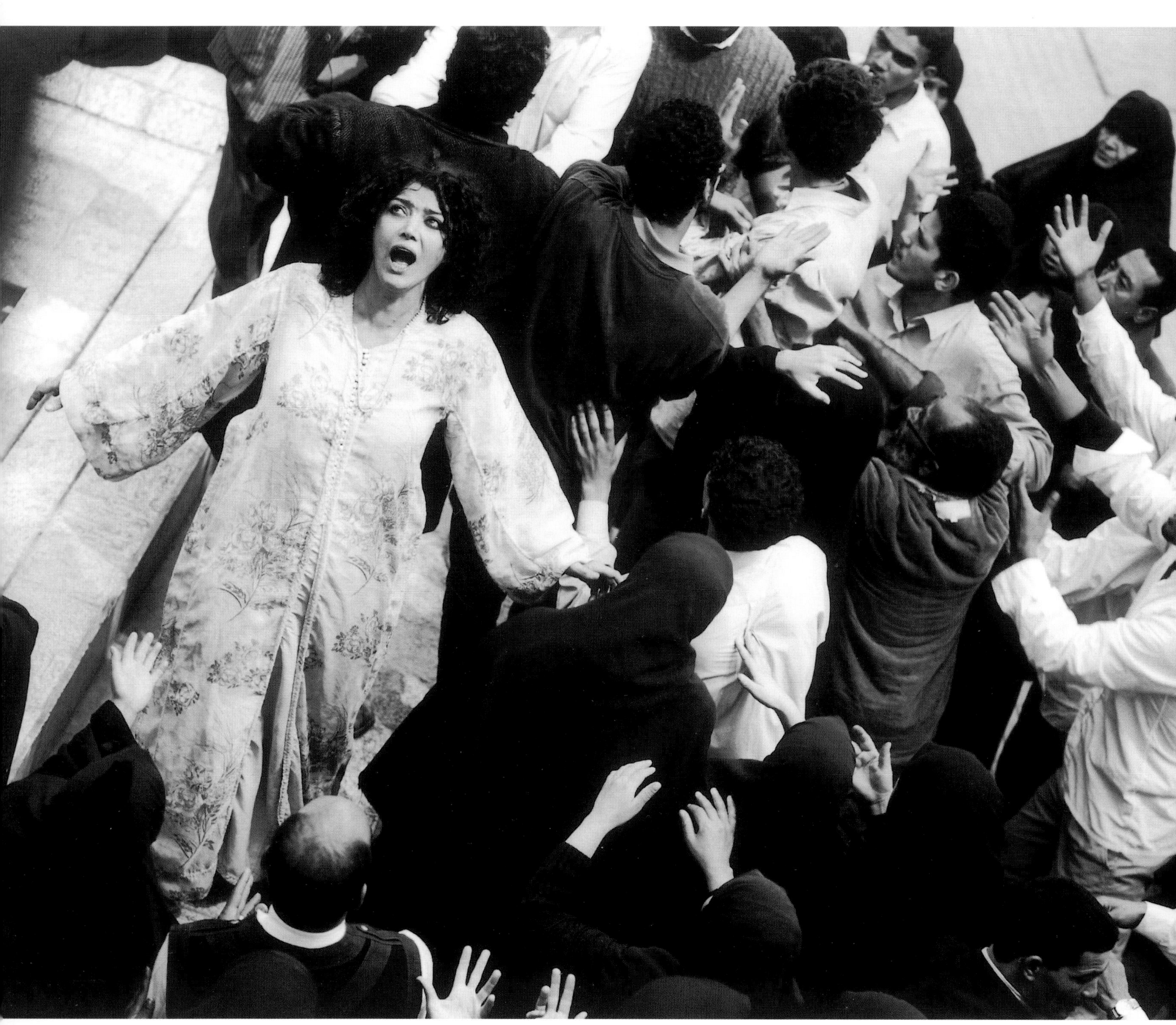

Possessed (*Posseduta*), 2001

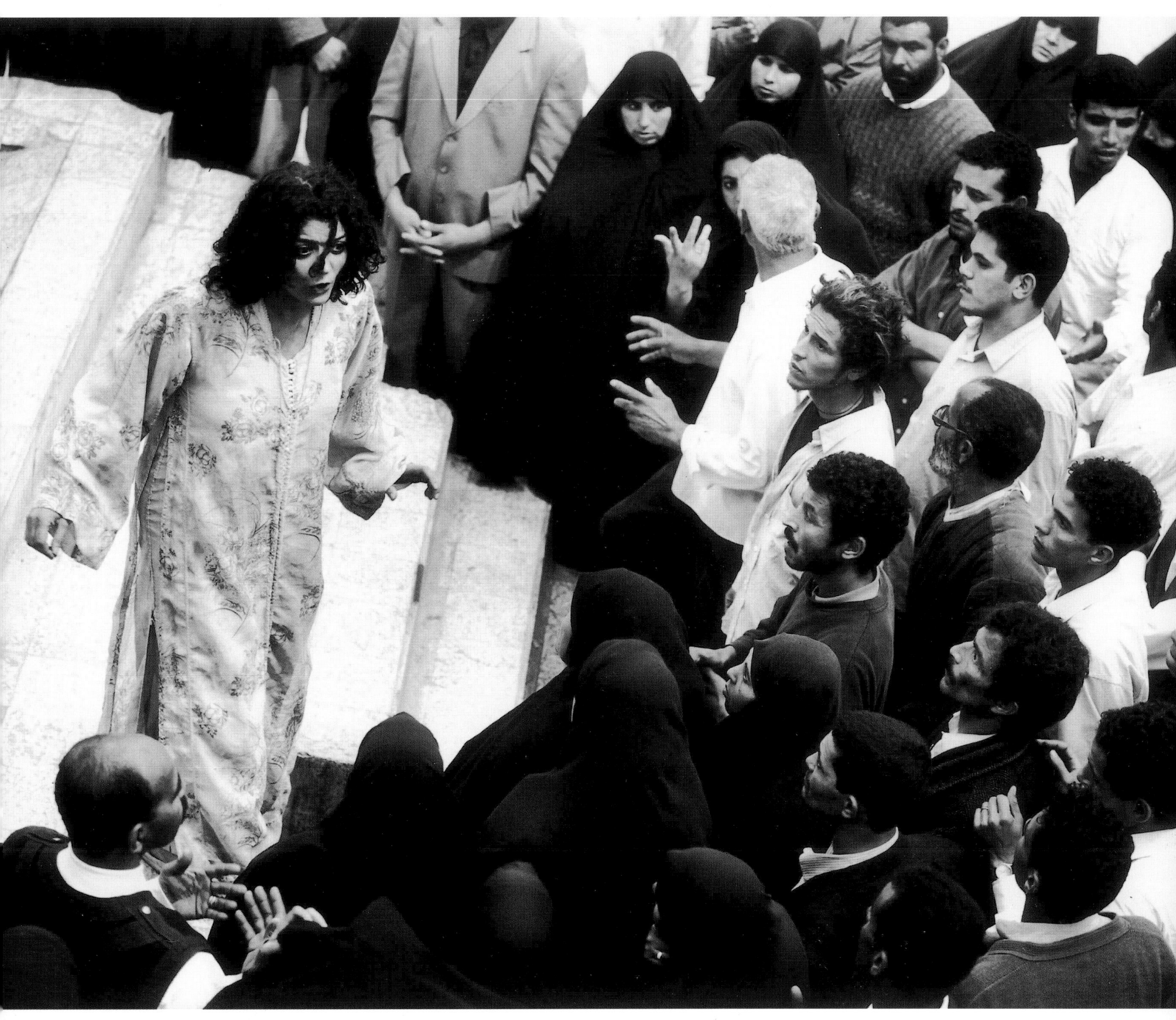

Possessed (Posseduta), 2001

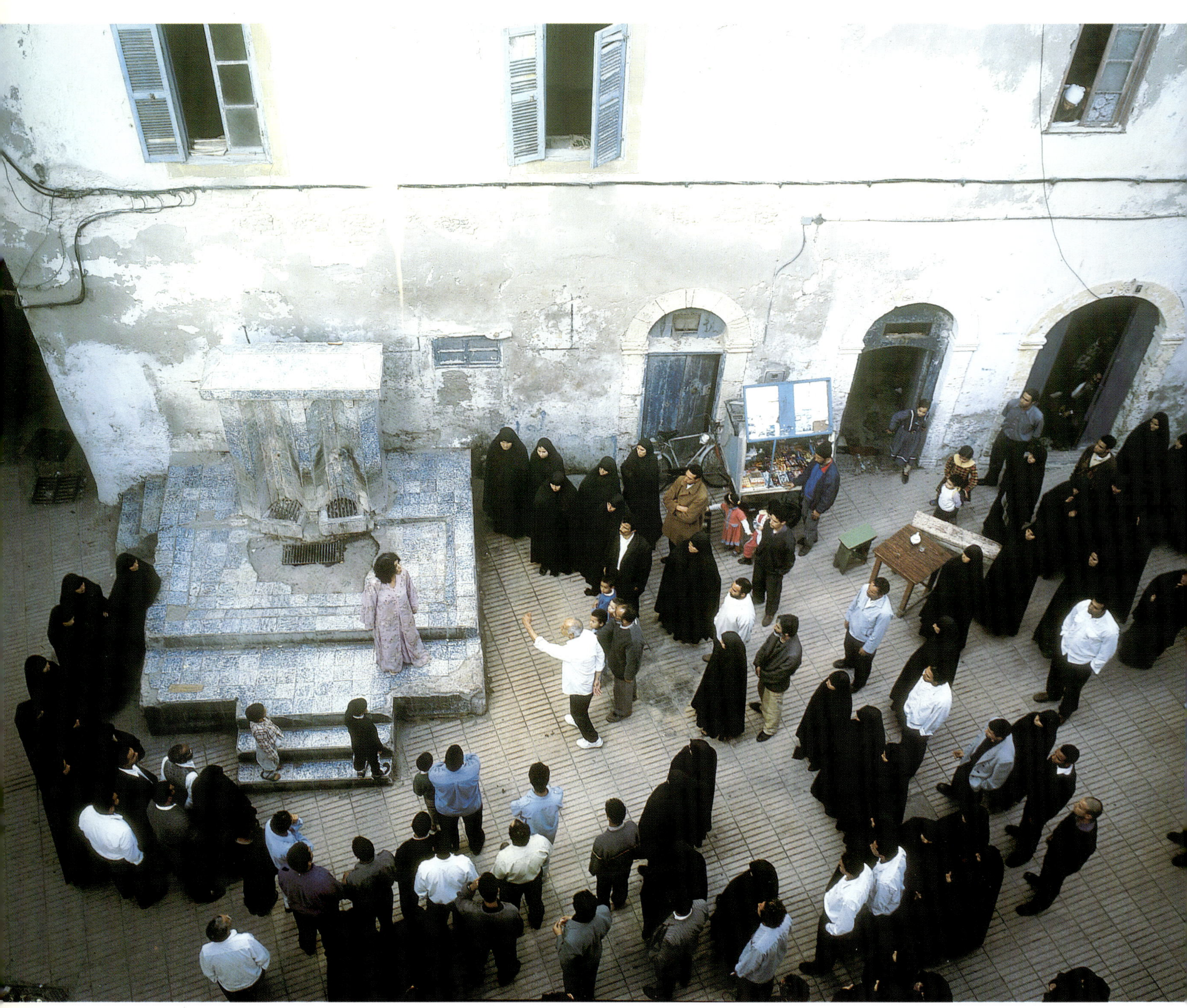

Possessed (Posseduta), 2001

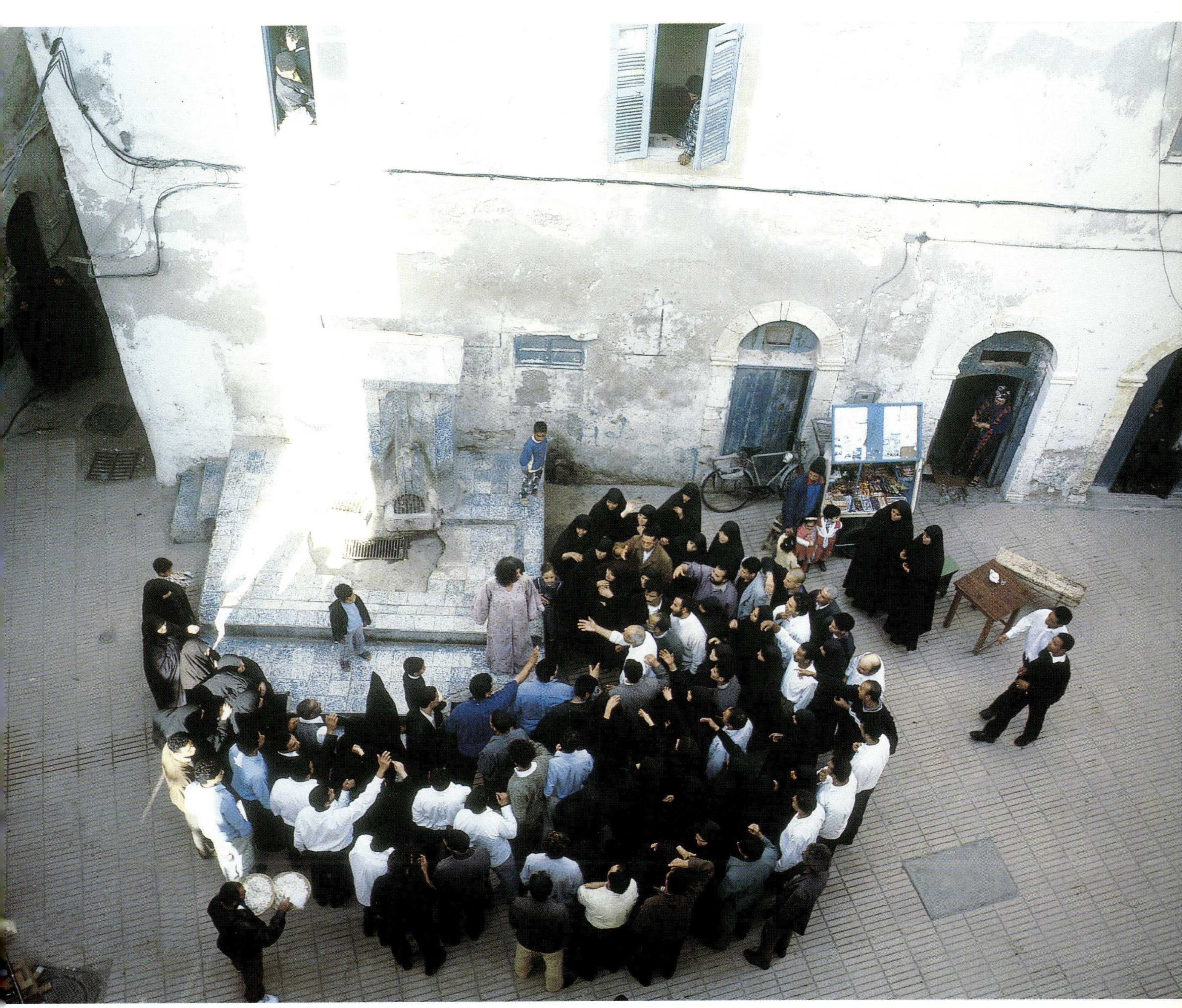

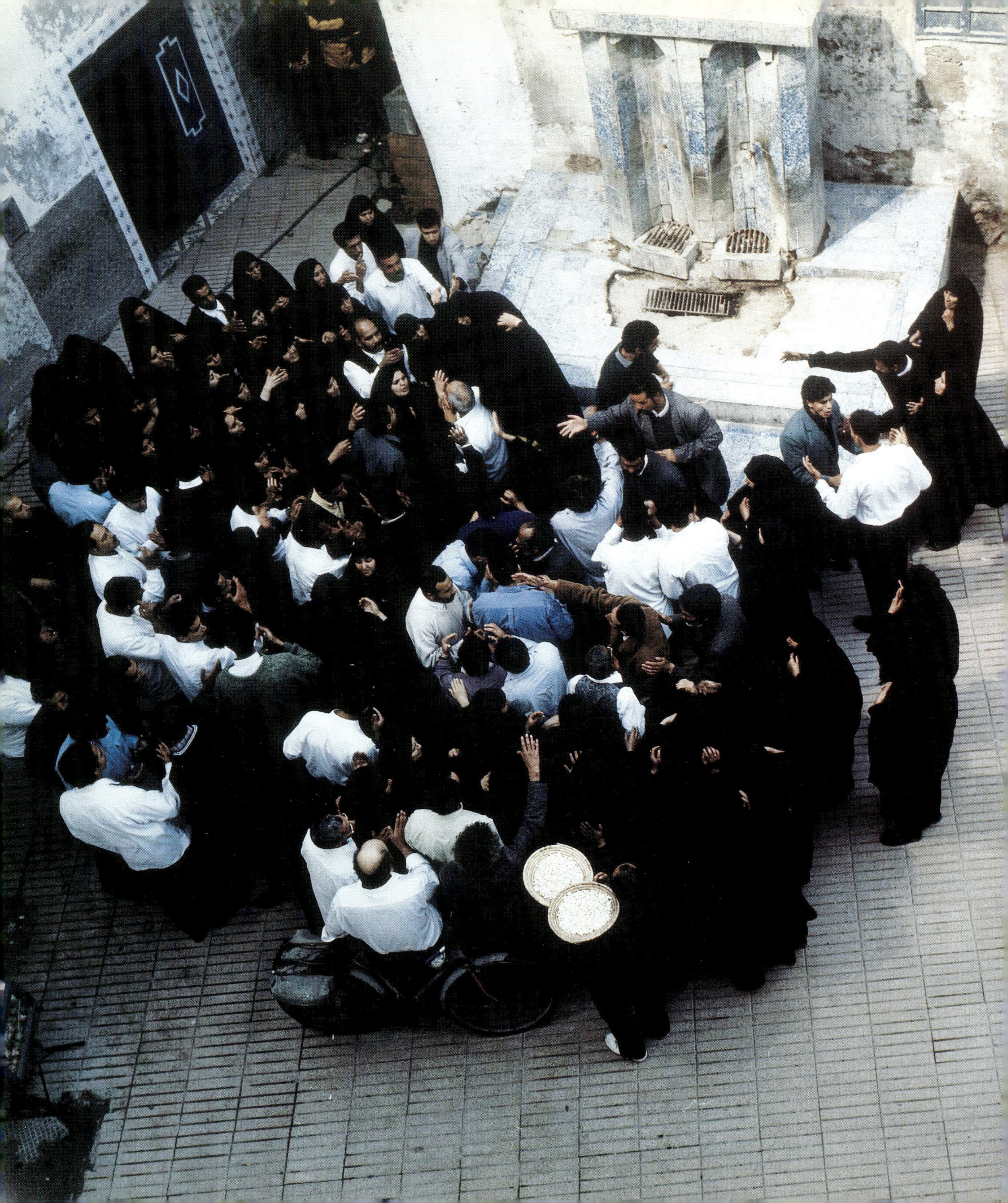

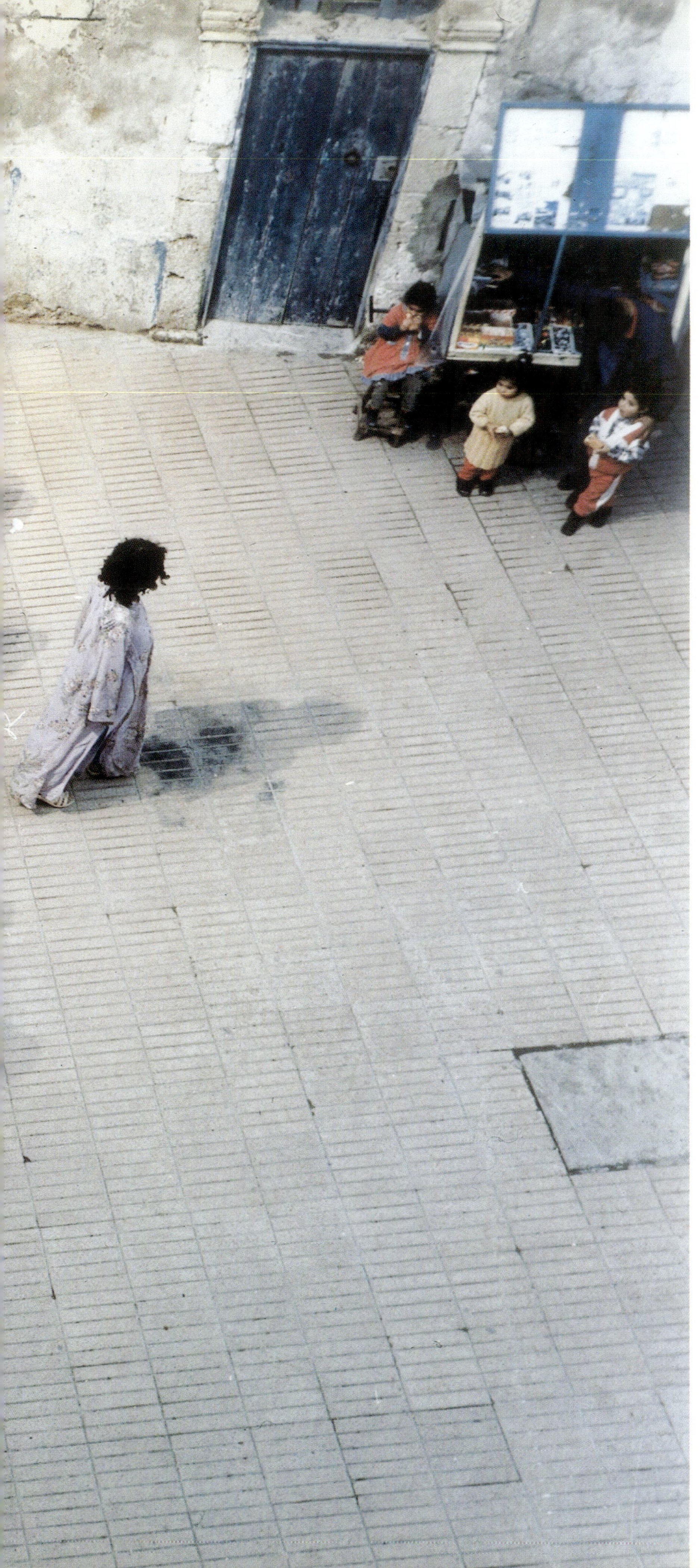

Possessed (*Posseduta*), 2001

Passage (Passaggio)
2001

Di Shirin Neshat e Philip Glass.
Film in 35 mm, colore, sonoro, 11' 30" trasferito su DVD.
Regia: Shirin Neshat; musica: Philip Glass; direttore della fotografia: Ghasem Ebrahimian; soggetto elaborato con: Shoja Azari Youssefi; produzione: Barbara Gladstone; produttore delegato: Hamid Fardjad; direzione artistica: Shahram Karimi; costumi: Noureddine Amir; post-produzione: Andrew Sterling; fotografo di scena: Larry Barns; assistente al fotografo di scena: Grumij Fouad; attrice Fatima-Zahra Chichti; cast: abitanti di Essaouira, Marocco; aiuto regista: Mamoun Chentit; manager di produzione: Jane Loveless; assistente di produzione: Mustapha Sbia; suono David Ryan; effetti speciali: J. Claude Baron.

Passage è il frutto di una collaborazione con il compositore americano Philip Glass, una meditazione sul tema universale della morte e sul rito della sepoltura, o del ritorno del corpo alla terra, presente in quasi tutte le culture. Il film si apre con il montaggio di una serie di sequenze in cui Neshat rivela lentamente gli elementi paralleli della narrazione. In una vasta e desolata pianura desertica, un gruppo di donne coperte da veli neri scava energicamente una fossa con le mani. Il ritmo della loro respirazione affaticata accompagnata da un canto tradizionale ricorda le doglie del parto, l'atto sessuale o un rito comunitario. Nel frattempo un gruppo di uomini vestiti di nero trasportano un cadavere percorrendo un cammino lungo e impervio che va dall'oceano tumultuoso fino al luogo della sepoltura nel deserto. Il loro umore è cupo ma al tempo stesso controllato e inflessibile. Vicino alle donne intente a scavare, vediamo una bambina solitaria dal vestito colorato che gioca a costruire un piccolo il cerchio di pietre. Solo nell'ultima scena del film Neshat ci mostra tutti i protagonisti nella stessa inquadratura. Quando il viaggio degli uomini giunge a destinazione, il cerchio di pietra costruito dalla bambina e la fossa per la sepoltura sono pronti. A questo punto, mentre il corpo sta per essere calato nella fossa, la terra prende fuoco. *Passage* è un eloquente poema visivo che racconta simbolicamente la storia della perdita, del dolore, della tradizione, del rinnovamento e della speranza di fronte ai dilemmi esistenziali, al timore e al mistero.

By Shirin Neshat and Philip Glass.
35 mm Film, Color, Sound, 11:30 min., transferred to DVD.
Visual Director: Shirin Neshat; Music Composition: Philip Glass; Director of Photography: Ghasem Ebrahimian; Concept developed with: Shoja Azari Youssefi; Producer: Barbara Gladstone; Line Producer: Hamid Fardjad; Art Director: Shahram Karimi; Costume Designer: Noureddine Amir; Editor: Andrew Sterling; Still Photographer: Larry Barns; Still Photographer's Assistant: Grumij Fouad; Actress: Fatima-Zahra Chichti; Cast: Men and Women of Essaouira, Morocco; Assistant Director: Mamoun Chentit; Production Manager: Jane Loveless; Production Assistant: Mustapha Sbia; Sound: David Ryan; Special Effects: J. Claude Baron.

Passage *is a collaboration with the American composer Philip Glass, and a meditation on the universal subject of death and the ritual of burial or return of the body to the earth that is found in virtually every culture. The film compiles a series of anticipatory montage sequences as Neshat slowly reveals the parallel elements of her narrative. A group of women in black veils vigorously dig a burial site with their bare hands in a vast, desolate area of desert. Their rhythmic and laborious breathing accompanied by a primal chant suggests the labor of birth, the sexual act or a communal ritual. A group of black-suited men carry a corpse on a long and difficult journey that takes them from the roaring ocean to the burial site in the desert. Their mood is somber, yet controlled and uncompromising. A solitary young girl wearing a colorful dress plays near the women at the burial site, building a campfire out of stones. Only in the final shot of the film does Neshat disclose all three elements in the same frame. As the journey of the men comes to an end, the furnace built by the young child and the burial site are ready. At this juncture the earth bursts into flame at the point of delivery and contact of the body to the ground.* Passage *is an eloquent visual poem that symbolically tells the story of human loss, grief, tradition, renewal and hope in the face of existential wondering, awe and mystery.*

Passage (Passaggio), 2001

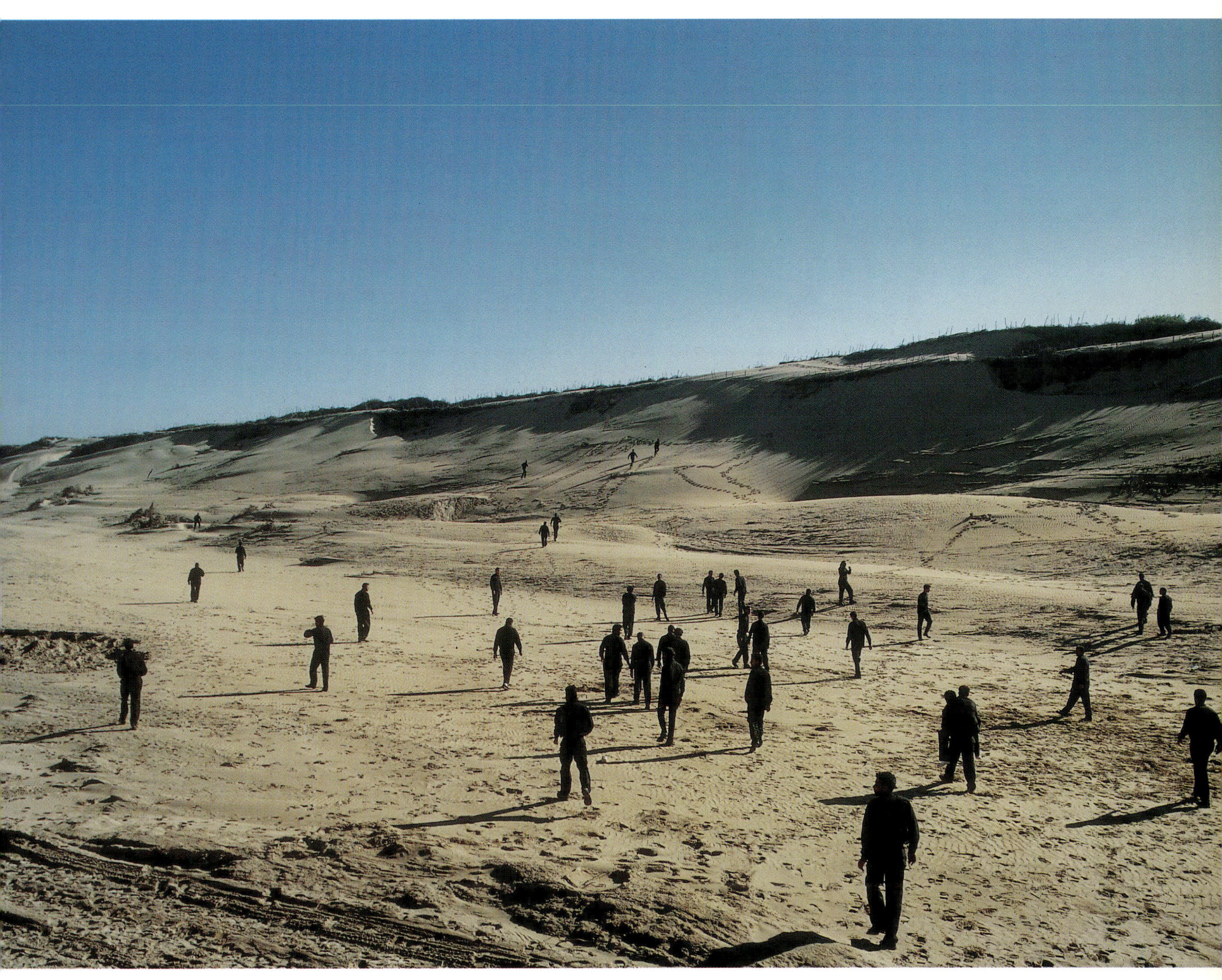

Passage (Passaggio), 2001

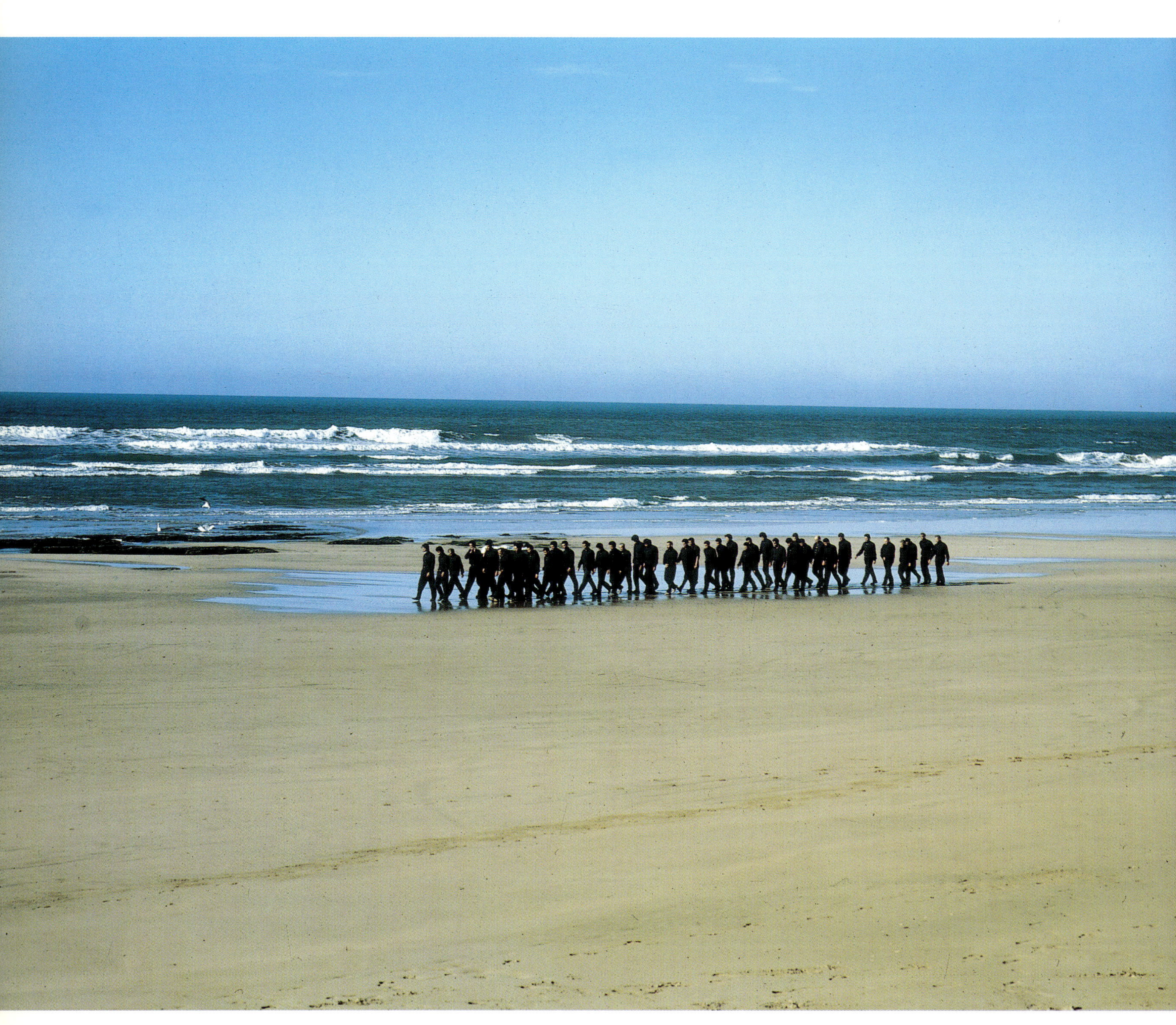

Passage (Passaggio), 2001

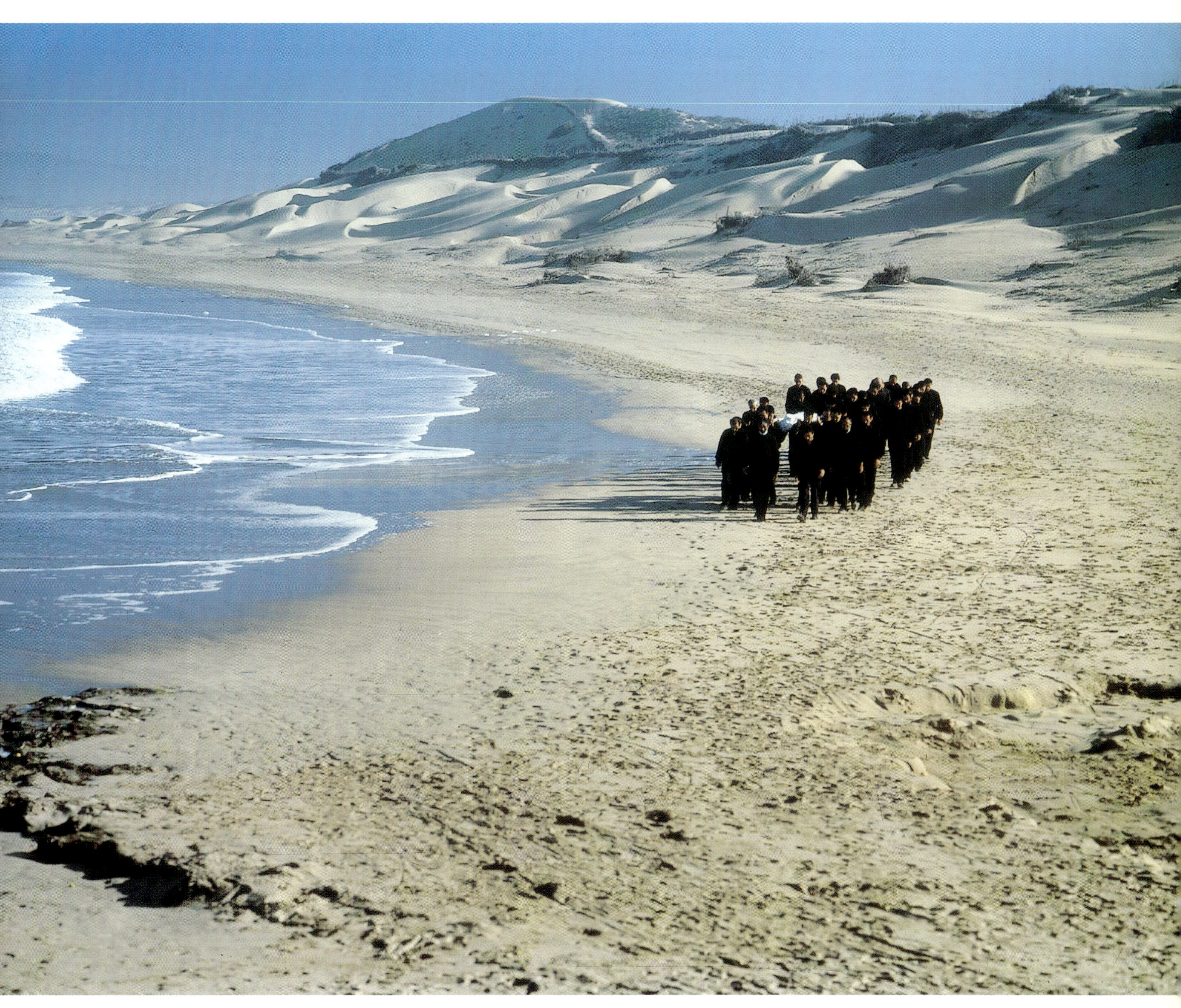

Passage (Passaggio), 2001

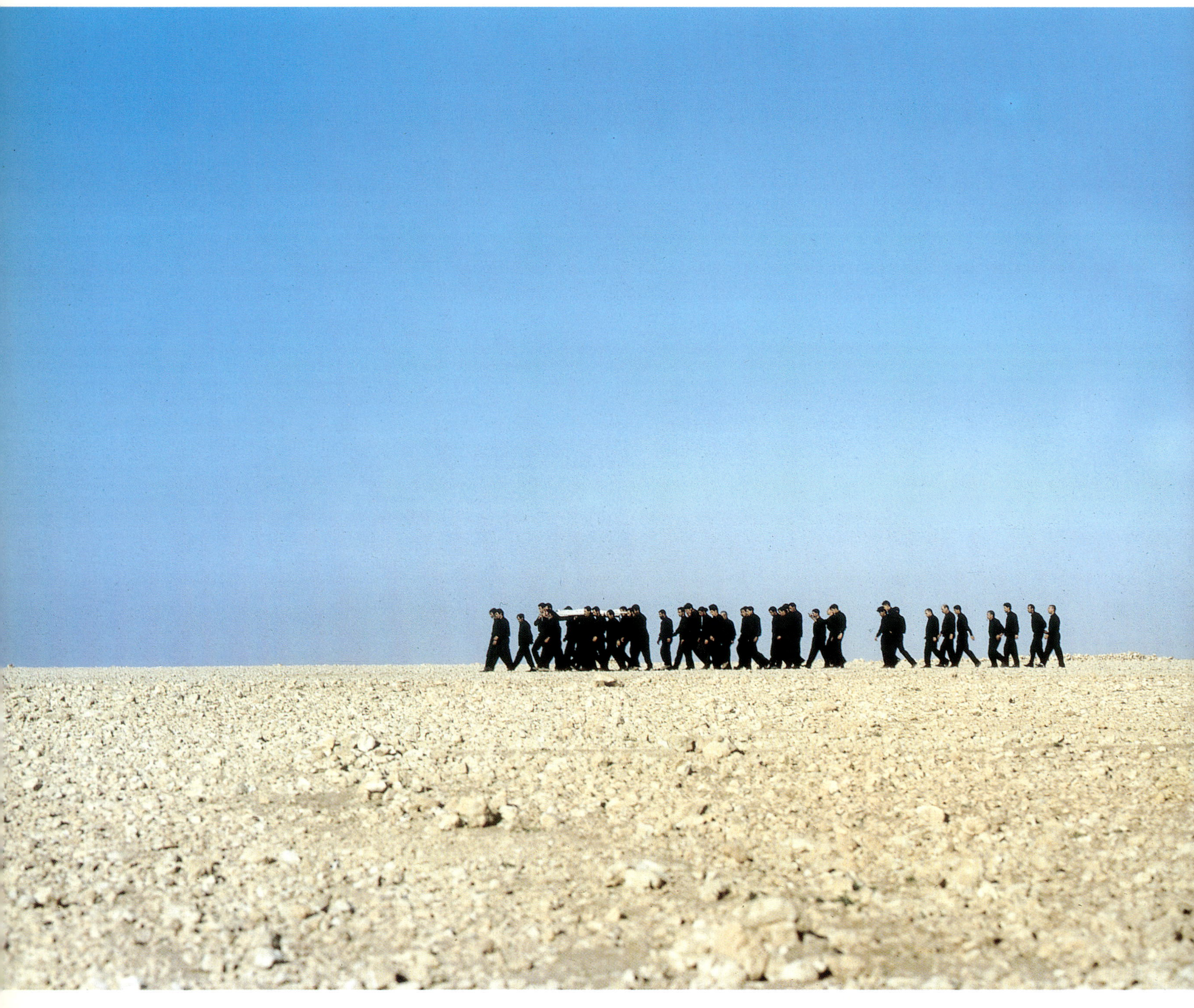

Passage (Passaggio), 2001

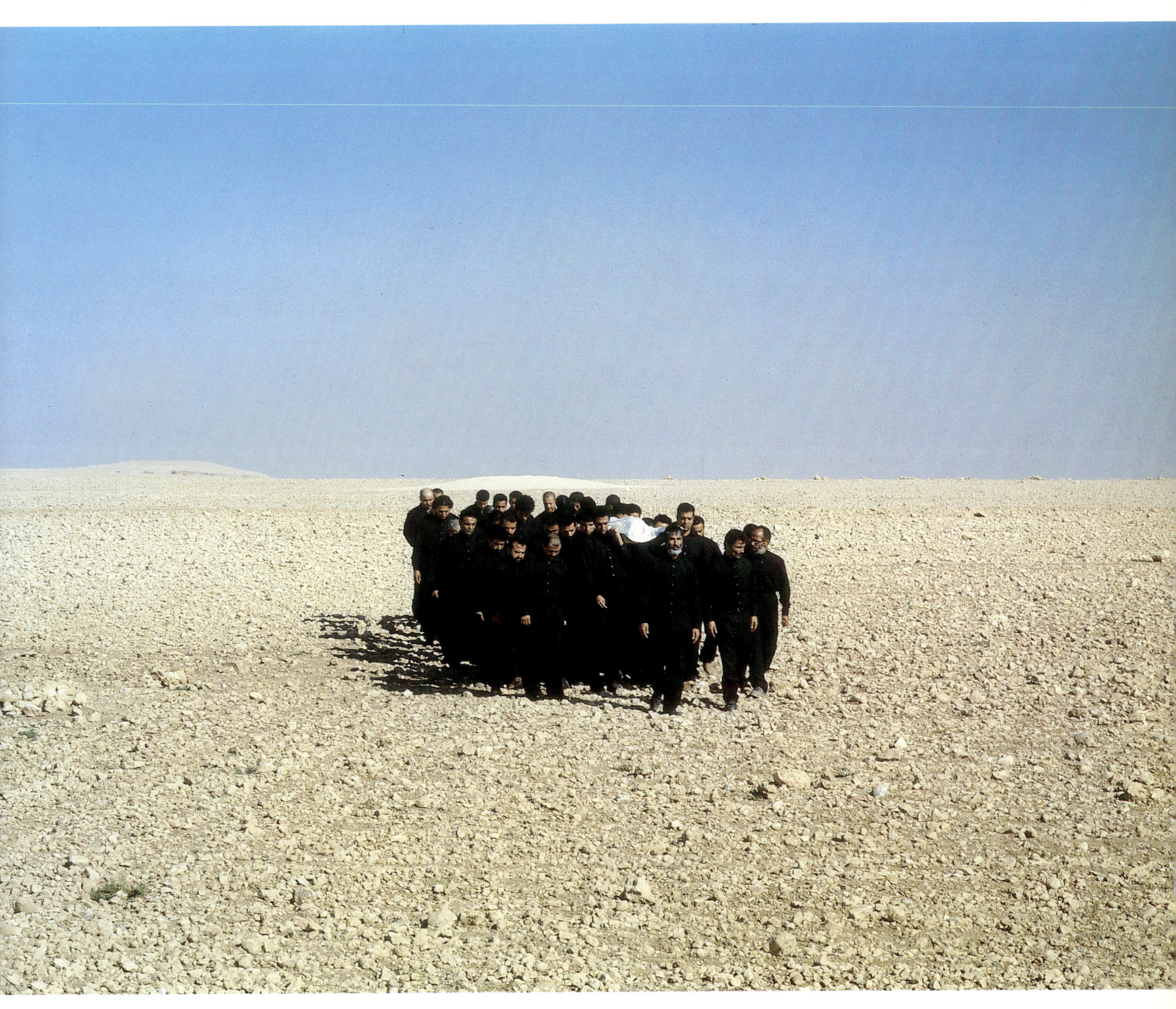

Passage (Passaggio), 2001

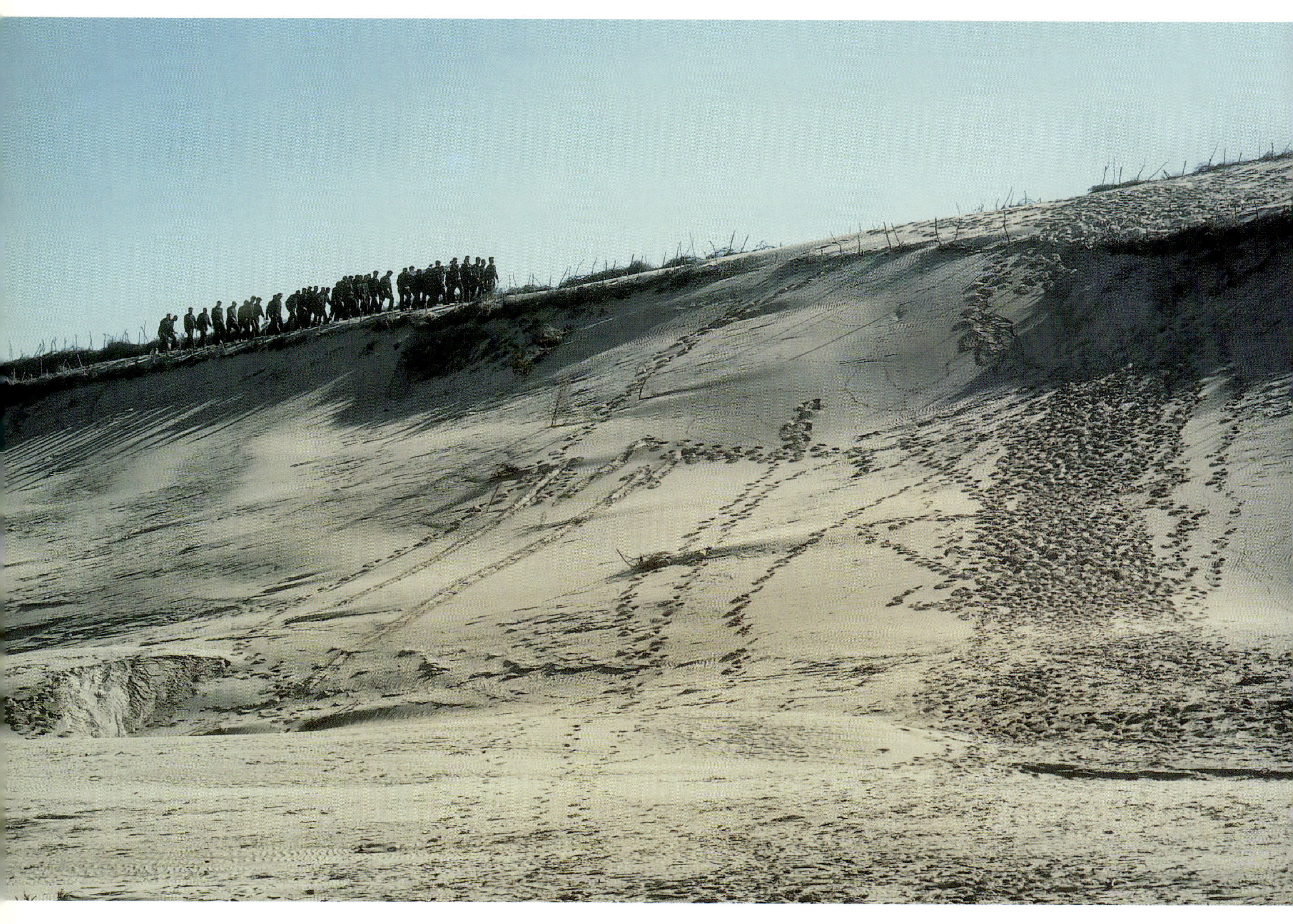

Passage (*Passaggio*), 2001

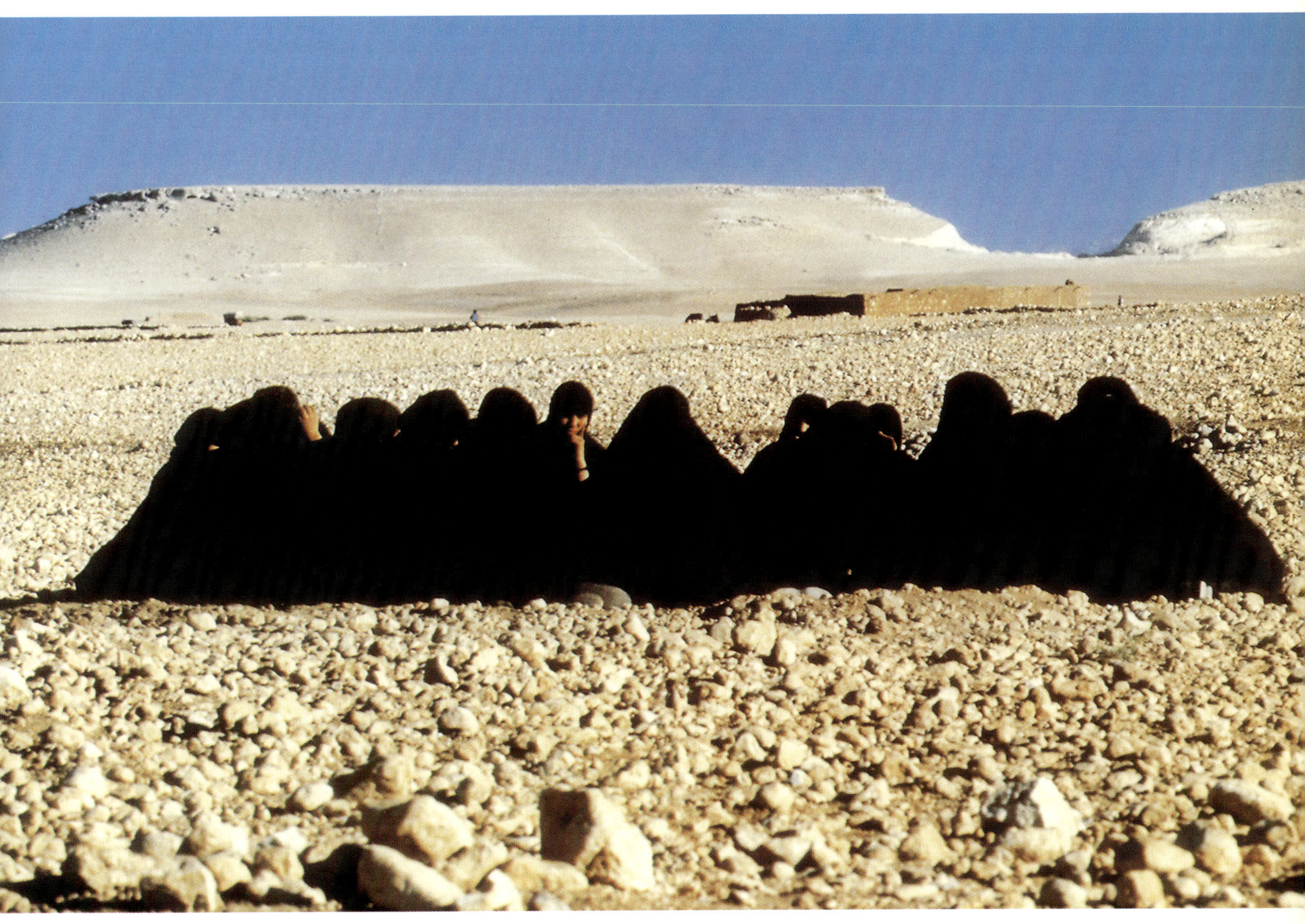

Passage Series (*Ciclo Passaggio*), 2001

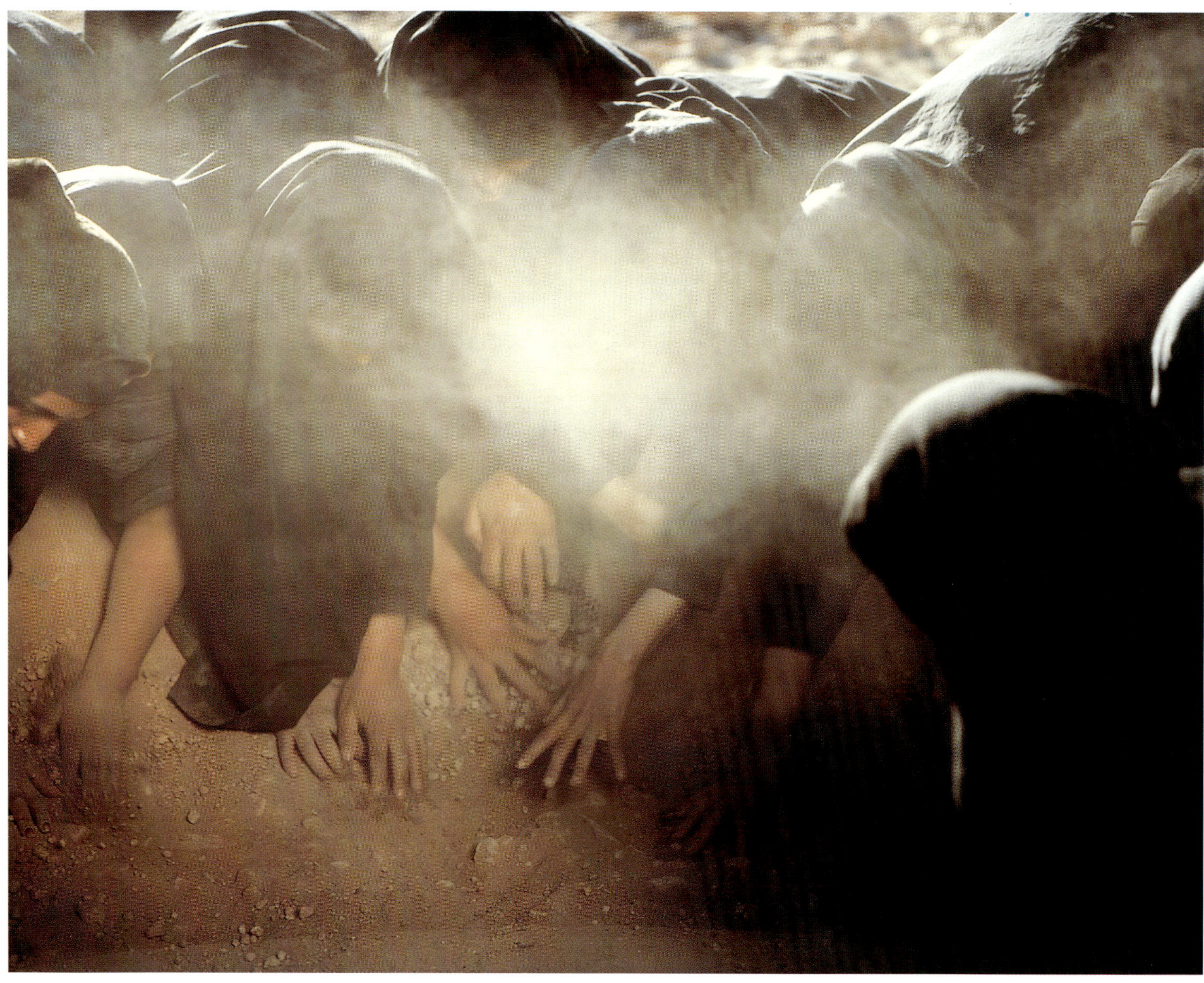

Passage Series (*Ciclo Passaggio*), 2001

p. 166-167
Passage (*Passaggio*), 2001

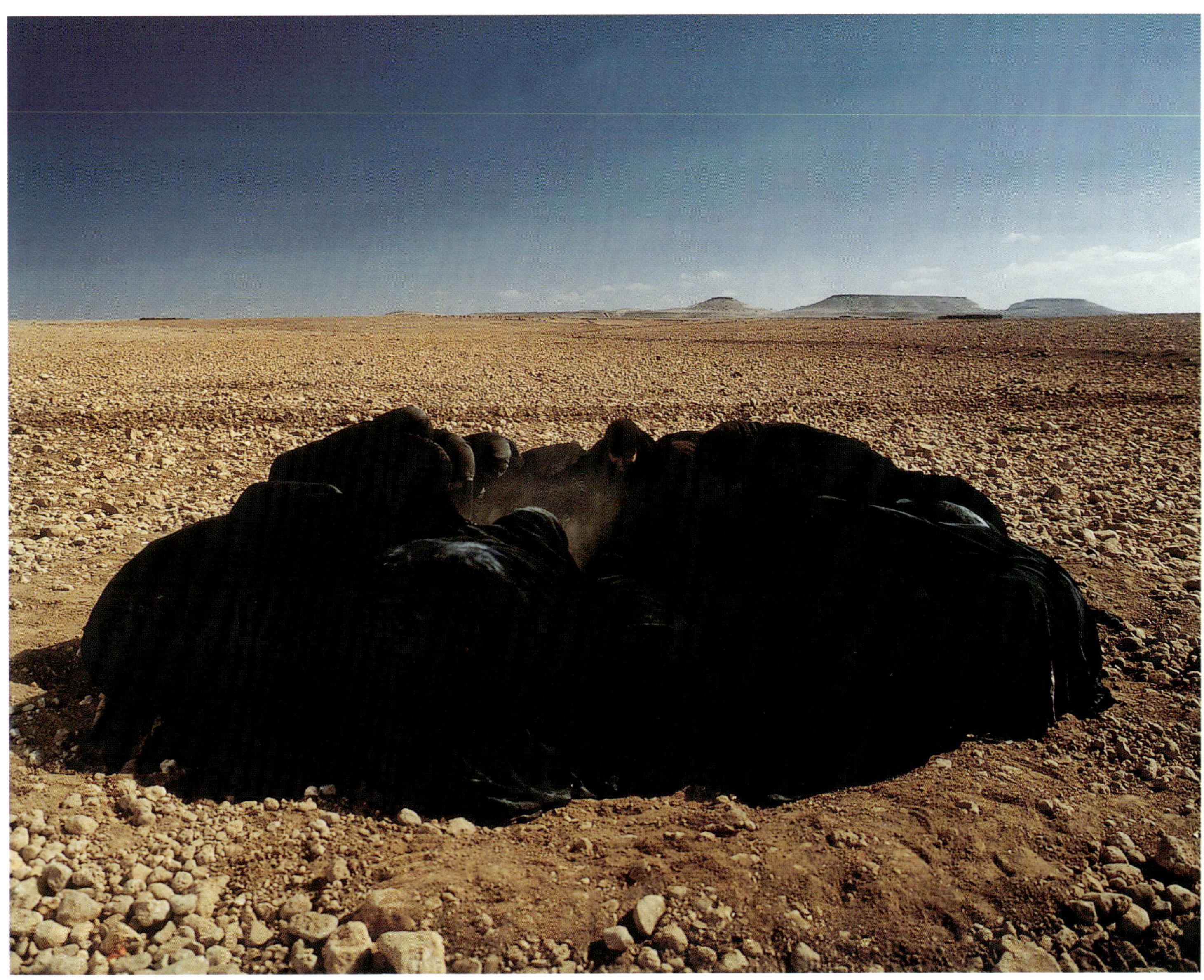

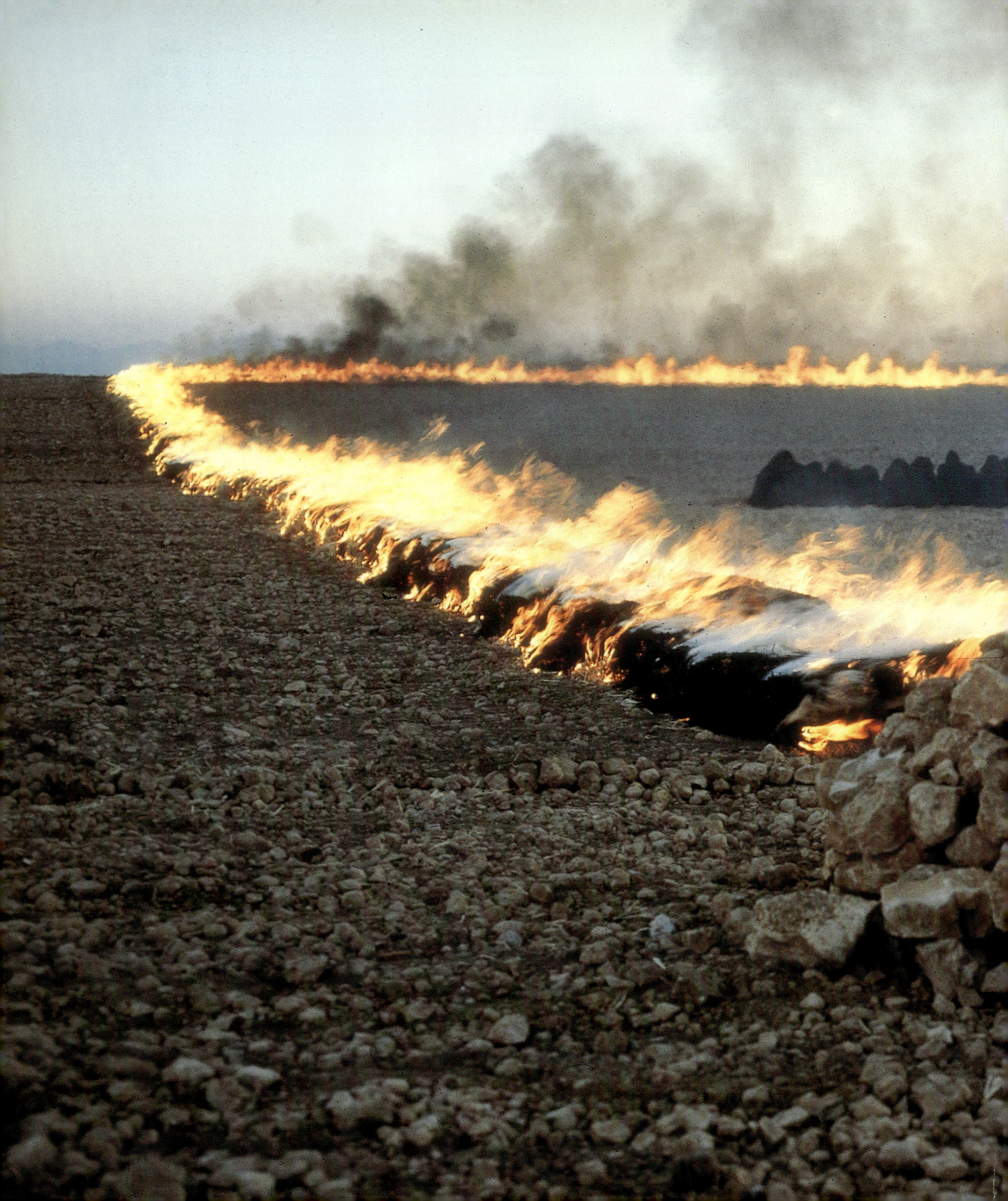

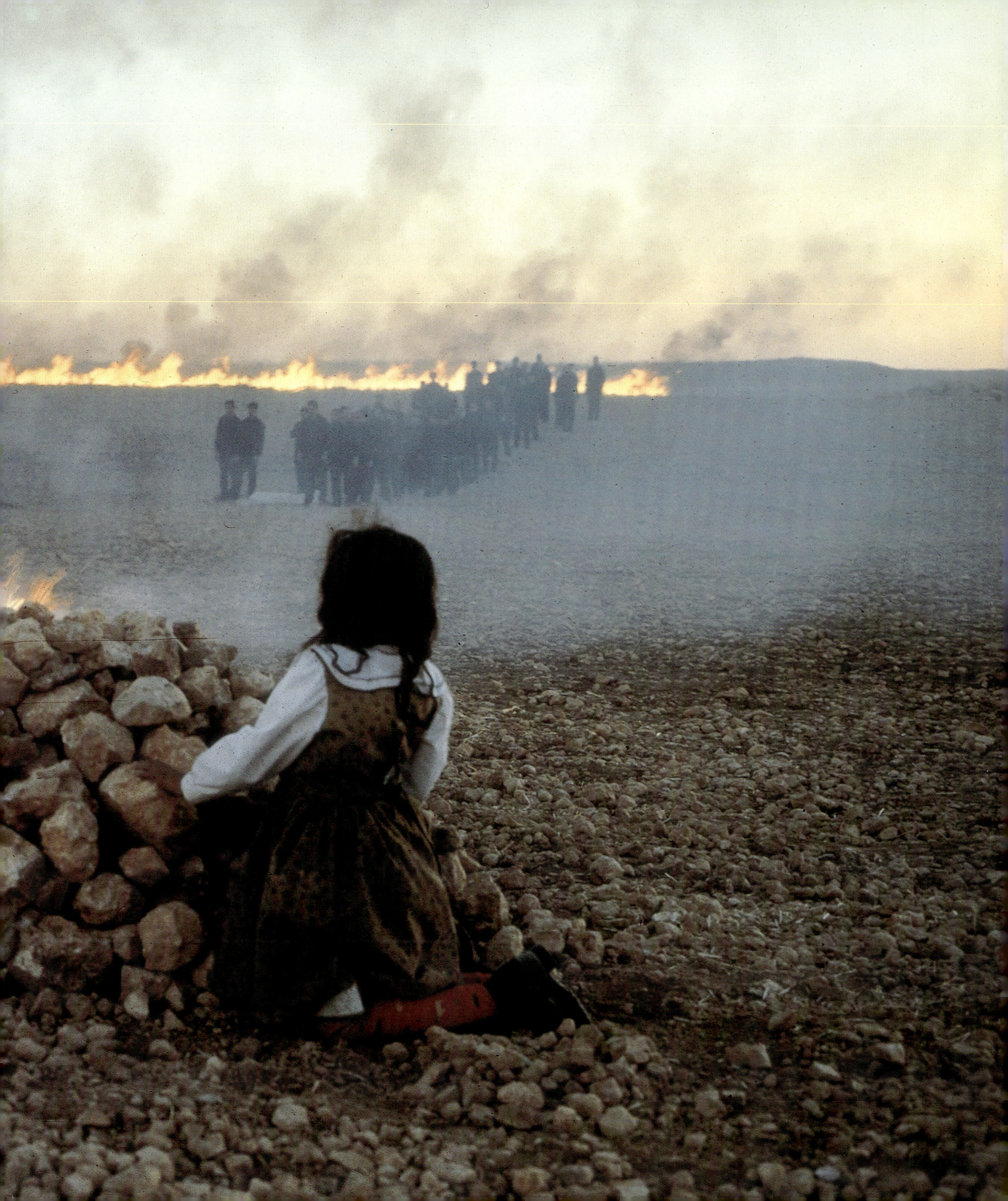

Logic of the Birds (Logica degli uccelli)
2001

Soggetto e regia: Shoja Azari, Ghasem Ebrahimian, Shirin Neshat; performance, musica ed effetti sonori: Sussan Deyhim; produttori: The Kitchen and RLG Productions, New York, Kimberly Venardos; produttore esecutivo: RoseLee Goldberg; direzione artistica: Shahram Kerimi; direzione di scena: Assurbanipal Babilla; costumi: Nourreddine Amir; aiuto compositore: Richard Horowitz; manager di produzione: Sol Tryon; installazione: David Habir; post-produzione: Sam Neave; supporto alla produzione: Susan Hamburger; assistente alle luci: Jason Marin; fotografia di scena: Larry Barns; assistente di produzione: Palyzeh Kashi; allestimento del set: Mark McNamara; assistente all'allestimento del set: Ralph Borland; carpenteria: Steven Dufala; tecnico: Ethan Higbee; consulenti per l'ingegneria del suono: Joe Albano & Collier Hyams; musica eseguita da Dawn Avery Buckholtz, Reza Derakhshani e Saam; suono dal vivo: Peter Arsenalt.
Commissionato da The Kitchen, RGL Productions, New York; Walker Art Center, Minneapolis; Artangel, London.
Prima rappresentazione: 5 ottobre 2001, The Kitchen, New York.

Lo scrittore e filmmaker Shoja Azari afferma: "*Logic of the Birds* racconta il viaggio di una donna che rimane incinta per magia, senza l'intervento di alcuna figura maschile, abbandonandosi completamente alla natura e immergendosi nell'acqua, l'essenza della vita. Quando ritorna, la sua società è diventata cieca, confusa, è piombata in una condizione di caos e di vana irrequietezza. L'eredità che lascia all'umanità è il dono della nascita che, attraverso la condivisione del dolore, evoca compassione e partecipazione emotiva. Dopo di che si rifugia nella sua solitudine, e alla fine raggiunge l'illuminazione, che è poi la ricerca di Simorgh. Attraverso una serie di discorsi o, meglio, attraverso l'evocazione della glossolalia riesce a persuadere gli altri a seguirla nella sua ricerca." Il viaggio si rivela pieno di difficoltà. Il gruppo attraversa sette valli estremamente pericolose. Molti muoiono o rimangono indietro. Ma quelli che resistono, alla fine vedono lo spettro di Simorgh nella loro immaginazione. Il poeta Attar descrive con eloquenza la loro visione e conclude dicendo che i trenta, quaranta o cinquanta uccelli, così disperatamente alla ricerca di un *leader*, in realtà sono una cosa sola. In questo modo ci offre un commento sulla natura dell'individuo e della società. "Per quanto abbiate lottato, per quanto lontano vi siate spinti nel vostro viaggio/ è voi stessi che vedete, è ciò che siete."

RoseLee Goldberg

Writers and Filmmakers: Shoja Azari, Ghasem Ebrahimian, Shirin Neshat; Performance Artist, Composer and Sound Designer: Sussan Deyhim; Producers: The Kitchen and RLG Productions, Kimberly Venardos; Executive Producer: RoseLee Goldberg; Art Director: Shahram Kerimi; Stage Direction: Assurbanipal Babilla; Costumes: Nourreddine Amir; Co-Composer: Richard Horowitz; Production Manager: Sol Tryon; Installation Design: David Habir; Film Editor: Sam Neave; Production Support: Susan Hamburger; Assistant Lighting: Jason Marin; Still Photography: Larry Barns; Production Assistant: Palyzeh Kashi; Set Construction: Mark McNamara; Assistant Set Construction: Ralph Borland; Carpenter: Steven Dufala; Technician: Ethan Higbee; Sound Enginering Consultants: Joe Albano & Collier Hyams; Music featuring: Dawn Avery Buckholtz, Reza Derakhshani and Saam; Live Sound: Peter Arsenalt.
Commissioned by The Kitchen, RGL Productions, New York; Walker Art Center, Minneapolis; Artangel, London.
Premiere: October 5th, 2001, The Kitchen, New York.

Writer and filmmaker Shoja Azari says "We follow the journey of a woman who is impregnated in the absence of a male figure through magic, by surrendering herself to nature and immersing herself in water: the essence of life. She returns to a society which has become blinded, confused and has fallen into a state of chaotic and aimless wandering. Her gift to humanity is the gift of birth, which through shared pain evokes compassion and empathy. Consequently she retreats to her solitude, eventually attaining enlightenment, which is the quest for Simorgh. It is through a series of discourses with others, or more precisely, through the evocation of glassolalia (speaking in tongues), that she persuades everyone to join her in her quest for Simorgh." The journey proves to be laden with hardship. The group travels through seven dangerous valleys. Many perish or are left behind. Yet those who endure see the specter of Simorgh in their mind's eye. Attar eloquently describes their ultimate vision, concluding that the thirty, forty or fifty birds, so desperately in search of a leader, are indeed one. His is a profound commentary on the nature of the individual and society. "Though you have struggled, wandered, traveled far/ It is yourselves you see and what you are."

RoseLee Goldberg

Logic of the Birds (*Logica degli uccelli*), 2001

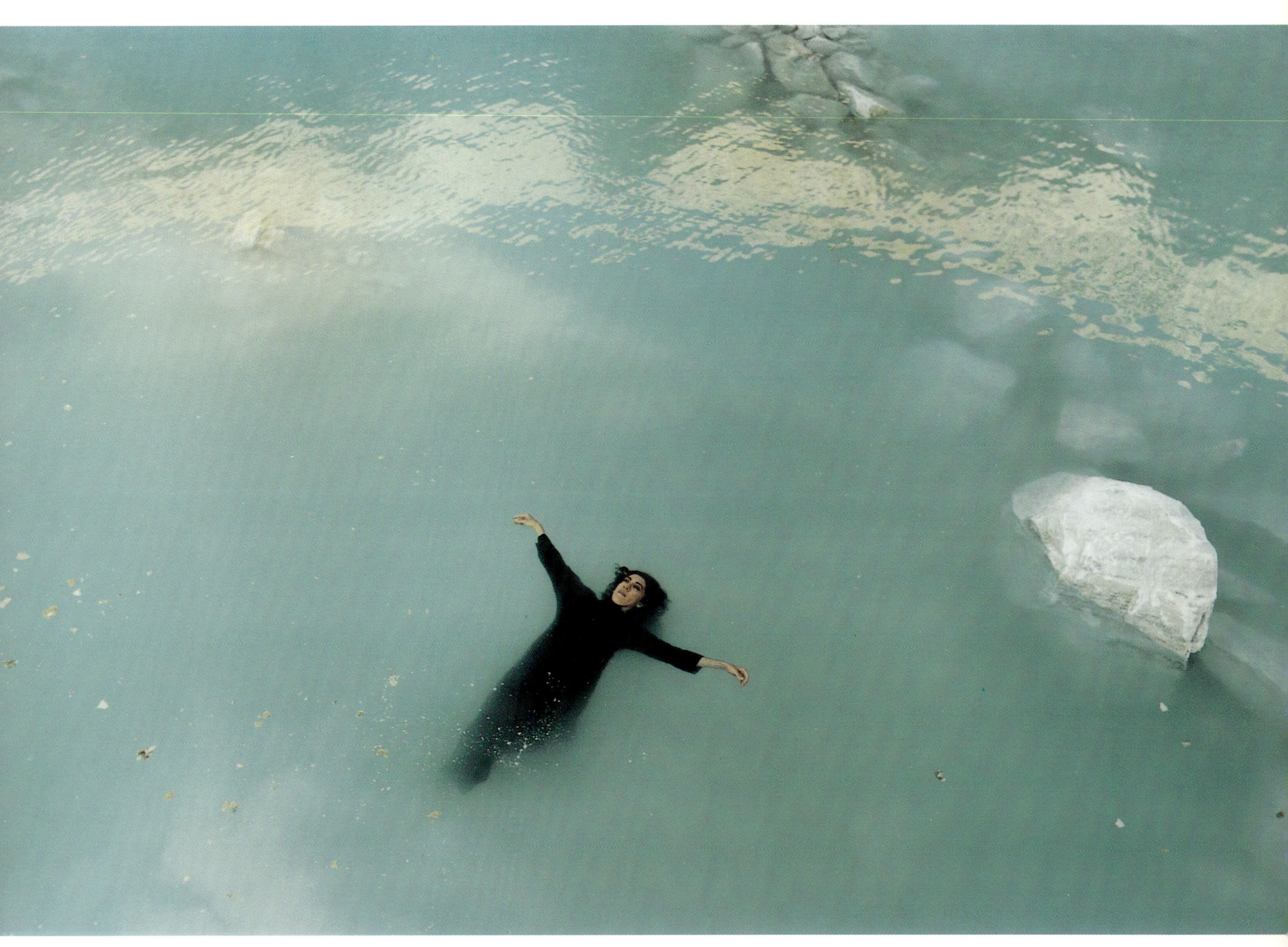

da pagina 134

un sermone sulla componente di "peccato" implicita nel concetto di "desiderio". Racconta la parabola coranica di Youssef e Zolikha, in cui Zolikha è travolta dalla passione e cerca di sedurre Youssef. L'oratore utilizza questa storia come esempio per far capire quanto è importante per i musulmani riuscire a resistere a simili tentazioni. Man mano che il tono del discorso si fa più severo e aggressivo, il turbamento iniziale dell'uomo e della donna e la loro attrazione reciproca si trasformano in un profondo senso di angoscia e confusione finché, alla fine, la donna si affretta a uscire. La storia si conclude senza che i protagonisti riescano e stabilire alcun contatto né fisico né verbale.

from page 134

initial excitement, and modest flirtation, turn into a deep sense of anxiety and confusion, eventually leading to the woman's hurried exit. The narrative ends without the protagonists having made direct verbal or physical contact.

Elenco delle opere riprodotte

Offered Eyes (*Occhi offerti*), 1993
stampa alla gelatina d'argento, inchiostro
115 x 152,5 cm
Courtesy Barbara Gladstone Gallery, New York
Fotografia di Plauto
p. 81

Rebellious Silence (*Silenzio ribelle*), 1994
stampa alla gelatina d'argento, inchiostro
102 x 94 cm
Courtesy Barbara Gladstone Gallery, New York
Fotografia di Cynthia Preston
p. 82

Guardians of Revolution (Guardiani della rivoluzione), 1994
stampa alla gelatina d'argento, inchiostro
102 x 94 cm
Courtesy Barbara Gladstone Gallery, New York
Fotografia di Cynthia Preston
p. 83

Bonding (Collegamento), 1995
stampa alla gelatina d'argento, inchiostro
86,5 x 131 cm
Courtesy Barbara Gladstone Gallery, New York
Fotografia di Kyong Park
p. 87

Seeking Martyrdom #2 (*Alla ricerca del martirio n. 2*), 1995
stampa alla gelatina d'argento, inchiostro
127,5 x 86 cm
Courtesy Barbara Gladstone Gallery, New York
Fotografia di Cynthia Preston
p. 88

Speechless (Senza parole), 1996
stampa alla gelatina d'argento, inchiostro
109 x 93,5 cm
Courtesy Barbara Gladstone Gallery, New York
Fotografia di Larry Barns
p. 84

Untitled (Senza titolo), 1996
stampa alla gelatina d'argento, inchiostro
121,5 x 86 cm
Courtesy Barbara Gladstone Gallery, New York
Fotografia di Larry Barns
p. 85

Untitled (*Senza titolo*), 1996
stampa alla gelatina d'argento, inchiostro
136,5 x 96 cm
Courtesy Barbara Gladstone Gallery, New York
Fotografia di Kyong Park
p. 86

Anchorage (*Ancoraggio*), 1996
video installazione, Brooklyn Bridge
Anchorage, New York
dimensioni determinate dall'ambiente
Courtesy Barbara Gladstone Gallery, New York
pp. 90-92

The Shadow under the Web (*L'ombra sotto la rete*), 1997
immagini dal video
Courtesy Barbara Gladstone Gallery, New York
pp. 94-97

Turbulent (*Turbolenta*), 1998
immagini dal video
Courtesy Barbara Gladstone Gallery, New York
pp. 99-103

Turbulent Series (*Ciclo Turbolenta*), 1998
stampa alla gelatina d'argento
dittico, 126 x 165 cm; 119,4 x 165 cm
Courtesy Barbara Gladstone Gallery, New York
Fotografie di Larry Barns
pp. 104, 105

Rapture (*Estasi*), 1999
fotografie di scena
Courtesy Barbara Gladstone Gallery, New York
Fotografie di Larry Barns
pp. 107-117

Rapture Series (*Ciclo Estasi*), 1999
stampa alla gelatina d'argento
104,5 x 178 cm
Courtesy Barbara Gladstone Gallery, New York
Fotografia di Larry Barns
p. 118

Rapture Series (*Ciclo Estasi*), 1999
stampa alla gelatina d'argento
120 x 175 cm
Courtesy Barbara Gladstone Gallery, New York
Fotografia di Larry Barns
p. 119

Soliloquy Series (*Ciclo Soliloquio*), 1999
stampa alla gelatina d'argento
dittico, 75,9 x 83,2 cm; 75,9 x 80,3 cm
Courtesy Barbara Gladstone Gallery, New York
Fotografie di Larry Barns
pp. 122, 123

Soliloquy (*Soliloquio*), 1999
fotografie di scena
Courtesy Barbara Gladstone Gallery, New York
Fotografie di Larry Barns
pp. 126-133

Soliloquy Series (*Ciclo Soliloquio*), 2000
fotografia a colori
153 x 102,5cm
Courtesy Barbara Gladstone Gallery, New York
p. 121

Soliloquy Series (*Ciclo Soliloquio*), 2000
fotografia a colori
122 x 152,5cm
Courtesy Barbara Gladstone Gallery, New York
Fotografia di Larry Barns
pp. 124-125

Fervor Series (*Ciclo Fervore*), 2000
stampa alla gelatina d'argento
trittico, 125 x 156,5 cm ciascuno
Courtesy Barbara Gladstone Gallery, New York
Fotografie di Larry Barns
pp. 135-137

Fervor (*Fervore*), 2000
fotografie di scena
Courtesy Barbara Gladstone Gallery, New York
Fotografie di Larry Barns
pp. 138-143

Pulse Series (*Ciclo Pulsazione*), 2001
stampa cibachrome
123 x 160 cm
Courtesy Barbara Gladstone Gallery, New York
Fotografia di Larry Barns
p. 145

Pulse (*Pulsazione*), 2001
fotografie di scena
Courtesy Barbara Gladstone Gallery, New York
Fotografia di Larry Barns
pp. 146-147

Possessed (*Posseduta*), 2001
fotografie di scena
Courtesy Barbara Gladstone Gallery, New York
Fotografie di Larry Barns
pp. 149-153

Possessed (*Posseduta*), 2001
fotografie di scena
Courtesy Barbara Gladstone Gallery, New York
Fotografia di Lina Bertucci
pp. 154-155

List of Illustrated Works

Soliloquy Series, 2000
color photograph
60 1/4 x 44 1/4 in.
Courtesy Barbara Gladstone Gallery, New York
p. 121

Soliloquy Series, 2000
color photograph
48 x 60 in.
Courtesy Barbara Gladstone Gallery, New York
Photo by Larry Barns
pp. 124-125

Fervor Series, 2000
gelatin silver print
triptych, 49 1/8 x 61 5/8 in. each
Courtesy Barbara Gladstone Gallery,
New York
Photos by Larry Barns
pp. 135-137

Fervor, 2000
production stills
Courtesy Barbara Gladstone Gallery, New York
Photos by Larry Barns
pp. 138-143

Pulse Series, 2001
cibachrome print
48 x 63 in.
Courtesy Barbara Gladstone Gallery, New York
Photo by Larry Barns
p. 145

Pulse, 2001
production stills
Courtesy Barbara Gladstone Gallery, New York
Photo by Larry Barns
pp. 146-147

Possessed, 2001
production stills
Courtesy Barbara Gladstone Gallery, New York
Photos by Larry Barns
pp.149-153

Possessed, 2001
production stills
Courtesy Barbara Gladstone Gallery,
New York
Photo by Lina Bertucci
pp. 154-155

Passage, 2001
production stills
Courtesy Barbara Gladstone Gallery, New York
Photos by Larry Barns
pp. 157-163

Passage Series, 2001
cibachrome print
51 1/2 x 63 in.
Courtesy Barbara Gladstone Gallery, New York
Photos by Larry Barns
p. 164

Passage Series, 2001
cibachrome print
51 1/2 x 63 in.
Courtesy Barbara Gladstone Gallery, New York
Photos by Larry Barns
p. 165

Passage, 2001
production stills
Courtesy Barbara Gladstone Gallery, New York
Photo by Larry Barns
pp. 166-167

Logic of the Birds, 2001
production still
Courtesy Barbara Gladstone Gallery, New York
p. 169

Elenco delle opere esposte

Opere video

Rapture (*Estasi*), 1999
film 16 mm in bianco e nero, trasferito su DVD
10'
Courtesy Barbara Gladstone Gallery, New York

Pulse (*Pulsazione*), 2001
film 16 mm in bianco e nero, trasferito su DVD
8' 30"
Courtesy Barbara Gladstone Gallery, New York

Possessed (*Posseduta*), 2001
film 16 e 35 mm in bianco e nero, trasferito su DVD
9' 30"
Courtesy Barbara Gladstone Gallery, New York

Passage (*Passaggio*), 2001
film 35 mm a colori, trasferito su DVD
11' 30"
Courtesy Barbara Gladstone Gallery, New York

Opere fotografiche

Turbulent Series (*Ciclo Turbolenta*), 1998
stampa alla gelatina d'argento
dittico, 120 x 165,7 cm
Fotografia di Larry Barns
Collezione / Collection Douglas B. Andrews, Italia

Rapture Series (*Ciclo Estasi*), 1999
stampa alla gelatina d'argento
114 x 178 cm
Fotografia di Larry Barns
Courtesy Barbara Gladstone Gallery, New York

Rapture Series (*Ciclo Estasi*), 1999
stampa alla gelatina d'argento
127 x 191 cm
Fotografia di Larry Barns
Courtesy Barbara Gladstone Gallery, New York

Soliloquy Series (*Ciclo Soliloquio*), 1999
fotografia a colori
152,5 x 101,5 cm
Fotografia di Larry Barns
The Broad Art Foundation, Santa Monica

Soliloquy Series (*Ciclo Soliloquio*), 1999
fotografia a colori
101,5 x 152,5 cm
Fotografia di Larry Barns
The Broad Art Foundation, Santa Monica

Soliloquy Series (*Ciclo Soliloquio*), 1999
fotografia a colori
152,5 x 112 cm
Fotografia di Larry Barns
Collezione Howard e Donna Stone, Chicago

Fervor Series (*Ciclo Fervore*), 2000
stampa alla gelatina d'argento
trittico, 127,5 x 157,5 cm
Fotografia di Larry Barns
Collezione privata, Svizzera

Fervor Series (*Ciclo Fervore*), 2000
stampa alla gelatina d'argento
128 x 163 cm
Fotografia di Larry Barns
Courtesy Barbara Gladstone Gallery, New York

Fervor Series (*Ciclo Fervore*), 2000
stampa alla gelatina d'argento
130 x 160 cm
Fotografia di Larry Barns
Courtesy Barbara Gladstone Gallery, New York

Pulse Series (Ciclo Pulsazione), 2001
stampa cibachrome
123 x 160 cm
Fotografia di Larry Barns
Courtesy Barbara Gladstone Gallery, New York

Possessed Series (*Ciclo Posseduta*), 2001
stampa cibachrome
129 x 160 cm
Fotografia di Larry Barns
Courtesy Barbara Gladstone Gallery, New York

Passage Series (*Ciclo Passaggio*), 2001
stampa cibachrome
89 x 191 cm
Fotografia di Larry Barns
Courtesy Barbara Gladstone Gallery, New York

Passage Series (*Ciclo Passaggio*), 2001
stampa cibachrome
130 x 160 cm
Fotografia di Larry Barns
Courtesy Barbara Gladstone Gallery, New York

Passage Series (*Ciclo Passaggio*), 2001
stampa cibachrome
130 x 160 cm
Fotografia di Larry Barns
Courtesy Barbara Gladstone Gallery, New York

List of Exhibited Works

Video Works

Rapture, 1999
16 mm black and white film, transferred to DVD
10 min.
Courtesy Barbara Gladstone Gallery, New York

Pulse, 2001
16 mm black and white film, transferred to DVD
8:30 min.
Courtesy Barbara Gladstone Gallery, New York

Possessed, 2001
16 mm and 35 mm black and white film, transferred to DVD
9:30 min
Courtesy Barbara Gladstone Gallery, New York

Passage, 2001
35 mm color film, transferred to DVD
11:30 min.
Courtesy Barbara Gladstone Gallery, New York

Photographic Works

Turbulent Series, 1998
gelatin silver print
diptych, 47 1/4 x 65 1/4 in.
photo by Larry Barns
Collection Douglas B. Andrews, Italy

Rapture Series, 1999
gelatin silver print
44 3/4 x 70 in.
photo by Larry Barns
Courtesy Barbara Gladstone Gallery, New York

Rapture Series, 1999
gelatin silver print
50 x 75 1/4 in.
photo by Larry Barns
Courtesy Barbara Gladstone Gallery, New York

Soliloquy Series, 1999
color photograph
60 x 40 in.
photo by Larry Barns
The Broad Art Foundation, Santa Monica

Soliloquy Series, 1999
color photograph
40 x 60 in.
photo by Larry Barns
The Broad Art Foundation, Santa Monica

Soliloquy Series, 1999
color photograph
60 x 44 in.
photo by Larry Barns
Collection Howard and Donna Stone, Chicago

Fervor Series, 2000
gelatin silver print
triptych, 50 1/4 x 62 in.
photo by Larry Barns
Private Collection, Switzerland

Fervor Series, 2000
gelatin silver print
50 x 64 in.
photo by Larry Barns
Courtesy Barbara Gladstone Gallery, New York

Fervor Series, 2000
gelatin silver print
51 1/4 x 63 in.
photo by Larry Barns
Courtesy Barbara Gladstone Gallery, New York

Pulse Series, 2001
cibachrome print
48 x 63 in.
photo by Larry Barns
Courtesy Barbara Gladstone Gallery, New York

Possessed Series, 2001
cibachrome print
50 3/4 x 63 in.
photo by Larry Barns
Courtesy Barbara Gladstone Gallery, New York

Passage Series, 2001
cibachrome print
35 x 75 1/4 in.
photo by Larry Barns
Courtesy Barbara Gladstone Gallery, New York

Passage Series, 2001
cibachrome print
51 1/8 x 63 in.
photo by Larry Barns
Courtesy Barbara Gladstone Gallery, New York

Passage Series, 2001
cibachrome print
51 1/8 x 63 in.
photo by Larry Barns
Courtesy Barbara Gladstone Gallery, New York

Apparati / Appendix

Biografia

Shirin Neshat è nata a Qazvin, in Iran, nel 1957. Lascia nel 1974 il suo paese per seguire studi artistici negli Stati Uniti. Si trova a Los Angeles quando in Iran la rivoluzione del 1979 pone fine alla monarchia dello Scià e instaura il regime islamico di Ruhollah Khomeini e degli Ayatollah. Il cambiamento politico impedisce all'artista di tornare in patria e ricongiungersi con la famiglia fino alla morte di Khomeini, avvenuta nel 1989. Così nel 1990 Neshat compie il suo primo viaggio di ritorno in Iran, e rimane fortemente colpita dal nuovo stile di vita che il regime teocratico impone ai sudditi, soprattutto alle donne. Come ha affermato lei stessa in un'intervista del 1997, i cambiamenti avvenuti nel suo paese hanno rappresentato per l'artista una delle esperienze più sconvolgenti della sua vita tanto da convincerla a tornarvi spesso. Da queste visite è discesa poi la decisione di dedicare il proprio lavoro alla riflessione sulle profonde differenze che separano la cultura occidentale, a cui è ormai assimilata, e quella islamico-orientale da cui proviene. La sua opera pone così in relazione la religione islamica, come oggi si manifesta, e il femminismo, il rapporto fra i sessi, le censure di ordine sociale che regolano l'espressione del desiderio, la diversità, in una prospettiva che non intende però dare giudizi ma anzi ridiscutere le nostre certezze ideologiche e lasciare aperte le interpretazioni.
Anche per sottolineare il proprio personale coinvolgimento nella tematica trattata, nel primo ciclo di lavori che nascono da questa prospettiva, le fotografie di *Women of Allah*, l'artista ritrae se stessa, sola o con altri partner, vestita con il chador islamico, con le parti del corpo che restano visibili (il viso, le mani, i piedi) coperte di un'elegante grafia Farsi che riporta versi d'amore di poeti persiani. Nelle fotografie spesso l'artista appare mentre mostra un'arma da fuoco, elemento che rimanda indirettamente alla violenza della rivoluzione iraniana, e che accentua l'ambiguità delle immagini. Con questo ciclo raggiunge una notorietà internazionale, che la impone come una delle giovani artiste più emblematiche della sua epoca. Tiene infatti mostre personali presso importanti gallerie negli Stati Uniti e in Europa, e presso spazi pubblici a Friburgo (Svizzera) e Lubiana (Slovenia). Interessata al cinema e al suo linguaggio, realizza dal 1996 video (il primo è *Anchorage*) e presto si distingue per la scelta di proiettare le sequenze su due schermi, opposti o accostati. In questo modo, i video assumono un andamento narrativo più accentuato e significativo (designando con gli schermi separati spazi concettualmente contrapposti, per esempio la dialettica maschile-femminile, pubblico-privato o orientale-occidentale), coinvolgendo lo spettatore anche fisicamente nella sua percezione. Dopo *The Shadow under the Web*, realizzato per la Biennale di Istanbul del 1997 e composto da una proiezione in simultanea su quattro schermi, realizza nel 1998 *Turbulent*. Qui l'azione si svolge su due opposti schermi, prendendo avvio sul primo, la parte "maschile", mentre sul secondo, quella "femminile", l'azione è statica e prende vita quando la prima si immobilizza. Questo principio governa anche le due seguenti video installazioni. Con *Turbolent* Neshat inizia la sua collaborazione con Sussan Deyhim, musicista, compositrice e cantante iraniana, che qui partecipa come performer e che curerà le musiche di diversi altri lavori a venire. Presentato nel 1999 alla Biennale di Venezia, *Turbulent* conquista il Primo Premio Internazionale. Nel frattempo, Neshat partecipa a numerose e importanti mostre collettive, dalla Biennale di Sydney nel 1996 alla Biennale di Joannesburg l'anno seguente, da Site Santa Fè a The Carnegie International e alla citata Biennale veneziana nel 1999, dalla Biennale del Whitney alla Biennale di Sydney nel 2000.
Al 1999 risalgono anche i lavori *Rapture* e *Soliloquy*. Quest'ultimo è il suo primo lavoro a colori e il secondo dopo *Anchorage* dove l'artista appare in veste di protagonista dell'azione. Nel 2000 realizza invece *Fervor*, forse il più esplicito nella condanna della repressione del desiderio erotico, su due schermi accostati; in questo stesso anno vince inoltre il primo premio alla Biennale di Kwangju, in Corea, il Visual Art Award "Herald Angel" al Festival di Edimburgo e l'Alpert Award in the Arts presso la California University of Arts. Si moltiplicano inoltre le mostre personali presso importanti istituzioni internazionali: la Malmö Konsthall (Svezia) e l'Art Institute of Chicago nel 1999, la Serpentine Gallery di Londra, la Kunsthalle di Vienna e il Dallas Museum of Art nel 2000. Nel 2001 realizza tre nuovi video, presentati in un'unica occasione alla Barbara Gladstone Gallery di New York. *Pulse* e *Possessed*, in bianco e nero, si avvalgono della collaborazione di Deyhim per le musiche mentre il terzo, *Passage*, l'unico a colori, nasce da una collaborazione fra l'artista e il compositore americano Philip Glass. Nel 2001 realizza anche la sua prima performance, *Logic of the Birds*, presentata in settembre presso The Kitchen a New York. Senza abbandonare il video, qui l'artista combina alle immagini filmate e proiettate su schermi la presenza reale di figuranti e il concerto vocale dal vivo di Deyhim. I lavori recenti vengono presentati nell'ambito di mostre antologiche che l'artista tiene nel 2001, in musei come la Kunsthalle di Amburgo, l'Irish Museum of Art di Dublino e il Musée d'art contemporain di Montreal.

Biography

Shirin Neshat was born in Qazvin, Iran in 1957. She left her country in 1974 to study art in the United States. She was in Los Angeles when the 1979 revolution in Iran brought down the monarchy of the Shah and established the Islamic regime of Ruhollah Khomeini and the Ayatollahs. The change in the political landscape prevented the artist from returning home and joining her family, until Khomeini's death in 1989. Thus in 1990 Neshat made her first return trip to Iran, where she was greatly struck by the new lifestyle that the theocratic regime had imposed on its subjects, particularly women. As she herself stated in an interview in 1997, the changes in her country represented for her one of the most upsetting experiences of her life and convinced her to return often. These visits led to her decision to devote her work to a reflection on the profound differences between the Western culture to which she had become assimilated and the Eastern-Islamic culture from which she had come.

Her work establishes a connection between Islam as it is manifested today and feminism, the relationship between the sexes, the censorship of the social order that regulates the expression of desire, and diversity—all within a perspective, however, that is not meant to pass judgment, but rather re-examines our ideological certainties and remains open to various interpretations.

In order to emphasize her personal involvement in these themes, in her first series of works that stem from this perspective—the *Women of Allah* photographs—the artist depicts herself, alone or with other partners, dressed in the Islamic chador, with the body parts that remain exposed to view (face, hands, feet) covered in the love poetry of Persian poets, written in elegant Farsi calligraphy. In her photographs, the artist often appears holding a firearm, an element that refers indirectly to the violence of the Iranian revolution and that accentuates the ambiguity of the images. These works have brought the artist international acclaim, positioning her as one of the most emblematic young artists of her time. She has had solo exhibitions at important galleries in the United States and in Europe, and in public spaces in Fribourg, Switzerland and Ljubljana, Slovenia. Interested in cinema and its language, she has been creating videos since 1996 (the first was *Anchorage*), and her work in this genre soon distinguished itself for her choice to project sequences on two screens, either facing or next to each other. In this manner the videos assume a more accentuated and significant narrative progression (with the screens designating separate, conceptually opposing spaces, for example the male-female, public-private or Eastern-Western dialectic), and the viewer is involved physically in the work's perception. After *The Shadow under the Web*, produced for the Istanbul Biennial of 1997 and made up of a simultaneous projection on four screens, she created *Turbulent*, 1998. Here the action unfolds on two opposite screens, with the "male" part beginning the action on the first screen, while the action in the "female" part on the second screen remains static and comes to life when the first ceases moving. This principle also governs Neshat's next two video installations, where the artist began collaborating with Sussan Deyhim, an Iranian musician, composer and singer, who participated in these pieces as a performer and who would be in charge of the music for various other future pieces. Shown in 1999 at the Venice Biennale, *Turbulent* won the First International Prize. In the meantime, Neshat participated in numerous and important group exhibitions, including the Sydney Biennia1 in 1996, the Johannesburg Biennial in 1997, Site Santa Fe, the Carnegie International and the aforementioned Venice Biennale in 1999, and the Whitney Biennial and the Sidney Biennial in 2000.

Rapture and *Soliloquy* are also dated 1999. The latter was her first work in color and the second piece, after *Anchorage*, where the artist appears as the protagonist. In 2000 she created *Fervor*, perhaps her most explicit condemnation of the repression of erotic desire, on two adjacent screens. That same year she won the first prize at the Kwangju Biennial, the "Herald Angel" Visual Art Award at the Edinburgh Festival and the Alpert Award in the Arts at the California University of Arts. She continues to have numerous solo exhibitions at important international institutions: the Malmö Kunsthall in Sweden and the Art Institute of Chicago in 1999, the Serpentine Gallery in London, the Kunsthalle in Vienna and the Dallas Museum of Art in 2000. In 2001 she created three new videos, exhibited at the Barbara Gladstone Gallery in New York. *Pulse* and *Possessed*, in black and white, feature the collaboration of Deyhim for the music, while a third piece, *Passage*, is the result of a collaboration between the artist and the American composer Philip Glass. In September 2001 Neshat also created her first performance, *Logic of the Birds*, at The Kitchen in New York. Without abandoning video, the artist combined images filmed and projected onto screens with the physical presence of extras and the live vocals of Deyhim. In 2001 the artist showed recent works in solo exhibitions at museums such as the Kunsthalle in Hamburg, the Irish Museum of Art in Dublin and the Musée d'art contemporain in Montreal.

Mostre personali selezionate
Selected Solo Exhibitions

1993
Unveiling, Franklin Furnace, New York, 2 aprile - 1 maggio / April 2 - May 1

1995
Shirin Neshat. Photography, Annina Nosei Gallery, New York, 30 settembre - 1 novembre / September 30 - November 1

1996
Shirin Neshat, Galleria Lucio Amelio, Napoli, gennaio / January. Catalogo con testo di / Catalogue with text by D. Cortez
Shirin Neshat. Women of Allah, Marco Noire Contemporary Art, San Sebastiano Po – Torino, gennaio / January
Shirin Neshat, Haines Gallery, San Francisco, 4 gennaio - 10 febbraio / January 4 - February 10
Florence Paradeis, Shirin Neshat, Fri-Art Centre d'Art Contemporain - Kunsthalle, Fribourg, 3 novembre - 22 dicembre / November 3 - December 22. Catalogo con testo di / Catalogue with text by G. Müller

1997
Shirin Neshat, Lumen Travo, Amsterdam, 22 marzo - 23 aprile / March 22 - April 23
Shirin Neshat. Women of Allah, Artspeak Gallery, Vancouver, 25 aprile - 26 giugno / April 25 - June 26. Catalogo con testi di / Catalogue with texts by S. Edel-Stein, J. Larson
Shirin Neshat: New Works, Annina Nosei Gallery, New York, 3-30 maggio / May 3-30. Catalogo con testi di / Catalogue with texts by D. Cortez, H. Dabashi
Shirin Neshat, Moderna galerija, Ljubljana, 17 ottobre - 23 novembre / October 17 - November 23. Catalogo con testo di / Catalogue with text by I. Zabel
Spazio Aperto. Vanessa Beecroft & Shirin Neshat, Galleria d'Arte Moderna, Bologna, 3 giugno - 30 agosto / June 3 - August 30. Catalogo con testi di / Catalogue with texts by D. Eccher, D. Auregli

1998
Shirin Neshat, Thomas Rehbein Gallery, Köln, 24 aprile - 17 giugno / April 24 - June 17
Shirin Neshat. Women of Allah. Photographies, films, vidéos, Maison Européenne de la Photographie, Paris, 16 settembre - 8 novembre / September 16 - November 8. Catalogo con testo di / Catalogue with text by H. Bastais
Shirin Neshat: Turbulent, Tate Gallery, London, 18 novembre - 19 dicembre / November 18 - December 19
Shirin Neshat. Turbulent, Whitney Museum of American Art at Philip Morris, New York, 23 ottobre 1998 - 15 gennaio 1999 / October 23, 1998 - January 15, 1999. Brochure con testo di / with text by N. Melkonian

1999
FOCUS: Shirin Neshat. Rapture, The Art Institute of Chicago, Chicago, 2 maggio - 1 agosto / May 2 - August 1. Brochure con testo di / with text by J. Rondeau
Shirin Neshat. Rapture, Patrick Painter Gallery, Los Angeles, 13 maggio - 12 giugno / May 13 - June 12
Shirin Neshat. Rapture, D'Amelio Terras Gallery, New York, 15 maggio - 19 giugno / May 15 - June 19
Shirin Neshat, Kunstforening, Tromsø, 17 giugno - 25 luglio / June 17 - July 25; Henie Onstad Kunstsenter, Høvikodden, 7 agosto - 26 settembre / August 7 - September 26; Kunstforening, Bergen, 7 ottobre - 14 novembre / October 7 - November 14; Tensta Konsthall, Spånga, 11 dicembre 1999 - 27 febbraio 2000 / December 11, 1999 - February 27, 2000. Catalogo con testi di / Catalogue with texts by N. Melkonian, S. Wendt
Shirin Neshat. Rapture, Galerie Jerôme de Noirmont, Paris, 19 novembre 1999 - 15 gennaio 2000 / November 19, 1999 - January 15, 2000. Catalogo con testo di / Catalogue with text by J. Rondeau
Shirin Neshat. Turbulent, Konsthall, Malmö, 11 dicembre 1999 - 9 gennaio 2000 / December 11, 1999 - January 9, 2000

2000
Shirin Neshat, Kunsthalle, Wien, 31 marzo - 4 giugno / March 31 - June 4; Serpentine Gallery, London, 28 luglio - 3 settembre / July 28 - September 3. Catalogo con testi di / Catalogue with texts by G. Matt, H. Naficy, S. Neshat, R. Noack; Guida alla mostra con testo di / Exhibition guide with text by G. Williams, Serpentine Gallery, London
Shirin Neshat, Galleria Lia Rumma, Milano, 3 aprile - 30 giugno / April 3 - June 30
Shirin Neshat. Recent Photographic Work. Soliloquy, Pitti Immagine Discovery, Teatro del Rondò di Bacco di Palazzo Pitti, Firenze, 26 maggio - 10 giugno / May 26 - June 10
Shirin Neshat. Rapture. Fervor, Forum des Images, Paris, 22 settembre - 22 ottobre / September 22 - October 22. Brochure con

Mostre collettive selezionate
Selected Group Exhibitions

testo di / with text by J. Rondeau
Shirin Neshat: Two Installations, Wexner Center for the Arts - The Ohio State University, Columbus, 16 settembre - 31 dicembre / September 16 - December 31. Catalogo con testi di / Catalogue with texts by B. Horrigan, S. Neshat
Shirin Neshat, Turbulent, Matrix, University Art Museum, Berkeley, 21 settembre - 12 novembre / September 21 - November 12. DVD
Shirin Neshat, Soliloquy, Dallas Museum of Art, Dallas, 13 gennaio - 2 aprile / January 13 - April 2. Brochure con testo di / with text by S. Weaver

2001
Shirin Neshat, Hamburger Kunsthalle, Hamburg, 26 gennaio - 29 aprile / January 26 - April 29
Shirin Neshat, Kanazawa Contemporary Art Museum, Kanazawa, 3 - 25 marzo / March 3 - 25. Catalogo con testi di / Catalogue with texts by Y. Hasegawa, S. Neshat, O. Zaya
Shirin Neshat, Barbara Gladstone Gallery, New York, 12 maggio - 22 giugno / May 12 - June 22. In occasione della mostra è stato pubblicato il libro *Shirin Neshat* con testi di / The book *Shirin Neshat* was published on the occasion of the exhibition with texts by F. Milani, S. Neshat, Charta, Milano
Shirin Neshat, Irish Museum of Modern Art, Dublin, 5 settembre - 16 dicembre / September 5 - December 16
Shirin Neshat, Musée d'art contemporain, Montréal, 29 settembre 2001 - 13 gennaio 2002 / September 29, 2001 - January 13, 2002. Catalogo con testi di / Catalogue with texts by P. Gagnon, S. Azari, A. Egoyan
Shirin Neshat, Sussan Deyhim, Ghasem Ebrahimian, Shoja Azari. Logic of the Birds, The Kitchen Center, New York, 5 - 16 ottobre / October 5 - 16. Brochure con testo di / with text by R.L. Goldberg

1993
Fever, Exit Art, New York; Wexner Center for the Arts - The Ohio State University, Columbus

1994
Three New Photographers, Haines Gallery, San Francisco
Selection from the Artists File, Artists Space, New York
Labyrinth of Exile: Recent Works by Four Contemporary Iranian Artists, Fowler Museum of Cultural History, UCLA, Los Angeles
Beyond the Borders: Art by Recent Immigrants, The Bronx Museum of the Arts, New York. Catalogo / Catalogue

1995
It's How You Play the Game, Exit Art, New York
Campo '95, Corderie dell'Arsenale, Venezia (nell'ambito della / within *XLVI Esposizione Internazionale d'Arte, La Biennale di Venezia*); Fondazione Sandretto Re Rebaudengo per l'Arte, Sant'Antonino di Susa – Torino; Konsthall, Malmö. Catalogo / Catalogue
Transculture, Palazzo Giustinian Lolin - Fondazione Levi, Venezia (nell'ambito della / within *XLVI Esposizione Internazionale d'Arte, La Biennale di Venezia*); Contemporary Art Museum, Okayama. Catalogo / Catalogue
Orientation, 4th International Istanbul Biennial, Istanbul. Catalogo / Catalogue

1996
Art in Anchorage, Creative Time, New York
Gallery Artists, Galerie Lumen Travo, Amsterdam
Auf Den Leib geschrieben, Kunsthalle, Wien. Catalogo / Catalogue
Ghostwriter, Mercer Union, Toronto
Interzones. A Work in Progress, Kunstforeningen, København; Konstmuseum, Uppsala. Catalogo / Catalogue
Radikal Bilder. 2. Österreichische Triennale zur Fotografie 1996 / Radical Images: 2nd Austrian Triennial of Photography 1996, Neue Galerie, Kunstlerhaus, Graz; Szombathelyi Képtár, Szombathely. Catalogo / Catalogue
Inclusion/Exclusion. Versuch einer neuen Kartographie der Kunst im Zeitalter von Postkolonialismus un globaler Migration, Kunstlerhaus, Graz. Catalogo / Catalogue
Le Masque et le Miroir, Rencontres Internationales de la Photographie, Arles. Catalogo / Catalogue
Jurassic Technologies Revenant, Biennale of Sydney, 10th International Festival of Contemporary Art, Sydney. Catalogo / Catalogue
Scritto su foto. La sintesi fra fotografia e parola nell'arte contemporanea / foto text text foto. Synthese zwischen Fotografie und Text in der Gegenwartskunst, Museion - Museo d'Arte Moderna, Bolzano - Kunstverein, Frankfurt

1997
Màscara i Mirall, MACBA Museu d'Art Contemporàni de Barcelona, Barcelona. Catalogo / Catalogue
Der Rest der Welt, Haus Der Kulturen Der Welt, Berlin. Catalogo / Catalogue
Triple X: Contemporary Investigating Arts, International Art Festival, Amsterdam
Unbeschreiblich Weiblich, Fotomanifestatie Noorderlicht, Groningen
Trade Routes: History and Geography, 2nd Johannesburg Biennial, Johannesburg. Catalogo / Catalogue
On Life, Beauty, Translations and Other Difficulties, 5th International Istanbul Biennial, Istanbul. Catalogo / Catalogue

1998
Genders and Nations: Reflections on Women in Revolution, Johnson Museum of Art, Cornell University, Ithaca, NY. Catalogo / Catalogue
Interference, Comunidad de Madrid, Madrid. Catalogo / Catalogue
A Noir, Triennale di Milano, Milano. Catalogo / Catalogue
Transatlantico. Diseminación, cruce y desterritorialización, CAAM Centro Atlántico de Arte Moderno, Las Palmas de Gran Canaria. Catalogo / Catalogue
Echolot oder 9 Fragen an die Peripherie, Museum Fridericianum, Kassel. Catalogo / Catalogue
Disidentico. Maschile Femminile e oltre, Palazzo Branciforte, Palermo. Catalogo / Catalogue
Mar de Fondo, Roman Theatre of Sagunto, Valencia. Catalogo / Catalogue
7th Summer of Photography, Museum van Hedendaagse Kunst, Antwerp
Unfinished History, Walker Art Center, Minneapolis; Museum of Contemporary Art, Chicago. Catalogo / Catalogue

1999
Heaven. An Exhibition That Will Break Your Heart, Kunsthalle, Düsseldorf; Tate Gallery, Liverpool. Catalogo / Catalogue
Looking for a Place, 3rd International Biennial Exhibition, SITE Santa Fe, Santa Fe. Catalogo / Catalogue

Premi / Awards

Kunst-Welten im Dialog. Von Gaugin zur Globalen Gegenwart. Global Art Rheinland 2000, Ludwig Museum, Köln. Catalogo / Catalogue
La Ville, Le Jardin, la Memoire, Villa Medici, Roma. Catalogo / Catalogue
video cult/ures multimediale Installationen der 90er Jahre, ZKM Museum für Neue Kunst, Karlsruhe. Catalogo / Catalogue
Exploding Cinema, Rotterdam Film Festival, Museum Boijmans Van Beuningen, Rotterdam. Catalogo / Catalogue
dAPERTutto APERTO over ALL APERTO par TOUT APERTO über ALL, XLVIII Esposizione Internazionale d'Arte, La Biennale di Venezia, Venezia. Catalogo / Catalogue
My Culture - My Self. Lee Friedlander, Gerhard Richter, Christian Boltanski, Shirin Neshat, Ydessa Hendeles Art Foundation, Toronto
Project 70: Shirin Neshat, Simon Patterson, Xu Bing, The Museum of Modern Art, New York; Carnegie International, Carnegie Museum of Art, Pittsburgh. Catalogo / Catalogue
Voiceovers, Art Gallery of New South Wales, Sydney. Catalogo / Catalogue
Shirin Neshat: Rapture / Pipilotti Rist: Sip My Ocean, The Fabric Workshop & Museum, Philadelphia
Zeitwenden. Rückblick und Ausblick. Global Art Rheinland 2000, Kunstmuseum, Bonn; Museum Moderner Stiftung Ludwig Wien, 20er Haus k/haus – Künstlerhaus, Wien. Catalogo / Catalogue

2000
THE END: An Independent Vision of Contemporary Culture, 1982-2000, Exit Art, New York
Contact: A 90's Journal, Contemporary Arts Museum, Houston
Ich ist etwas Anderes: Kunst am Ende des 20. Jahrhunderts, Kunstsammlung Nordrhein-Westfalen, Düsseldorf. Catalogo / Catalogue
Greater New York. New Art in New York Now, P.S.1, Long-Island – New York. Catalogo / Catalogue
Outbound. Passages from the 90's, Contemporary Arts Museum, Houston. Catalogo / Catalogue
Whitney Biennial, Whitney Museum of American Art, New York. Catalogo / Catalogue
The 3rd Kwangju Biennale, Kwangju. Catalogo / Catalogue
Biennale of Sydney 2000, 12th International Festival of Contemporary Art, Sydney. Catalogo / Catalogue
Continental Shift. Eine Reise zwischen den Kulturen/Een reis tussen culturen/Un voyage entre les cultures/A Voyage Between Cultures, Ludwig Forum für Internationale Kunst, Aachen; Bonnefantenmuseum, Maastricht; Stadsgalerij, Heerlen; Musée d'art moderne et contemporain, Liège. Catalogo / Catalogue
La Beauté, Avignon. Catalogo / Catalogue
Partage d'exotismes, 5e Biennale d'art contemporain de Lyon, Lyon. Catalogo / Catalogue
Edinburgh International Festival, The Fruitmarket Gallery, Edinburgh
Erresitentziak/Resistencias, Koldo Mitxelena Kulturunea, Donostia-San Sebastian. Catalogo / Catalogue
State of the Art: Recent Gifts and Acquisitions, Walker Art Center, Minneapolis
27th Telluride Film Festival, Telluride
Photography Now, An International Survey of Contemporary Photography, Contemporary Arts Center, New Orleans. Catalogo / Catalogue
Corpo Chimico, Ca' di Fra, Milano

2001
44th San Francisco International Film Festival, San Francisco
Barbican Screen / Unveiled Lives. Women in Iranian Cinema, Barbican Centre, London. Brochure
Mjesto na kojem nisam bio. A Place I've Never Been To, Croatian Photographic Union, Zagreb. Catalogo / Catalogue
Pacific Film Archive Festival, California
Mona Hatoum & Shirin Neshat, French Institut, Rabbat
Communication Between the Arts, 1st Valencia Biennial, Valencia. Catalogo / Catalogue
Ornament und Abstraktion, Fondation Beyeler, Basel. Catalogo / Catalogue
Tirana Biennale 1, Tirana. Catalogo / Catalogue
The 14th Annual Virginia Film Festival, Charlottesville
The International Chicago Film Festival, Chicago

1990
Premio per progetto sponsorizzato Sponsored Project Grant, New York State Council on the Arts, New York

1992
Artista ospite / Artist in Residence, Henry Street Settlement, New York

1995
Premio Art Matter / Art Matter Grant.
Borsa di studio per la fotografia della Mid-Atlantic / Mid-Atlantic Photography Fellowship

1996
Premio della / Grant from Tiffany Foundation, New York.
Borsa di studio per la fotografia / Photography Fellowship, New York Foundation for Arts, New York

1999
Premio per il migliore progetto / Prize for Best Project, ARCO, Madrid
Primo Premio Internazionale / First International Prize, XLVIII Esposizione Internazionale d'Arte, La Biennale di Venezia, Venezia

2000
Grand Prix, Kwangju Biennale, Kwangju
Premio Arte Visiva / Visual Art Award "Herald Angel", International Festival, Edinburgh
CalArts, Premio Alpert per le Arti / CalArts, Alpert Award in the Arts

Bibliografia selezionata
Selected Bibliography

Cataloghi di mostre personali
Catalogues of Solo Exhibitions

1996

Shirin Neshat, testo di / text by D. Cortez, Galleria Lucio Amelio, Napoli

Florence Paradeis, *Shirin Neshat*, testo di / text by G. Müller, Fri-Art Centre d'Art Contemporain - Kunsthalle, Fribourg

1997

Shirin Neshat. Women of Allah, testi di / texts by S. Edel-Stein, J. Larson, Artspeak Gallery, Vancouver

Shirin Neshat: New Works, testi di / texts by D. Cortez, H. Dabashi, Annina Nosei Gallery, New York

Shirin Neshat, testo di / text by I. Zabel, Moderna galerija, Ljubljana

Spazio Aperto. Vanessa Beecroft & Shirin Neshat, testi di / texts by D. Eccher, D. Auregli, Galleria d'Arte Moderna, Bologna

1998

Shirin Neshat, *Women of Allah*, testo di / text by H. Bastais, Maison Européenne de la Photographie, Paris

Shirin Neshat. Turbulent, testo di / text by N. Melkonian, Whitney Museum of American Art at Philip Morris, New York

1999

FOCUS: Shirin Neshat. Rapture, testo di / text by J. Rondeau, The Art Institute of Chicago, Chicago

Shirin Neshat, testi di / texts by N. Melkonian, S. Wendt, Henie Onstad Kunstsenter, Høvikodden

Shirin Neshat. Rapture, testo di / text by J. Rondeau, Galerie Jerôme de Noirmont, Paris

2000

Shirin Neshat, testi di / texts by G. Matt, H. Naficy, S. Neshat, R. Noack, Kunsthalle, Wien; Serpentine Gallery, London

Shirin Neshat. Rapture. Fervor, testo di / text by J. Rondeau, Forum des Images, Paris,

Shirin Neshat: Two Installations, testi di / texts by B. Horrigan, S. Neshat, Wexner Center for the Arts - The Ohio State University, Columbus

Shirin Neshat, *Turbulent*, Matrix, University Art Museum, Berkeley

Shirin Neshat, *Soliloquy*, testo di / text by S. Weaver, Dallas Museum of Art, Dallas

2001

Shirin Neshat, testi di / texts by Y. Hasegawa, S. Neshat, O. Zaya, Kanazawa Contemporary Art Museum, Kanazawa

Shirin Neshat, testi di / texts by F. Milani, S. Neshat, Charta, Milano

Shirin Neshat, testi di / texts by P. Gagnon, S. Azari, A. Egoyan, Musée d'art contemporain, Montréal

Shirin Neshat, Sussan Deyhim, Ghasem Ebrahimian, Shoja Azari. Logic of the Birds, testo di / text by R.L. Goldberg, The Kitchen Center, New York

Cataloghi di mostre collettive
Catalogues of Group Exhibitions

1994

Beyond the Borders: Art by Recent Immigrants, The Bronx Museum of the Arts, New York

1995

Campo '95, Fondazione Sandretto Re Rebaudengo per l'Arte / Allemandi, Torino

Transculture, La Biennale di Venezia, Venezia

Orientation, 4th International Istanbul Biennial, Instanbul Foundation for Culture and Arts, Istanbul

1996

Auf Den Leib geschrieben, Kunsthalle, Wien

Interzones. A Work in Progress, Tabapress, København

Radikal Bilder. 2. Österreichische Triennale zur Fotografie 1996 / Radical Images: 2nd Austrian Triennal of Photography 1996, Camera Austria, Graz

Inclusion/Exclusion. Versuch einer neuen Kartographie der Kunst im Zeitalter von Postkolonialismus un globaler Migration, Kunstlerhaus, Graz-DuMont, Köln

Le Masque et le Miroir, Rencontres lnternationales de la Photographie, Arles

Jurassic Technologies Revenant, Biennale of Sydney, 10th International Festival of Contemporary Art, Sydney

Scritto su foto. La sintesi fra fotografia e parola nell'arte contemporanea / foto text text foto. Synthese zwischen Fotografie und Text in der Gegenwartskunst, Museion - Museo d'Arte Moderna, Bolzano - Stemmle, Kilchberg-Zürich

1997

Màscara i Mirall, MACBA Museu d'Art Contemporàni de Barcelona, Barcelona

Der Rest der Welt, Haus Der Kulturen Der Welt, Berlin
Trade Routes: History and Geography, 2nd Johannesburg Biennial, Greater Johannesburg Metropolitan Council, Johannesburg
On Life, Beauty, Translations and Other Difficulties, 5th International Istanbul Biennial, Instanbul Foundation for Culture and Arts, Istanbul

1998
Genders and Nations: Reflections on Women in Revolution, Johnson Museum of Art, Cornell University, Ithaca, NY
Interference, Comunidad de Madrid, Madrid
A Noir, Triennale di Milano, Milano
Transatlantico. Diseminación, cruce y desterritorialización, CAAM Centro Atlántico de Arte Moderno, Las Palmas de Gran Canaria
Echolot oder 9 Fragen an die Peripherie, Museum Fridercianum, Kassel
Disidentico. Maschile Femminile e oltre, Panepinto Arte, Roma
Mar de Fondo, Generalitat Valenciana-Universitat de Valencia, Valencia
Unfinished History, Walker Art Center, Minneapolis

1999
Heaven. An Exhibition That Will Break Your Heart, Cantz, Ostfildern-Ruit
Looking for a Place, 3rd International Biennial Exhibition, SITE Santa Fe, Santa Fe
Kunst-Welten im Dialog. Von Gaugin zur Globalen Gegenwart. Global Art Rheinland 2000, Ludwig Museum-DuMont, Köln
La Ville, Le Jardin, la Memoire, Academie de France à Rome - Villa Medici, Roma-Paris Musées, Paris
video cult/ures multimediale Installationen der 90er Jahre, ZKM Museum für Neue Kunst, Karlsruhe
Exploding Cinema, Rotterdam Film Festival, Museum Boijmans Van Beuningen, Rotterdam
dAPERTutto APERTO over ALL APERTO par TOUT APERTO über ALL, XLVIII Esposizione Internazionale d'Arte, La Biennale di Venezia-Marsilio, Venezia
Project 70: Shirin Neshat, Simon Patterson, Xu Bing, The Museum of Modern Art, New York
Voiceovers, Art Gallery of New South Wales, Sydney
Zeitwenden. Rückblick und Ausblick. Global Art Rheinland 2000, Kunstmuseum, Bonn–DuMont, Köln

2000
Ich ist etwas Anderes: Kunst am Ende des 20. Jahrhunderts, Kunstsammlung Nordrhein-Westfalen, Düsseldorf-DuMont, Köln
Greater New York. New Art in New York Now, P.S.1, Long Island – New York
Outbound. Passages from the 90's, Contemporary Arts Museum, Houston
Whitney Biennial, Whitney Museum of American Art, New York
The 3rd Kwangju Biennale, Kwangju Biennale Press
Biennale of Sydney 2000, 12th International Festival of Contemporary Art, Sydney
Continental Shift. Eine Reise zwischen den Kulturen/Een reis tussen culturen/Un voyage entre les cultures/A Voyage Between Cultures, Ludwig Forum für Internationale Kunst, Aachen-Bonnefantenmuseum, Maastricht-Stadsgalerij, Heerlen-Musée d'art moderne et contemporain, Liège
La Beauté, Flammarion, Paris
Partage d'exotismes, 5e Biennale d'art contemporain de Lyon, Reunion des Musées Nationaux, Paris
Erresitentziak/Resistencias, Gipuzkoako Foru Aldundia/Diputación Foral de Gipuzkoa, San Sebastian
Photography Now, An International Survey of Contemporary Photography, Contemporary Arts Center, New Orleans

2001
Mjesto na kojem nisam bio. A Place I've Never Been To, Croatian Photographic Union, Zagreb
Communication Between the Arts, 1st Valencia Biennial, Generalitat Valenciana, Valencia / Charta, Milano
Ornament und Abstraktion, Fondation Beyeler, Basel
Tirana Biennale 1, Giancarlo Politi Editore, Milano

Libri / Books

1996
F. Bonami, *Echoes: Contemporary Art at the Age of Endless Conclusions*, The Monacelli Press, New York

1997
F. Bonami, H. Dabashi, O. Zaya, *Shirin Neshat*, Marco Noire Editore, Torino

1999
AA. VV./various authors, *Cream. Contemporary Art in Culture*, Phaidon Press, London

2000
T. Warr, A. Jones, *The Artist's Body*, Phaidon Press, London

2001
U. Grosenick, *Women Artist's in the 20th and 21st Century*, Taschen, Köln

Quotidiani e periodici
Newspapers and Periodicals

1993
K. Bobby, *Exploring the Secrets of the Veil*, in "New Directions For Women"

1994
R. Tanaka, *Artists Explore Identity in New Fowler Exhibit*, in "Summer Bruin" – "Daily Bruin", Los Angeles, estate / summer
W. Wilson, *Through the Lens of Iranian Culture*, in "Los Angeles Times", Los Angeles, 2 luglio / July 2
P. Leddy, *Present and Past*, in "Artweek", San José, 18 agosto / August 18
O. Zaya, *Shirin Neshat and the Women of Allah*, in "Purple Prose", Paris, autunno / fall
O. Zaya, *Shirin Neshat*, in "Flash Art International", Milano, dicembre / December
M. Donohue, *Picturing Sensitivity*, in "The Los Angeles Daily Breeze", Los Angeles
M. Gazanov, *Beneath the Veil*, in "Los Angeles Times", Los Angeles
M. Henneberger, *Redefining Immigrant in the Bronx*, in "The New York Times", New York
E. Mitchell, in "People Section" – "Time Magazine", New York
S. Neshat, *Coffee House Paintings: Iran's Return to Islamic Art*, in "Atlántica Internacional", Santa Cruz de Tenerife, n. 11
R. Sugarman, *Art Across Cultures*, in "Daily News", Los Angeles
A. Wallach, *Rejecting The Melting Pot: My Canvas, My Self, Shirin Neshat*, in "New York Newsday", New York
O. Zaya, *Shirin Neshat and the Women of Allah*, in "Atlántica Internacional", Santa Cruz de Tenerife, n. 8
Iranian Artist: Rethinking Veiling, in "Iran Times", Teheran-London

1995
J. Turner, *Biennial Blues*, in "Art News", New York, numero speciale estivo / special summer issue
V. Raynor, *From Around the World, With Sparkle*,

on Human Scale, in "The New York Times", New York, 17 settembre / September 17
P. Karmel, *Art in Review of Exhibition at Annina Nosei*, in "The New York Times", New York, 20 ottobre / October 20
K. Levin, *Choices*, in "Village Voice", New York, 24 ottobre / October 24
J. Budney, S. Puitz, *A Centenarian Biennial*, in "Flash Art International", Milano, ottobre / October
Review of Istanbul Biennial, in "Cumhuriyet", Istanbul, 9 novembre / November 9
F. Santing, *Review of Istanbul Biennial*, in "NRC-Handersblad", Amsterdam, 27 novembre / November 27
E. Koynucuoglu, *'Sterotip' in Otesindeki Dogulu Kadin*, in "Cumhuriyet", Istanbul, novembre / November
Allah in Kadinlari, in "Hurriyet", Istanbul, novembre / November
M. Schwendener, *Review*, in "New Art Examiner", Chicago, dicembre / December
B. Schwabsky, *Review*, in "Artforum", New York, dicembre / December
O. Zaya, *Neshat: Quiero contarel complejo mundo de la mujer musulmana*, in "Diario 16", Madrid
"Feit & Fictie", Rotterdam, vol. II, n. 3
Doubling, in "New Observation", New York
Kyoto Journal, Kyoto, n. 29

1996
T. Macrì, *Le Donne Svelate*, in "Extra" - "Il Manifesto", Roma, 18 febbraio / February 18
E. Baratta, *Donne di Allah, vittime dell'Islam*, in "Il Giornale di Napoli", Napoli, febbraio / February
M. T. Lemme, *Femminismo e chador, le donne di Allah*, in "Il Mattino", Napoli, febbraio / February
O. Zaya, *Armed and Dangerous*, in "Arude", New York, primavera / spring
C. Reid, *Review*, in "Art in America", New York, marzo / March
A. Messitte, *Shirin Neshat*, in "Tart Magazine", New York, estate / summer
V. Kasam, *L'islam sulla pelle*, in "Io Donna", Milano, giugno / June
S. Müller, *Ein Medium Gewinnet Seine Freiheit*, in " ART. Das Kunstmagazin", Hamburg, giugno / June
R. Smith, *In Tomblike Vaults, the Future Flickers and Hums*, in "The New York Times", New York, 9 agosto / August 9
O. Zaya, *Q+A Shirin Neshat*, in "Creative Camera", London, ottobre - novembre / October - November
Kirker, *Politics of Spirituality*, in "Photofile", Sydney, novembre / November

1997
A. Armada, *Lo Visible y Lo Invisible*, in "Abc Cultural", Madrid, febbraio / February
K. Kleinschmidt, *Shirin Neshat*, in "Spiegel Das Kultur Magazin", Hamburg, febbraio / February
La Presencia Feminista, in "Diario 16", Madrid, febbraio / February
P. Mania, *Dietro il Chador*, in "Opening", Roma, primavera / spring
Iranian Souls, in "The Art Newspaper", London, marzo / March
M. De Vries, *Vrouwen van Allah zwijegen*, in "Het Parool", Amsterdam, aprile / April
LTB, *Iraans oogwit beschilderd met inkt*, in "De Volskrants", Amsterdam, aprile / April
J. Ribalta, *Diez fotografas muestran sus autorretratos falsos en el Macba*, in "La Vanguardia", Barcelona, aprile / April
L. Gray, *New Art Blows into the Windy City*, in "Art & Auction", New York, maggio / May
N. Kuhn, *Sprung aus der Schublade*, in "DerTagesspiegel", Berlin, maggio / May
Berliner Ausstellungsstreit: Wem gehort die Moderne, in "Die Welt", Berlin, maggio / May
L. Paldi, *Allah asszonyai*, in "Balkon", Budapest, giugno / June
S. Hoholt, *Women in Iran*, in "Katalog: Journal of Photography & Video", Odense, ottobre / October
F. Sirmans, *Johannesburg Biennale*, in "Flash Art International", Milano, ottobre / October
M. Suner, *Iran miradas sin voz*, in "Marie Claire", Madrid, ottobre / October
L. Bertucci, *Shirin Neshat*, in "Flash Art International", Milano, novembre - dicembre / November - December

1998
R. Martinez, *Istanbul Biennale*, in "Flash Art International", Milano, gennaio / January
C. Haye, *Spin City: Christian Haye on the Istanbul, Johannesburg and Kwangju Biennale*, in "Frieze", London, gennaio - febbraio / January - February
G. Anderson, *Fundamentale Gesichtspunkte: Ein Gesprachm it Shirin Neshat*, in "Neue Bildende Kunst", Berlin, febbraio - marzo / February - March
La Turbulencia Irani, in "El Pais", Madrid, 17 febbraio / February 17
T. Macrì, *Il Turbamento di Shirin Neshat*, in "Il Manifesto", Roma, 22 febbraio / February 22
C. Piccoli, *Le Ultime Donne*, in "D La Repubblica delle Donne", 31 marzo / March 31
M. Falces, *Nueve formas de uso radical de la camara*, in "El Pais", Madrid, 2 aprile / April 2
R. Sierra, *La mujer islamica ha sideo traicionada porla Revolucion*, in "El Mundo", 2 aprile / April 2
E. Heartney, *Report from Istanbul: In the Realm of the Senses*, in "Art in America", New York, aprile / April
T. Kawachi, *Rising Arabic/Islamic Female Artists in New York*, in "Composite", Tokyo, aprile / April
Three Decades Inside Art, in "Flash Art International", Milano, estate / summer
W. Zimmer, *Two Ways to Tell a Story Very Carefully*, in "The New York Times", New York, 7 giugno / June 7
O. Zaya, I. Zabel, P. Gonzalo, *Shirin Neshat*, in "Arteparte", Madrid, giugno - luglio / June - July
R. Cork, *Diana-The Never Ending Picture Show*, in "The Times", London, 29 agosto / August 29
H. Cotter, *Shirin Neshat*, in "The New York Times", New York, 27 novembre / November 27
L. Attias, *Shirin Neshat at La Maison Européenne la Photographie*, in "Art News", New York, novembre / November
J. Turner, *Portraits of a Lady*, in "Art News", New York, novembre / November
S. Kent, *Shirin Neshat*, in "Time Out London", London, 12 dicembre / December 12
S. Greenberg, *Women's Words*, in "The Art Newspaper", London, dicembre / December
P. Barragan, *Shirin Neshat: Women of Allah*, in "Metropolis", Utrecht, n. 5
J. Goodman, *Poetic Justice: Shirin Neshat Defends the Faith*, in "World Art", London, n. 16
I. Zabel, *Shirin Neshat*, in "Moscow Art Magazine", Moskva, n. 19

1999
A. Neel, *Shirin Neshat: Turbulent*, in "Time Out New York", New York, gennaio 7 / January 7
J. Saltz, *New Channels: Shirin Neshat & Doug Aitken*, in "Village Voice", New York, 12 gennaio / January 12
V. Smith, *Reviews: Shirin Neshat*, in "New Art Examiner", Chicago, aprile / April
D. Pagel, *Opposites Attract Metaphors in Black-and-White Rapture*, in "Los Angeles Times", Los Angeles, 21 maggio / May 21
C. Schorr, *Turbulence and Rapture*, in "Harper's Bazaar", New York, maggio / May
S. Glaser, *Shirin Neshat's Rapture at D'Amelio Terras*, in "Art & Auction", New York, maggio / May

A. Obejas, *Daughter of Iran*, in "Chicago Tribune", Chicago, maggio / May
A. Rowley, *Face Off*, in "Village Voice", New York, giugno 8 / June 8
F. Simrans, *Shirin Neshat, Rapture*, in "Time Out New York ", New York, 17 giugno / June 17
A. C. Danto, *Pas de Deux, en Mass: Shirin Neshat's Rapture*, in "The Nation", New York, giugno 28 / June 28
F. Camper, *Houses Divided*, in "Chicago Reader", Chicago, luglio 9 / July 9
R. Rugoff, *Global Art Reaches Santa Fe*, in "Financial Times", New York, 31 luglio - 1 agosto / July 31 - August 1
G. Verzotti, *La Biennale delle culture emergenti*, in "Tema Celeste", Milano, luglio - settembre / July - September
D. Birnbaum, *Practice in Theory*, in "Artforum", New York, settembre / September
O. Zaya, *Shirin Neshat*, in "Interview Magazine", New York, settembre / September
I. Alimanestianu, *Shirin Neshat*, in "Art Issues", Los Angeles, settembre - ottobre / September - October
A. Gellatly, *Just Add Water*, in "Frieze", London, settembre - ottobre / September - October
R. Jones, *Sovereign Remedy*, in "Artforum", New York, ottobre / October
G. Politi, *The Venice Biennale*, in "Flash Art International", Milano, ottobre / October
A. Wallach, *Striking a Balance Between Western and Islamic Values*, in "The New York Times", New York, 23 novembre / November 23
J. Kastner, *Shirin Neshat*, in "Art Text", Los Angeles, novembre - gennaio / November - January
M. Blanchette, *Karlsruhe, Video cultures ou quelques exemples d'interrogation du regard*, in "Etc Montréal", Montréal, dicembre / December
P. Miller, *Motion Picture: Shirin Neshat's Turbulent*, in "Parkett", Zürich, n. 454

2000
J. Kutner, *Between the Past and the Present*, in "The Dallas Morning News", Dallas, 30 gennaio / January 30
K. Seigel, *1999 Carnegie International*, in "Artforum", New York, gennaio / January
L. Cahmi, *Lifting the Veil*, in "Art News", New York, febbraio / February
F. Arditi, *Sotto il chador, un corpo-poesia*, in "La Stampa", Torino, 8 marzo / March 8
P. Jodidio, *Shirin Neshat entre deux mondes*, in "Connaissance des Arts", Paris, marzo / March
P. Beausse, *Shirin Neshat-Jérôme De Noirmont*, in "Flash Art International", Milano, marzo - aprile / March - April
P. Ziegler, *Die Poesie der Revolution*, in "Frame", Amsterdam, marzo - aprile / March - April
P. Schjeldahl, *Pragmatic Hedonism*, in "The New Yorker", New York, 3 aprile / April 3
J. Hohmeyer, *Fluch der Teufelin Suleika*, in "Der Spiegel", Hamburg, 4 aprile / April 4
D. Solomon, *A Roll Call of Fresh Names and Faces*, in "The New York Times", New York, 16 aprile / April 16
H. Christmann, *Männer kämpfen, Frauen paddeln davon*, in "Die Welt", Berlin, 19 aprile / April 19
S. Müller, *Aufbruch in die islamische Moderne*, in "ART. Das Kunstmagazin", Hamburg, aprile / April
A. Lammerse, *Limburgse musea kijen overde grens*, in "De Volkskrant", Amsterdam, 19 maggio / May 19
A. van Driel, *Ze horen er helemaal bij*, in "De Volkskrant", Amsterdam, 25 maggio / May 25
I. Dagnini Brey, *Scritto sul corpo*, in "Elle", Milano, maggio / May
K. Siegel, *Biennial 2000*, in "Artforum", New York, maggio / May
C. Kaplan, *Opposition, Selection, Contruction. Shirin Neshat, Vanessa Beecroft, Robert Wilson*, in "Smock", New York, estate / summer
M. Sladen, *Framed, Shirin Neshat*, in "Tate. The Art Magazine", London, estate / summer
P. van de Velde, *Reizen tussen de culturen*, in "De Telegraaf", Amsterdam, 14 giugno / June 14
R. Cork, *From Manon to Mirren: Our Critics Select the Summer's Arts Highlights*, in "The Times", London, 16 giugno / June 16
A. Searle, *Hot Sounds, Cool Art*, in "The Guardian", London, 23 giugno / June 23
F. Arditi, *Donne di Allah*, in "Ars", Milano, giugno / June
J. Sorkin, *A Conversation with Shirin Neshat*, in "Make. The Magazine of Women's Art", London, giugno - agosto / June - August
C. Gleadell, *It Pays to Stuff*, in "The Daily Telegraph", New York, 3 luglio / July 3
D. MacCash, *New Developments*, in "The Times-Picayune", New Orleans, luglio 14 / July 14
B. Gumbert, *An Unveiling*, in "The Guardian Weekend", London, 22 luglio / July 22
Shirin Neshat, in "The Guardian", London, 22 luglio / July 22
The Week in Two Minutes, Photography-Shirin Neshat, in "The Times", London, 22 luglio / July 22
S. Ellis, *Art, Shirin Neshat*, in "Evening Standard", London, 27 luglio / July 27
S. Hemming, *Images of a Changed Land*, in "The Express", London, 28 luglio / July 28
H. Sumpter, *Choice, Shirin Neshat*, in "Hot Tickets", London, 28 luglio / July 28
T. Lubbock, *The Five Best Shows in London*, in "The Independent", London, 29 luglio / July 29
See this! Shirin Neshat, in "The Guardian", London, 29 luglio / July 29
C. Boucher, *It's Written all Over Her Face*, in "The Observer", London, 30 luglio / July 30
Visual Artchoice, Shirin Neshat, in "The Independent on Sunday", London, 30 luglio / July 30
S. Grant, *Rapture Beyond the Veil*, in "Evening Standard", London, 31 luglio / July 31
B. Gooch, *A Brilliant Mosaic*, in "Harper's Bazaar", New York, luglio / July
J. Jones, *Split Screens, Divided Lines*, in "Sight and Sound", London, luglio / July
U. Thon, *Der Blick Hinter Den Schleier*, in "Marie Claire", Berlin, luglio / July
C. di Leo Ricatto, A. Lubelski, *Pipilotti Rist, Sylvie Fleury, Sophie Calle and Shirin Neshat. A Conversation*, in "NY Arts", New York, luglio - agosto / July - August
S. Beaumont, *Culture Clash*, in "The Scotsman", Edinburgh, 1 agosto / August 1
L. MacRitchie, *Lifting the Veil of Iranian Society*, in "Financial Times", New York, 1 agosto / August 1
L. MacRitchie, *Love and Sex in Black and White*, in "Financial Times", London, 1 agosto / August 1
A. Searle, *Cry From the Heart*, in "The Guardian", London, 1 agosto / August 1
F. Güner, *Behind the Veil*, in "What's On in London", London, 2 agosto / August 2
R. Dorment, *As Through a Veil Starkly*, in "The Daily Telegraph", New York, 3 agosto / August 3
H. Monaghan, *Shirin Neshat, Leading Iranian Video Artist Comes to Festival*, in "The List", Edinburgh, 3 agosto / August 3
The Show, Shirin Neshat, in "The Independent", London, 3 agosto / August 3
G. Sutherland, *S. Spencer, Snowdown, Dali and Schueler As Well As Shirin Neshat on Show Outside the Festival*, in "The Times 2", London, 5 agosto / August 5
C. Darwent, *Veils of Meaning Unravelled in Black and White*, in "The Independent on Sunday", London, 6 agosto / August 6
L. Grant, *East Meets West in Fusion of Sound and Film*, in "The Independent on Sunday",

London, 6 agosto / August 6
S. Beaumont, *Shirin Neshat*, in "The Scotsman", Edinburgh, 7 agosto / August 7
T. Lubbock, *The Fundamental Things Apply*, in "The Independent", London, 8 agosto / August 8
M. Coomer, *To Know a Veil*, in "Time Out London", London, 9 agosto / August 9
Shirin Neshat, in "The Independent", London, 9 agosto / August 9
K. Abdolah, *Wie Heeft Mijn Witte Paard Gestolen*, in "De Volkskrant", Amsterdam, 10 agosto / 10 August
Exhibition of the Week, in "The Week", Aylesbury, 12 agosto / August 12
J. Calcutt, *Once Again with Feeling*, in "Scotland on Sunday", Edinburgh, 13 agosto / August 13
M. Jeffrey, *A Nation's Soul Song*, in "Sunday Herald", Glasgow, 13 agosto / August 13
V. Vihman, *Turbulence: Neshat at the Fruitmarket*, in "Three Weeks", Edinburgh, 14 agosto / August 14
A. Donald, *It's All There in Black and White*, in "The Herald", Glasgow, 17 agosto / August 17
A. Krinsky, *The Videos of Shirin Neshat Explore the Veiled World of Iran's Women*, in "The Wall Street Journal Europe", New York, 18 agosto / August 18
R. Ingleby, *Private View*, in "The Independent", London, 19 agosto / August 19
S. Horsburgh, *The Great Divide*, in "Time", New York, 28 agosto / August 28
S. Buys, *Don't Miss*, in "Vogue England", London, agosto / August
R. Cork, *Exiled by the 1979 Iranian Revolution, Shirin Neshat Has Returned to Cast a Penetrating Eye Over her Homeland*, in "Times 2 Arts", London, agosto / August
T. Lubbock, *Young Guns and Old Masters*, in "The Independent", agosto / August
S. Shave, *The Rapture*, in "I-D Magazine", London, agosto / August
K. Bruce, *On the Wings of Our Angels*, in "The Herald", Glasgow, 4 settembre / September 4
S. Lowndes, *Shirin Neshat*, in "Metro Scotland", Edinburgh, 4 settembre / September 4
T. Calas, *Inside Photography*, in "The New Orleans Contemporary Art Review", New Orleans, settembre - ottobre / September - October
M. Casadio, *Shirin Neshat*, in "Casa Vogue" - "Vogue Italia", Milano, ottobre / October
N. Leleu, *La Querelle des Images*, in "Parachute", Montréal, ottobre - dicembre / October - December
Tschumi, *Best of 2000*, in "Artforum", New York, dicembre / December
E. Muhammad, *Shirin Neshat. Shooting Star*, in "Ms.", New York, dicembre - gennaio / December - January
A. C. Danto, *Shirin Neshat*, in "Bomb", New York, autunno / fall
W. Becker, *Continental Shift at the Ludwig Forum for International Art in Aachen*, in "NY Arts", New York, vol. 5, n. 46
A. Malik, *The Poetics of the Veil*, in "Portfolio", London, n. 32

2001
D. Solomon, *Romance of the Chador*, in "The New York Times Magazine", 25 Marzo / March 25
G. Calvenzi, *Shirin Neshat*, in "Specchio", Torino, 31 marzo / March 31
A. M., Misfeldt, *Iransk Inderlighed*, in "Berlingske-Tidende", København, 20 aprile / April 20
Brodersen, *Bag sløret*, in "Kunst MM", København, 21 aprile / April 21
S. Legrenzi, *Shirin Neshat, l'arte nel silenzio*, in "Io Donna", Milano, 28 aprile / April 28
A. O. Nørlyng, *Sort og hvidt*, in "Berlingske-Tidende", København, 2 maggio / May 2
I. Armand, *Shirin Neshat*, in "Connaissance des Arts", Paris, maggio / May
J.-P. Frimbois, *A l'Ecoute face au Mur*, in "Art Actuel", Paris, maggio - giugno / May - June
M.-P. Nakamura, *Shirin Neshat*, in "Art Actuel", Paris, maggio - giugno / May - June
M. Schwendener, *Shirin Neshat*, in "Artforum", New York, settembre / September
M. Gioni, *Speaking in Tongues. View from a Distance*, in "Flash Art International", Milano, dicembre / December
S. Behnam, *De Osynliga Systrarna*, in "Bang", Stockholm, n. 10

Ci scusiamo se per cause indipendenti
dalla nostra volontà abbiamo omesso alcune
referenze fotografiche.
We apologize if some of the photo sources have not been listed due to reasons wholly beyond our control.

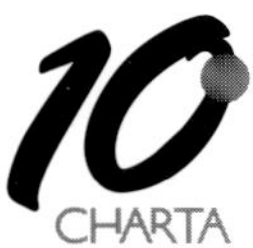

Finito di stampare nel gennaio 2002
da Leva spa, Sesto San Giovanni
per conto di edizioni Charta